东南学术文库
SOUTHEAST UNIVERSITY ACADEMIC LIBRARY

美国公共行政的价值叙事与演进逻辑

The Value Narrative and Evolutionary Logic
of American Public Administration

刘耀东 ◆ 著

东南大学出版社
·南京·

图书在版编目(CIP)数据

美国公共行政的价值叙事与演进逻辑/刘耀东著. —南京：东南大学出版社，2023.12
ISBN 978-7-5766-0898-4

Ⅰ.①美… Ⅱ.①刘… Ⅲ.①行政学-研究-美国 Ⅳ.①D771.2

中国国家版本馆 CIP 数据核字(2023)第 190219 号

美国公共行政的价值叙事与演进逻辑
Meiguo Gonggong Xingzheng de Jiazhi Xushi yu Yanjin Luoji

著　　者	刘耀东
出版发行	东南大学出版社
社　　址	南京市四牌楼 2 号　邮编：210096　电话：025-83793330
网　　址	http://www.seupress.com
出 版 人	白云飞
经　　销	全国各地新华书店
排　　版	南京星光测绘科技有限公司
印　　刷	广东虎彩云印刷有限公司
开　　本	700 mm×1000 mm　1/16
印　　张	18
字　　数	343 千字
版　　次	2023 年 12 月第 1 版
印　　次	2023 年 12 月第 1 次印刷
书　　号	ISBN 978-7-5766-0898-4
定　　价	85.00 元

本社图书若有印装质量问题，请直接与营销部联系。电话：025-83791830
责任编辑：刘庆楚　责任校对：张万莹　责任印制：周荣虎　封面设计：企图书装

编委会名单

主 任 委 员：郭广银

副主任委员：周佑勇　樊和平

委　　　员：（排名不分先后）

　　　　　　王廷信　王　珏　王禄生　龙迪勇
　　　　　　白云飞　仲伟俊　刘艳红　刘　魁
　　　　　　李霄翔　汪小洋　邱　斌　陈志斌
　　　　　　陈美华　欧阳本祺　徐子方　徐康宁
　　　　　　徐　嘉　董　群

秘 书 长：白云飞

编务人员：甘　锋　刘庆楚

身处南雍　心接学衡
——《东南学术文库》序

　　每到三月梧桐萌芽，东南大学四牌楼校区都会雾起一层新绿。若是有停放在路边的车辆，不消多久就和路面一起着上了颜色。从校园穿行而过，鬓后鬟前也免不了会沾上这些细密嫩屑。掸下细看，是五瓣的青芽。一直走出南门，植物的清香才淡下来。回首望去，质朴白石门内掩映的大礼堂，正衬着初春的朦胧图景。

　　细数其史，张之洞初建三江师范学堂，始启教习传统。后定名中央，蔚为亚洲之冠，一时英杰荟萃。可惜书生处所，终难避时运。待旧邦新造，工学院声名鹊起，恢复旧称东南，终成就今日学府。但凡游人来宁，此处都是值得一赏的好风景。短短数百米，却是大学魅力的极致诠释。治学处环境静谧，草木楼阁无言，但又似轻缓倾吐方寸之地上的往事。驻足回味，南雍余韵未散，学衡旧音绕梁。大学之道，大师之道矣。高等学府的底蕴，不在对楼堂物件继受，更要仰赖学养文脉传承。昔日柳诒徵、梅光迪、吴宓、胡先骕、韩忠谟、钱端升、梅仲协、史尚宽诸先贤大儒的所思所虑，求真求是的人文社科精气神，时至今日依然是东南大学的宝贵财富，给予后人滋养，勉励吾辈精进。

　　由于历史原因，东南大学一度以工科见长。但人文之脉未断，问道之志不泯。时值国家大力建设世界一流高校的宝贵契机，东南大学作为国内顶尖学府之一，自然不会缺席。学校现已建成人文学院、马克思主义学院、艺术学院、经济管理学院、法学院、外国语学院、体育系等成建制人文社科院系，共涉及6大学科门类、5个一级博士点学科、19个一级硕士点学科。人文社科专任教师800余人，其中教授近百位，"长江学者"、国家"高级人才计划"哲学社会科学领军人才、全国文化名家、"马克思主义理论研究和建设工程"首席专家等人文社科领域内顶尖人才济济一堂。院系建设、人才储备以及研究平台等方面多年来的铢积锱累,为东南大学人文社科的进一步发展奠定了坚实基础。

在深厚人文社科历史积淀传承基础上,立足国际一流科研型综合性大学之定位,东南大学力筹"强精优"、蕴含"东大气质"的一流精品文科,鼎力推动人文社科科研工作,成果喜人。近年来,承担了近三百项国家级、省部级人文社科项目课题研究工作,涌现出一大批高质量的优秀成果,获得省部级以上科研奖励近百项。人文社科科研发展之迅猛,不仅在理工科优势高校中名列前茅,更大有赶超传统人文社科优势院校之势。

东南学人深知治学路艰,人文社科建设需戒骄戒躁,忌好大喜功,宜勤勉耕耘。不积跬步,无以至千里;不积小流,无以成江海。唯有以辞藻文章的点滴推敲,方可成就百世流芳的绝句。适时出版东南大学人文社科研究成果,既是积极服务社会公众之举,也是提升东南大学的知名度和影响力,为东南大学建设国际知名高水平一流大学贡献心力的表现。而通观当今图书出版之态势,全国每年出版新书逾四十万种,零散单册发行极易淹埋于茫茫书海中,因此更需积聚力量、整体策划、持之以恒,通过出版系列学术丛书之形式,集中向社会展示、宣传东南大学和东南大学人文社科的形象与实力。秉持记录、分享、反思、共进的人文社科学科建设理念,我们郑重推出这套《东南学术文库》,将近年来东南大学人文社科诸君的研究和思考,付之梨枣,以飨读者。

是为序。

《东南学术文库》编委会
2016 年 1 月

序

公共行政学起源于美国,在其公共行政历史发展的长河当中,始终贯穿着民主主义和管理主义两大范式。虽然学界对两个范式进行了卓有成效的研究,但鲜有学者从理论与实践两个层面对两大范式进行溯源性梳理和反思。作者选择这个宏大而颇具挑战性的课题进行深入研究,其知难而进的理论探索勇气是十分令人钦佩的。

首先,该书以历史研究的方法对公共行政的两大范式进行理论与现实溯源,总结了民主主义与管理主义既冲突又融合的发展规律。学界对公共行政学的研究一般肇始于威尔逊,但本书将公共行政学的范式研究追溯到美国建国初期汉密尔顿和杰斐逊围绕着美国宪法的争论,特别是对美国建国初期关于政治正义与政府效率的价值之争、公共行政在美国建国初期立宪体制中的地位以及各种影响因素进行了深入的分析,为人们深入分析政治价值之争对美国公共行政体制的形成和发展的影响提供了坚实的基础,从而开拓了公共行政的学术视野。该书以客观、科学的态度对公共行政学的历史宏大叙事进行了深入把握,对民主公共行政、传统管理主义、行为主义行政学、新公共行政学、新公共管理到新公共服务的理论发展脉络进行了客观描述,并从中总结出了民主主义和管理主义两大泾渭分明的理论范式。此外,本书敏锐地看到公共行政走向后现代的过程中,出现了民主主义与管理主义范式既冲突又融合的发展态势,这也是本书最重要的创新之处。

其次,该书用比较研究的方法对公共行政的两大范式进行比较分析,揭示了民主主义和管理主义的内在本质。本书从哲学根源、理论基础、内在逻辑、价值理念等方面对民主主义和管理主义进行系统的比较,指出民主主义与管理主义冲突是基于价值理念、政府与公民的角色矛盾。而民主主义与管理主义融合的原因在于后现代社会行政价值的多元化、行政责任的双重化以及行政主体的多元化。在对两大范式的比较研究过程中,本书对两大范式的哲学本体论把握和后现代性的哲学反思,充分体现了作者对公共行政运行规律的深入把握和对后现代解构主义的深刻关切。值得注意的是,作者在对两大范式进行比较时,从学理上深入分析了两大范式的意义和不足,从而站在更高的视角上提出两大范式本身具有优缺互补性,进而提出了在现代公共行政发展过程中应着力解决公共行政范式间相互整合问题,对部分学者在公共行政范式选择上持"非此即彼"的理论取向进行了有力的回应。

最后,提出两大范式价值演进对中国行政改革的启示。本书既分析了美国与中国之间在公共行政实践当中存在的差异性,也指出了中美在特定历史时期行政改革的相似性。在总结美国公共行政范式冲突与融合规律的基础上,提出了未来中国的行政改革应树立效能政府、有限政府、法治政府与参与政府的理念,并力求在实现职能转变、提高政府绩效、改革审批制度、建设法治政府、合理划分中央和地方政府权限等方面有重大突破。

当前,我们面临着世界百年未有之大变局,身处中华民族伟大复兴的时代,公共行政的理论与实践既发生在先发国家的社会变迁里,也存在于后发国家追赶先进水平的过程中。中国作为一个后发国家,借鉴美国公共行政发展中所出现的价值冲突与融合的历史经验与教训,无疑为中国行政改革提供了诸多启示。党的十八届三中全会提出了国家治理体系与治理能力现代化的改革总目标。新时代中国特色社会主义行政改革必然在中国共产党的领导下,一方面坚持以人民为中心的发展理念,凸显民主政府的价值取向,让政府能够成为有限政府、法治政府和参与政府;另一方面,按照"新阶段,新思维,新格局"的高质量发展的目标,突出效能政府的价值取向,让政府能够提高政府绩效、增强行政能力,不断提升为人民服务的本领。当前数字革命引发的数字技术应用时代正朝向"世界嵌入软件"的数字化时代转型,对传统的公共行政提出了重大的挑战。数字治理一方面提升了政府的行政效能,使政府能够通过大数据来实现科学化的社会治理;另一方面数字治理也要求政府在公共治理过程中做到政务公开、透明,做到全过程人民民主,从而实现公共事务"共商共建共享"的治理格局。

《美国公共行政的价值叙事与演进逻辑》一书对行政价值的整体把握,对当代知识行政学的敏锐判断,以及对公共行政一些创新理论观点的论述,都给我留下了深刻的印象。

鲍　静

2022 年 10 月 8 日

作者的话

美国公共行政在两百多年的发展历程当中,始终围绕着民主主义和管理主义两大范式来展开争论,从而形成了范式之间相互冲突与融合的价值叙事与演进逻辑。本书研究的目的,就是要探讨美国公共行政中民主主义与管理主义两大范式之间相互博弈的实质及二者内在相互冲突与融合的发展规律,在对两大范式进行系统评价的基础上指出其内在的发展规律对于中国行政改革的借鉴意义。因此,本书研究的主要问题有三个方面:第一,美国公共行政中民主主义与管理主义之间是如何进行冲突与融合的?第二,如何对民主主义与管理主义进行评价?第三,民主主义与管理主义之间冲突与融合的发展规律对于中国行政改革有何启示?

美国公共行政中民主主义与管理主义有其特定的内涵。所谓民主主义是指为维护自由、民主、公平、公正等价值,以公共行政的公共性为基点,以维护公共行政的合法性为目标的一套理念形态、制度形态与方式方法的总和。民主主义体现了政治正义的理念,强调自由、平等、法治、人权与民主等价值的重要性,并为国家的政治制度提供了价值规导;而管理主义体现政府效率取向,并为政府管理提供技术标准,从而确保政府提供公共服务的有效性。

在公共行政这门学科尚未产生之前,就存在着以托马斯·杰斐逊与亚历山大·汉密尔顿为首的围绕政治正义与政府效率问题的争论。美国建国初期的公共行政在其整个国家的民主体制中具有附庸性的特征,这种附庸性产生有其政治、经济与历史文化因素的根源。杰斐逊和汉密尔顿分别作为"共和党人"和"联邦党人"两派的领袖人物,无论是在政治经济制度、国家体制方面,还是在思想文化方面,两人在美国史上都留下了深刻的印记。然而,这两位政治家之间的政见大相径庭,在笔者看来,其分歧的核心在于政治正义与政府效率的冲突。其中,杰斐逊的观点倾向于政治正义;而汉密尔顿的观点则倾向于政府效率。

随着美国公共行政的发展,基于政治正义的民主主义与基于政府效率的管理主义的冲突在不断上演。从美国建国至19世纪初之前,由于当时对政治体制与政治原则的关注甚于政府效率本身,公共行政中政治正义在与政府效率的竞争中处于优势的地位,因而管理主义在这一时期与民主主义的冲突过程中处于劣势地位。尽管如此,在美国之后的政府实践中,由于受到时代发展及各种因素的影响,政治正义与政府效率的冲突仍在继续,并呈现出两大范式交替式发展的态势。

二战以后,随着科学技术迅猛发展,科学技术专家在社会生产和生活中的影响力日益提升,并陆续在大型机构甚至政府担任职务,并要求在重大政治决策中拥有发言权和决定权。这种技治主义倾向导致了行为主义科学的兴起,并引起了以西蒙为首的行为主义学派对传统管理主义提出重大的挑战,赋予了管理主义新的内容,从而实现了管理主义的不断拓展。

20世纪60年代末,美国的技治主义统治出现了严重的危机。它强调用客观主义和实证主义的方法来研究公共行政,这样一来,技治主义对效率的过分追求往往导致见物不见人、重物不重人的倾向,从而使自由、民主等政治正义价值丧失殆尽。此外,随着经济和技术的迅速发展,美国在政治、经济和社会等方面也相继出现了许多问题。由于政府处理不善,因此公共行政出现了合法化危机。

20世纪80年代以后,随着科学、文化、教育、生产、管理等诸多领域经历了一系列重大的改变,美国开始步入后现代社会。与后现代社会相适应,美国公共行政发展中出现了新公共管理与新公共服务两大公共行政模式,这两大模式并没有重现之前模式之间紧张的竞争态势,而是试图在政治正义与政府效率之间寻求某种平衡,从而实现了民主主义与管理主义的有效融合。从哲学的视野来看,在后现代性对现代性的挑战过程中,新公共管理实现了对管理主义的伸张和对民主主义的吸纳,而新公共服务则实现了民主主义之凸显和对管理主义的包容。

任何事物与现象都深深植根于本质之中,科学认识的任务应为透过现象揭示事物的本质,从而揭示事物与现象的内在规定性。同样,民主主义与管理主义之间的冲突也不是凭空产生的,它们之间有其内在的价值理念、政府与公民的角色矛盾根源。民主主义与管理主义之间融合的原因在于后现代社会行政价值的多元化、行政责任的双重化以及行政主体的多元化。

美国公共行政中的民主主义范式逐渐受到学者和公共行政实务人员的关注和重视,仁者见仁,智者见智,毁誉参半。有学者认为要解决传统管理主义本身存在的范式危机,除了通过放松规制并引入人本价值以局部缓和范式危机之外,要在根本上解决问题,必须以民主制公共行政范式来代替传统管理主义模式。然而,另有学者认为民主主义以建立规范理论为目的,为知识而追求知识,对改进公共行政实务助益不多。笔者认为,两大范式均有其价值,也有其局限性。如公共行政中的民主主义范式对于维护公共行政的合法性、完整性和公共性,突出公共行政的人本价值,防止公共行政陷入宪法危机等方面具有重要的理论和现实意义。但过于强调公共行政中的公平、公正、自由等民主主义价值在很多情况下会损害效率、经济等价值。公共行政的管理主义范式对于夯实公共行政学的理论基础、完善知识框架、提升政府的工作绩效、改善公共服务质量等方面具有积极的意义。但过于强调公共行政中的效率、经济等价值会侵蚀公共行政的合法性基础。因此,在公共行政发展的具体阶段,寻求两大范式的平衡与融合对于公共行政的发展而言是大有裨益的。

虽然从政治体制来看,美国与中国有巨大的区别,但在寻求与工业时代相适应的政府管理机制、方法层面具有某些共性特征。此外,美国的新公共管理运动以及新公共服务理念也对中国处理政府与企业、政府与社会的关系方面具有一定的参考价值。中国作为一个后发国家,借鉴美国公共行政发展中所出现的价值冲突与融合的历史经验,对中国当前进行的行政改革是有所裨益的。透视中国行政改革的发展历程及成功经验与失败教训,笔者认为今后中国行政改革应继续实现管理主义与民主主义价值理念的整合,并突出二者的并重发展。为此,通过借鉴美国公共行政两大范式冲突与融合的发展规律,未来中国的行政改革应树立效能政府、有限政府、法治政府与参与政府的理念,并力求在实现职能转变、提高政府绩效、改革审批制度、建设法治政府、合理划分中央和地方政府权限等方面有重大突破。

目　录

导　论 …………………………………………………………… (1)
 一、研究目的与意义 ………………………………………… (1)
 二、国内外研究综述 ………………………………………… (3)
 三、研究方法 ………………………………………………… (22)
 四、本书的创新点 …………………………………………… (22)

第一章　基本概念与相关理论 ……………………………… (24)
 第一节　作为价值规导的政治正义 ………………………… (24)
  一、正义的诸种争论 ……………………………………… (24)
  二、罗尔斯的政治正义观 ………………………………… (32)
  三、政治正义的基本特征 ………………………………… (34)
  四、政治正义的价值功能 ………………………………… (35)
 第二节　作为自变量的政府效率 …………………………… (38)
  一、政府效率的诸种含义 ………………………………… (38)
  二、政府效率的基本特征 ………………………………… (42)
  三、政府效率的构成要素 ………………………………… (43)
  四、政府效率的影响因素 ………………………………… (44)

第二章　作为范式的民主主义与管理主义 ………………… (46)
 第一节　公共行政的范式 …………………………………… (46)

一、库恩之"范式"理论 …………………………………………… (46)
　　二、公共行政多维范式之争 ………………………………………… (47)
　　三、公共行政的范式:批判与建构 ………………………………… (49)
第二节　民主主义范式 ……………………………………………………… (50)
　　一、民主主义范式的内涵 …………………………………………… (51)
　　二、民主主义范式的发展阶段 ……………………………………… (53)
　　三、民主主义范式的特点 …………………………………………… (54)
第三节　管理主义范式 ……………………………………………………… (56)
　　一、管理主义范式的内涵 …………………………………………… (56)
　　二、管理主义的发展阶段 …………………………………………… (57)
　　三、管理主义的特点 ………………………………………………… (59)

第三章　政治正义与政府效率之争:两大范式冲突之肇始 ………… (62)
第一节　美国建国初期立宪体制中公共行政的附庸性 ……………… (62)
　　一、历史文化因素的影响 …………………………………………… (62)
　　二、政治因素的影响 ………………………………………………… (63)
　　三、经济与社会因素的影响 ………………………………………… (64)
第二节　杰斐逊的民主行政理论:民主主义之滥觞 …………………… (64)
　　一、横向与纵向的分权 ……………………………………………… (65)
　　二、人民参政与监督 ………………………………………………… (66)
　　三、分区民主制 ……………………………………………………… (67)
第三节　汉密尔顿的效能行政理论:管理主义之初始 ………………… (70)
　　一、基于性恶论的政府贵族化取向 ………………………………… (70)
　　二、强有力的行政部门 ……………………………………………… (73)
　　三、强大的总统权力 ………………………………………………… (75)
第四节　两派争论之核心:政治正义与政府效率 ……………………… (76)

第四章　政府效率优先于政治正义:传统管理主义之主导地位 …… (80)
第一节　美国现代化发展中政治正义与政府效率之冲突 …………… (80)
　　一、1809—1812:政治正义的延续与联邦党的瓦解 ……………… (81)
　　二、1813—1828:政府效率的复兴与联邦党精神的复活 ………… (82)

三、1829—1836:政治正义的反击与杰克逊式民主时代 ……(83)
第二节 时代的召唤:19世纪中后期美国对政府效率的诉求 ……(84)
　一、城市化发展与市政管理滞后的矛盾 ……(85)
　二、行政国家的发展与公共管理水平低下的矛盾 ……(86)
　三、政党分肥制与基于功绩的文官制度之矛盾 ……(86)
第三节 政府效率与政治正义的二元分野:公共行政学的诞生 ……(88)
　一、公共行政学成立的必要性 ……(88)
　二、威尔逊的公共哲学:基于政府效率的行政集权化 ……(89)
　三、去政治化:政治与行政的分离 ……(91)
　四、行政领域与企业领域的共通性 ……(92)
第四节 作为传统管理主义组织框架的官僚制理论 ……(93)
　一、官僚制产生的背景 ……(93)
　二、官僚制的原则 ……(94)
　三、官僚制的效率化优势 ……(94)
第五节 作为传统管理主义方法论的科学管理理论 ……(96)
第六节 公共行政原则时代对政府效率的推崇 ……(98)
第七节 传统管理主义的公共哲学:政府效率优先于政治正义 ……(101)
　一、作为传统管理主义价值理念的政府效率 ……(101)
　二、政府效率优先于政治正义 ……(102)

第五章　美国公共行政中的技治主义:行为主义时代管理主义之拓展 ……(105)

第一节 作为技治主义的行为主义学派 ……(105)
　一、技治主义产生的时代背景 ……(105)
　二、作为技治主义的行为主义学派之发展 ……(106)
　三、行为主义向公共行政学的导入 ……(108)
第二节 行为主义行政学的发展:西蒙的理性决策模型 ……(108)
　一、西蒙对早期公共行政的挑战 ……(108)
　二、事实与价值相区别的方法论基础 ……(110)
　三、理性决策模型 ……(111)
第三节 行为主义行政学对管理主义的贡献及自身的不足 ……(115)

一、行为主义行政学对管理主义的贡献 …………………………… (115)
　　二、作为封闭系统模型的理性决策模型之批判 ………………… (116)

第六章　技治统治的危机：民主主义的反击 ……………………… (118)
第一节　美国公共行政之危机 ………………………………………… (118)
　　一、现实的危机 …………………………………………………… (118)
　　二、知识的危机 …………………………………………………… (122)
第二节　新公共行政运动之抗争 ……………………………………… (125)
　　一、新公共行政学的理论基础 …………………………………… (125)
　　二、新公共行政运动的产生与发展 ……………………………… (129)
第三节　政治正义的优先性：新公共行政学的理论观点 …………… (130)
　　一、批判工具理性，重塑公共哲学 ……………………………… (131)
　　二、批判效率至上，倡导社会公平 ……………………………… (132)
　　三、重建规范研究，强调价值理性 ……………………………… (133)
　　四、注重公民精神，倡导公民参与 ……………………………… (135)
　　五、强调公共行政的伦理因素 …………………………………… (136)

第七章　后现代性对现代性的挑战（一）：新公共管理中管理主义与民主主义范式之融合 ………………………………………… (138)
第一节　哲学视野中的现代性与后现代性 …………………………… (138)
　　一、现代性的内涵与特征 ………………………………………… (138)
　　二、后现代性的内涵 ……………………………………………… (140)
　　三、后现代性对现代性的挑战 …………………………………… (142)
　　四、后现代性向公共行政领域的导入 …………………………… (145)
第二节　作为后现代公共行政的新公共管理 ………………………… (148)
　　一、后现代性语境中的美国新公共管理 ………………………… (148)
　　二、美国新公共管理：企业家政府的理论与实践 ……………… (151)
第三节　新公共管理中管理主义与民主主义范式之融合 …………… (156)
　　一、新公共管理中管理主义的伸张 ……………………………… (156)
　　二、管理主义对民主主义的吸纳 ………………………………… (160)

第八章 后现代性对现代性的挑战(二)：新公共服务中民主主义与管理主义范式之融合 (166)

第一节 作为后现代公共行政之新公共服务 (167)
 一、新公共服务产生的背景 (167)
 二、新公共服务的理论基础 (168)
 三、新公共服务的主要观点 (172)

第二节 新公共服务中民主主义与管理主义范式之融合 (176)
 一、新公共服务中民主主义之凸显 (176)
 二、民主主义对管理主义的包容 (183)

第九章 民主主义与管理主义范式冲突与融合之缘由 (187)

第一节 民主主义与管理主义范式冲突的原因 (187)
 一、价值理念的差异性 (187)
 二、政府与公民角色定位的不同 (198)

第二节 民主主义与管理主义范式融合之原因 (204)
 一、后现代行政价值的多元化 (204)
 二、行政责任的双重化 (206)
 三、行政主体的多元化 (210)

第十章 历史与现实视野中的政治正义与政府效率：民主主义与管理主义范式之评价 (214)

第一节 民主主义与管理主义范式演进之内在逻辑 (214)
 一、民主主义范式的内在逻辑 (214)
 二、管理主义范式的内在逻辑 (218)

第二节 民主主义范式之评价 (222)
 一、民主主义范式的意义 (222)
 二、民主主义范式之批判 (225)

第三节 新管理主义之评价 (229)
 一、新公共管理的意义 (229)
 二、新公共管理之批判 (232)

第十一章 美国公共行政范式之争对中国行政改革的启示 …………(236)
  第一节 改革开放以来中国行政改革的历史逻辑 ……………(238)
    一、改革开放以来的行政改革历程 ………………………(238)
    二、中国行政改革的经验 …………………………………(240)
  第二节 价值融合与并重：中国行政改革的理念与举措 ………(243)
    一、中国行政改革的理念遵循 ……………………………(243)
    二、未来行政改革的方向 …………………………………(244)

结　语 ………………………………………………………………(247)

后　记 ………………………………………………………………(250)

参考文献 ……………………………………………………………(251)

导 论

一、研究目的与意义

美国著名行政学家威尔逊于1887年在《政治学季刊》上发表《行政学研究》，公共行政学成了一门独立的学科。在随后的一百多年的理论传承过程中，美国公共行政学呈现出快速发展趋势，学界不断地开创新的研究领域，改变分析框架，采纳新的研究方法，最终形成了民主主义与管理主义两大范式之间冲突与融合的发展轨迹。民主主义主要建立在美国民主传统的基础之上，是强调以宪法或一系列法律为标准对政府的权力进行有效的限制，以保障人权的一套理念形态和制度形态与方式方法的总和。民主主义认为，虽然美国宪法没有明确提到公共行政一词，但公共行政在美国政治权力结构中仍占有重要一席，公共行政的理念深植于民主传统之中。由此我们可以看出，民主主义关注正义、民主、自由、平等等价值。与民主主义相对应的是管理主义，它主张运用实证分析和经验观察的方法，寻求工具理性的视角，站在价值中立的立场上推导出科学化的结论。另外，它还主张公共行政和企业管理在本质上具有共通性，公共行政纯粹是一种管理过程。因此，公共行政应效仿企业管理的经验和精髓，寻求以最低的成本实现既定的目标，并通过改进行政技术的方法来提高行政效率。由此可见，管理主义注重效率、效果与经济等价值。两大范式在冲突与融合过程中不断实现相互更替，从而形成了自民主公共行政、传统管理主义、行为主义行政学、新公共行政学、新公共管理到新公共服务的理论发展脉络。其中传统管理主义、行为主义行政学与新公共管理属于管理主义范式，而民主公共行政、新公共行政学与新公共服务则属于民主主义范式。

随着时代的变迁与公共行政的发展，许多公共行政学家认为公共行政作为一个知识领域，自产生以来，其研究途径是不断变化和发展的。尽管人们对这两种研究范式持不同的意见，但可以肯定的是，公共行政从其产生至今并非一个同质化的研究领域，其研究途径是异质化与多元化的。到目前为止，这种观点已经逐渐成为学界的共识。如欧文·E.休斯认为，公共行政学无法实现统一性，各种学派之间的争论本身就没有什么益处[1]。美国著名的公共行政学家罗伯特·B.登哈特（Robert B. Denhardt）也认为，公共行政作为一门专业本身呈现出兼收并蓄的状态[2]。另外，美国公共行政学家戴维·H.罗森布鲁姆等人的多元公共行政观更加强调公共行政研究的多元化路径，认为管理、政治、法律是公共行政学研究的三条重要的途径[3]。可见，只注重一种研究途径不能够满足解决日益复杂的公共行政问题的要求。对民主主义与管理主义两大范式理论与实践的发展有必要进行系统而深入的研究，探索二者的来龙去脉及其发展规律，只有这样，才能真正把握二者的本质特征及其各自存在的利弊。遗憾的是，国内外学者尚无一本著作对两大范式从理论与实践两个方面进行系统而深入的论述与研究。有些学者只是单就某一范式或某一范式中的某一理论作了深入的探讨，而没有把两大范式置于更宏大的理论体系之中，如戴维·奥斯本、彼德·普拉斯特里克的《摒弃官僚制：政府再造的五项战略》、弗雷德里克森的《新公共行政学》、彼得斯的《政府未来的治理模式》等均是如此。有的学者把两大范式只作了简单的比较，而没有进行深入的探讨，其结果只知其然，而不知其所以然。就连罗森布鲁姆等人在其著作《公共行政学：管理、政治和法律的途径》（第五版）一书中也只是对公共行政的管理、政治与法律的途径从组织、公共人事行政与集体

---

[1] [澳]欧文·E.休斯著，彭和平等译：《公共管理导论》（第二版），中国人民大学出版社2001年版，第299页。

[2] Robert B. Denhardt. Public Administration Theory: The State of the Discipline, in B. Lynn, Aaron Wildavsky. Public Administration: The State of the Discipline. Chatham, NJ: Chatham House Publishers, 1990, p.63.

[3] [美]戴维·H.罗森布鲁姆、罗伯特·S.克拉夫丘克、德博拉·戈德曼·罗森布鲁姆著，张成福等译：《公共行政学：管理、政治和法律的途径》（第五版），中国人民大学出版社2002年版，第16页。

谈判、决策、政策分析与执行评估等方面作了探讨,而没有对两大范式内在的矛盾及根源进行系统而深入的研究。特别值得注意的是,许多学者认为公共行政发展史是管理主义与民主主义范式相互冲突的历史,公共行政的发展在某种程度上存在着钟摆效应。显然,这种认识只看到两大范式之间的冲突,而没有看到二者之间的相互借鉴与融合。为了弥补上述研究的不足以及纠正认识上的偏差,笔者认为有必要对美国公共行政中的管理主义与民主主义从政治正义与政府效能的冲突与融合的层面进行考究,并以现代主义与后现代主义的视角对两大范式从理论与实践两个层面进行深入的探讨。

此外,对两大范式的博弈研究是置于西方发达国家语境之中的,两大范式在不同的时代发挥着重要的作用,公共行政本身就是一个价值冲突的领域,需要对各种不同的价值进行有效的整合。正如有的学者所言:"尽管不同途径的价值和主张是冲突的,但平衡各种矛盾和冲突正是公共行政艺术的精髓所在。"[1]由此可见,管理主义和民主主义之间的碰撞与冲突是必然的,而且对整个公共行政学的发展也是十分必要的。因此,实现两种价值观的整合是公共行政理论与实践的当务之急,这对中国行政改革具有重要的启示。

总之,本书主要回答以下问题:美国公共行政中民主主义与管理主义冲突的原因是什么?二者在冲突的过程中有没有融合的趋势?如果有,则表现在哪些方面?二者的冲突与融合与美国社会中现代性与后现代性有何关联?如何对民主主义与管理主义进行评价?怎样看待美国公共行政理论中两大范式的冲突与融合,这对中国行政改革有何启示?对这些问题的回答与解决具有重要的理论意义与现实意义。

二、国内外研究综述

总体来看,对美国公共行政的两大范式进行系统比较研究的成果几乎没有,然而,对管理主义或民主主义本身或其内部的某些理论的研究成果则十分丰富。下面笔者主要对民主主义与管理主义范式的研究成果作一综述。

---

[1] [美]戴维·H.罗森布鲁姆、罗伯特·S.克拉夫丘克、德博拉·戈德曼·罗森布鲁姆著,张成福等译:《公共行政学:管理、政治和法律的途径》(第五版),中国人民大学出版社2002年版,译者前言第3页。

(一) 国外研究综述

国外关于美国公共行政价值与范式的研究主要有两个方面,即民主主义和管理主义的研究。民主主义的研究主要表现为如下几个方面。

1. 民主公共行政的研究

对民主公共行政的研究肇始于杰斐逊,从《杰斐逊选集》等著作中我们可以看出杰斐逊的民主公共行政的观点主要表现为:以保障公民基本权利为核心,通过宪法约束行政部门的权力,实现三权分立与制衡,最终达到维护个人自由之目标。在杰斐逊看来,人民主权才是组织政府的最高准则,政府只有保护人民的权利,才能真正合法化。沃尔多(Dwight Waldo)在《行政国家》等著作中对政治-行政二分法进行了强烈的批判,并认为政治与公共行政具有密切的关联性,人为地把二者区分开来在实践中是行不通的,他还提出了对官僚制与民主制二者进行调和的思想,对民主行政给予了较高的期望。此外,沃尔多(Dwight Waldo)在其《民主行政理论的发展》一文中指出了限制民主行政发展的障碍——特别是组织理论对专制的偏好(即强调等级制、控制和纪律),并对民主行政提出了较高的期望[1]。弗雷德里克森(H. George Frederickson)在《公共行政的精神》一书中对传统公共行政学的"效率至上"观进行了反思和批判,强调公共行政应该对公平、公正等民主主义价值予以充分的关切。米勒(Trudi Miller)在《民主制度的运作》一文中指出,多元论政治观对于公务员而言,不利于自由民主政体的推进[2]。莱维坦(David M. Levitan)在《政治目标与行政手段》一文中指出民主理念、民主原则和民主行政对于民主国家而言是十分重要的[3]。显然,民主公共行政自始至终为公共行政提供了合法化的保障。

2. 公共行政反思的研究

国外对公共行政的研究过程中发现公共行政一味遵循着效率至上的路径,必然会出现合法化危机。奥斯特罗姆(Vincent Ostrom)在《美国公共行

---

[1] Dwight Waldo. The Development of a Theory of Democratic Administration. American Political Science Review,1952,46(1),pp.81-103.

[2] Trudi Miller. The Operation of Democratic Institutions. Public Administration Review,1989,49(6),p.511.

[3] David M. Levitan. Political Ends and Administrative Means. Public Administration Review,1943,3(4),p.359.

政的思想危机》一书中主张民主行政的公共行政理论。作为威尔逊范式的替代物,民主行政的理论会由"对组织的重视转变为对个人在一个多元组织环境中追求机会的重视。在关注现有组织安排的限制性的新政策分析支持下,民主行政的理论最终将会保证原本就是美国梦之一的机动性与回应性"[1]。此外,文森特·奥斯特罗姆(Vincent Ostrom)和埃莉诺·奥斯特罗姆(Elinor Ostrom)在《公共选择:一种不同的公共行政研究路径》一文中试图摆脱其认为的美国公共行政对官僚机构的注重,而朝向一个更为宽泛的集体行动的概念[2]。登哈特(Robert B. Denhardt)教授在《新公共服务:服务,而不是掌舵》《公共组织理论》等著作中对当今流行于西方国家的新公共管理运动的价值理论进行了深刻的反思,重申了正义、公平、代表制和参与等民主价值,主张公共行政应为公民服务,政府的职能是服务,而不是"掌舵"。戴维·H. 罗森布鲁姆等人的《公共行政学:管理、政治和法律的途径》(第五版)[3]一书从管理、政治与法律的视角描述与阐释了公共行政,展现了公共行政和民主政治的关系,论述了个体的实质权利、平等保护、正当程序等宪法权利。詹姆斯·W. 费斯勒和唐纳德·F. 凯特尔在《行政过程中的政治——公共行政学新论》一书中论述了在民主和法制的政府中,政府的角色、公共政策的制定与执行,立法控制的有效性与行政官员对被授予的规制权力的使用,司法机关在对行政官员所拥有的这些权力及其他自由裁量权的控制中的作用等问题,阐释了如何保证忠实执行法律的责任制、回应公众意志以及公共行政官员的伦理行为这一中心问题[4]。《黑堡宣言》主张美国的政治对话需要改变鄙视公共部门的心态,呼吁美国必须纠正政治文化中鄙视与苛责公共部门与常任文官的风气。黑堡学者批判了20世纪70年代末兴起的对企业管理与市场机制盲目崇拜的风潮,主张公共部门与私营部门存在着巨大的差异性;重申了民主价值的重要性,并认为政府常任文官应扮演如下角色:宪法的执行者

---

〔1〕 Vincent Ostrom. The Intellectual Crisis in American Public Administration. Tuscaloosa: The University of Alabama Press, 1974, pp. 111–112.

〔2〕 Vincent Ostrom, and Elinor Ostrom. Public Choice: A Different Approach to the Study of Public Administration. Public Administration Review, 1971, 31(2), p. 205.

〔3〕 [美]戴维·H. 罗森布鲁姆、罗伯特·S. 克拉夫丘克、德博拉·戈德曼·罗森布鲁姆著,张成福等校译:《公共行政学:管理、政治和法律的途径》(第五版),中国人民大学出版社2002年版,译者前言第4页。

〔4〕 [美]詹姆斯·W. 费斯勒、唐纳德·F. 凯特尔著,陈振明等译:《行政过程中的政治——公共行政学新论》,中国人民大学出版社2002年版,第22页。

与捍卫者、人民受托者、贤明少数者、评判者、分析者与教育者。罗伯特·A. 达尔(Robert A. Dahl)在《公共行政学的三个问题》一文中指出了公共行政学传统所遇到的三大难题：一是公共行政学与规范价值的关系问题；二是公共行政学与人类行为的关系问题；三是公共行政学与社会环境的关系问题[1]。弗雷德里克森(H. George Frederickson)在《走向一种新的公共行政学》一文中对传统公共行政学进行了批判，认为新公共行政学应把社会公平价值置于主导的地位，并强调公共行政学应注重分权、组织发展、权力下放、责任扩大、项目、冲突和顾客至上等问题的研究[2]。

3. 公共行政伦理的研究

库珀在其《行政伦理学：实现行政责任的途径》(第四版)一书中分析了行政伦理学发生的社会背景，强调从外部控制资源和内部控制资源两个方面来解决行政伦理冲突[3]。约翰·A. 罗尔(John A. Rohr)的《官僚的伦理：法律及价值的思考》一书指出，官僚的道德应植根于在美国立宪传统政治价值之中，自由、平等和所有权是美国社会中最为重要的三个核心价值，公共行政管理者作为政治体系中的一员，更应明确该体系的核心价值并承诺坚守这些价值。我们的目标是要确保官僚们对美国人民的价值具有回应性，但主要是对体现在公法中的所谓政体价值负责[4]。弗雷德里克森的《伦理与公共行政》一书对官僚与政治腐败作了透彻的分析，认为不仅应把伦理作为组织控制的一种有效手段，而且应把伦理作为行政与政策的手段来加以维系。凯瑟琳·G. 登哈特(Kathryn G. Denhardt)在其《公共服务伦理》一书中试图将行政伦理的探讨置于伦理的哲学传统系统中，她认为："行政伦理是一个独立评判决策标准的过程，这一过程建立在核心社会价值之上，有一个可被界定的合理的组织范围，并附属于个人和专业责任。"[5]约翰·P. 伯克(John P.

---

[1] Robert A. Dahl. The Science of Public Administration: Three Problems. Public Administration Review, 1947, 7(1), pp. 1-11.

[2] H. George Frederickson. Toward a New Public Administration, in Jay M. Shafritz, Albert C. Hyde. Classics of Public Administration. Oak Park, Illinois: Moore Publishing Company, 1978, p. 393.

[3] [美]特里·L. 库珀著, 张秀琴译：《行政伦理学：实现行政责任的途径》(第四版)，中国人民大学出版社2001年版，译者前言。

[4] John A. Rohr. Ethics For Bureaucrats: An Essay on Law and Values(second ed.). New York: Marcel Dekker, INC, 1989, pp. 74-76.

[5] Kathryn G. Denhardt. The Ethics of Public Service: Resolving Moral Dilemmas in Public Organization. New York: Greenwood Press, 1988, p. 26.

Burke)在《官僚责任》一书中探讨了官僚机构及其人员向他们所服务的社会负责的方式。伯克认为有关责任的正式且合法的定义是必需的,但是以前的定义太屈从于层级制规定和严格的法律规定。当然这样一种取向是需要的,但它必须受到"以民主为基础的责任观念的平衡"[1]。戴维·K.哈特(David K. Hart)在其《社会公平、正义与公平管理》一文中把公平的观念作为公共行政人员的伦理原则加以探讨。持社会公平观点的人认为,应该承认人的需求和利益具有多元化的特征,因此,不同的人应该得到不同的对待[2]。J.帕特里·多贝尔(J. Patrick Dobel)在其《公共服务中的正直》一文中谈道,个人的正直能带来几种不同的自由裁量权的运作模式——政治责任、个人责任与慎重。在公共裁量权的行使过程中,政治责任常被放在最重要的地位,但因为决策最终是由个人制定的,所以个人责任与慎重态度也越发重要。当这三种要求在任何情况下都不够充分时,就需要一种三者之间的平衡和互动为个体行政人员提供正直行为的指导[3]。

除了公共行政中的民主主义之外,国外学者对于公共行政中的管理主义的研究文献可谓汗牛充栋,这些主要可归纳为如下几个方面。

1. 传统管理主义的研究

威尔逊(Woodrow Wilson)于1887年发表了其行政学的代表作《行政学研究》,他在该文中提出要将行政学作为一门专门的学科进行研究。为了提高政府效率,威尔逊提出了众所周知的"政治-行政二分法"的理论[4]。古德诺在其著作《政治与行政》中强调,政治与行政应进行分离,行政要保证具有高效率[5]。怀特在1926年出版了《公共行政研究导论》,该书作为公共行政领域的首本专著,为公共行政学的理论化与系统化奠定了坚实的基础。怀特的著作中处处渗透着管理主义的思想,他认为,行政是现代政府的核心问题,

---

[1] John P. Burke. Bureaucratic Responsibility. Baltimore: The Johns Hopkins University Press, 1986, p. 39.

[2] David K. Hart. Social Equity, Justice, and the Equitable Administrator. Public Administration Review, 1974, 34(1), pp. 3-10.

[3] J. Patrick Dobel. Integrity in the Public Service. Public Administration Review, 1990, 50(3), pp. 354-366.

[4] Woodrow Wilson. The Study of Administration. Political Science Quarterly, 1887, 2(2), p. 210.

[5] [美]古德诺著,王元、杨百朋译:《政治与行政》,华夏出版社1987年版,第21页。

行政管理是科学，追求经济和效率是行政学的目的，行政管理是实践的技术〔1〕。韦伯在其名著《经济与社会》一书中论述了其官僚制理论，他认为，行政管理是纯粹官僚体制的，稳定、精确、严肃紧张、有纪律和可靠是这种官僚体制固有的特征〔2〕。威洛比(W. F. Willoughby)在1927年出版的《公共行政学原理》一书中强调了组织结构、控制与效率。在威洛比看来，可将行政部门内部各个不同的机构及其活动进行整合，从而将分属各个部门具有相同职能的业务集中起来〔3〕。古利克(Luther Gulick)和厄威克(Lyndall Urwick)于1937年在其合编的《行政科学论文集》中提出了公共行政的七项基本职能，即计划(planning)、组织(organizing)、用人(staffing)、指挥(directing)、协调(coordinating)、报告(reporting)和预算(budgeting)。巴纳德(Chester I. Barnard)于1938年出版了《管理人员的功能》一书，系统地研究了组织的本质、决策、组织平衡、要素、构成、权威关系、非正式组织、管理人员职能等问题。此外，巴纳德还十分重视组织管理中的"有效性"与"能效"的研究。

2. 行为主义行政学中管理主义的研究

福莱特(Mary Parker Follet)在《作为一种职业的管理》(1925年)、《创造性经验》(1924年)等著作中系统地研究了行政领导的情境、群体与个人及组织的协调与控制、权力、权威、关系等问题。其提出的动态的公共行政理论分析了人与环境以及组织环境，人与其所处的社会群体环境的互动。她认为：在行政过程中人与技术之间具有较强的联系性，不能够有效地分开；企业中操作技术的研究必须与人结合在一起〔4〕。西蒙(Herbert A. Simon)的《行政行为：行政组织中的决策过程研究》一书强调事实与价值的分离，公共行政学应基于实证主义方法论，引入行为主义。在他看来，行政组织"理性的个体是被组织化和制度化的个人"〔5〕。其行为主义行政学理论带有浓厚的技治主义色彩。

---

〔1〕 [美]怀特著，刘世传译：《行政学概论》，商务印书馆1947年版，第12页。

〔2〕 [德]马克斯·韦伯著，林荣远译：《经济与社会》(上卷)，商务印书馆1997年版，第248页。

〔3〕 W. F. Willoughby. Principles of Public Administration. Baltimore: The Johns Hopkins University Press, 1927, p. 86.

〔4〕 Mary Parker Follet. A Prophet Gaining Honor. Business Strategy Review, 2003, 14(1), pp. 75-76.

〔5〕 Herbert A. Simon. Administrative Behavior: A Study of Decision-Making Processes in Administrative Organization, 2nd ed. New York: Free Press, 1957, p. 102.

3. 新公共管理中管理主义的研究

国外关于公共行政中的管理主义方面的研究较多,其中主要有:戴维·奥斯本(David Osborne)与特德·盖布勒(Ted Gaebler)合著的《改革政府——企业精神如何改革着公营部门》一书提出了构建企业化政府的十大原则。美国学者拉塞尔·M. 林登(Russell M. Linden)《无缝隙政府》一书用来自各级政府的实例分析了如何把再造的原理应用到各级政府的管理实践之中,详述了再造的步骤,揭示了无缝隙政府是以顾客为导向、以结果为导向、以竞争为导向的政府。美国学者麦克尔·巴泽雷(Michael Barzelay)在《突破官僚制:政府管理的新愿景》中认为需要进行有效的政府变革,从而突破官僚制。美国学者E. S. 萨瓦斯(E. S. Savas)在《民营化与公私部门的伙伴关系》一书中认为改善政府需要开展民营化,其从多个层面论证了政府实行民营化的必要性和基本路径。戴维·奥斯本(David Osborne)的《摒弃官僚制:政府再造的五项战略》提出了再造公共组织的核心战略、控制战略、顾客战略、后果战略与文化战略。欧文·E. 休斯(Owen E. Hughes)的《公共管理导论》(第二版)一书系统阐述了新公共管理的特点、理论基础,对政府的角色进行了深入的分析,并对管理主义作了系统的评述。彼得斯(B. Guy Peters)在其《政府未来的治理模式》一书中提出了政府的四种改革模式,即参与式政府、市场式政府、解制型政府和弹性化政府。克里斯托弗·波利特(Christopher Pollitt)在其《管理主义与公共服务:90年代以来的财政削减抑或文化变迁?》一书中写道:"从1980年到1990年,几乎每个公共服务部门都经历了一个'管理革命'。新的预算、评价、绩效评估技术已应用在公务员、教师、健康服务人员、地方政府官员管理当中。在公共服务部门、卫生保健部门、教育部门与当地政府中考查这些改革的特点。说明出现在英美两国的'科学管理'是有严重缺陷的。"[1]阿利森(Graham T. Allison)在《公共管理与私营管理:二者本质上在所有不太重要的方面相同吗?》一书中对公共管理和私营管理进行了比较研究,指出了二者的相同点与不同点。他认为为了提高绩效而直接把私营管理的方法和技能运用于公共管理之中的想法是错误的[2]。

---

[1] Christopher Pollitt. Managerialism and the Public Services: Cuts or Cultural Change in the 1990s?. Oxford: Blackwell Business, 1993: p. VIII.

[2] Graham T. Allison. Public and Private Management: Are They Fundamentally Alike in All Unimportant Respects?, in Frederick S. Lane. Current Issues in Public Administration. New York: St. Martin's Press, 1982, p. 2.

普莱斯(Catherine Price)认为:"政策变革的发展哲学强调从国家为中心的方法转到以市场为中心的方法,由此划定公共部门和私营部门的关系和界限。这是十分冒险的,公共部门有可能成为和洗澡水一起泼掉的婴儿。"[1]当约纳休(John D. Donahue)认为私营组织在无竞争和无市场的情形下仍然保持较高的效率的观点是不切实际的[2]。里查德·J. 斯蒂尔曼(Richard J. Stillman)认为,强调由数量广大的、政治上有党派意识的忠诚骨干完成公共行政工作是不切实际的,现实中仍然会出现大规模的腐败和有伦理问题的渎职现象,而效率低下早已司空见惯[3]。罗顿(Lawton)在《公共服务的伦理管理》一书中指出尽管存在着国与国之间的差异,公共行政正在经历一种共同的趋势,即与公共服务组织相关联的基本价值观正在被改革破坏[4]。H. 乔治·弗雷德里克森(H. George Frederickson)在其《伦理与新管理主义》一文中对新公共管理的特点进行了概括,即:第一,大力减少政府的规章与繁文缛节;第二,私有化与合同外包;第三,大力减少政府直接雇用的劳动力;第四,不要把一个政府干部培养成称职的合同经理人;第五,把上述做法与普及市场运作与机构竞争化结合起来;第六,对政治与社会环境进行改革[5]。克里丝托弗·胡德(Christopher Hood)将新公共管理归纳为七个重要方面[6]。V. 西默尔·威尔逊(V. Seymour Wilson)在《公共管理改革与新管理主义:一个向加拿大公共行政发起根本性挑战的发起评估》一文中讲道:"新管理主义"正成为新的正统公共管理模式。它挑战了民主国家官僚制经典假说的本质。然而,它还没有引发大量激烈的争论。在加拿大,它在挑战着基于公共行政组织化的官僚制模式。这种模式意味着两大主要原则,即政务部门与中立化

---

[1] Catherine Price. Privatisation in Less Developed Countries, in Peter M. Jackson, Catherine Price. Privatisation and Regulation: A Review of the Issues. London: Longman, 1994, p. 253.

[2] John D. Donahue. The Privatisation Decision: Public Ends, Private Means. New York: Basic Books,1989, p. 217.

[3] Richard J. Stillman. Preface to Public Administration: A Search for Themes and Direction. New York: St. Martin's Press,1991,p. 183.

[4] Alan Lawton. Ethical Management for the Public Services. Buckingham: Open University Press, 1998.

[5] H. George Frederickson. Ethics and the New Managerialism[J]. Public Administration and Management. 1999,4(2), pp. 299-324.

[6] Christopher Hood. A Public Management for all Seasons?. Public Administration, 1991,69(1),pp. 4-5.

的公共服务部门。前者意味着权力向下走,责任和义务向上走(被选入国家的权力)。而后者则意味着,公务员享有稳定的职位,并不受党派之争约束。新的管理主义对这两个原则进行了全方位的挑战,政府部门应根据需要对"顾客"负责[1]。帕崔克·冯·马诺威克(Patrick von Maravic)和克里斯托夫·莱卡德(Christoph Reichard)在其《新公共管理与腐败:IPMN 的对话与分析》中探讨了在公共部门新公共管理改革中公务员与政治家或私营公共服务提供者的腐败行为之间可能存在的潜力关系。其目的是反映公共管理的不同战略对产生腐败行为的影响,分析改革的意想不到的后果,探索动机和机会作为腐败刺激物的可能性。然而,经验证据推断二者并没有明确的对应关系。事实上,并没有证据表明新公共管理培育腐败的机会多于传统公共管理[2]。

4. 对管理主义反思批判的研究

诺曼 M. 里格斯(Norma M. Riccucci)在其《旧公共管理与新公共管理之比较:公共行政适用于哪里?》一文中讲道:"作为管理主义立论基础的实证主义并非适用于所有领域。在公共行政和公共管理中,有些不适用于实证研究,有些则适用;因此,我们不能单一地否定管理主义中的实证主义方法,而应该在实证与规范研究之间寻求一种内在的关联。"[3]默什·梅尔(Moshe Maor)的《管理主义的悖论》一文指出,管理主义存在着一个内在矛盾,这就是政治家与官僚的关系问题:一方面,管理主义把政治-行政二分法奉为圭臬,主张政治家和官僚有各自的职责与严格的分工;另一方面,在新管理主义的语境中,官僚从繁文缛节中解放出来,被赋予更多的自由,然而,官僚可能变得更加强大,这使得政治家被迫强化了对官僚的政治控制,与此同时,官僚出于职业生涯的考虑,政治敏锐性相比以前有了较大的提升。这样一来,政

---

[1] V. Seymour Wilson. Public Administration Reform and the "New Managerialism": A Comparative Assessment of a Fundamental Challenge Confronting Canadian Public Administration. International Journal of Public Administration, 1996,19(9),pp. 1509–1553.

[2] Patrick von Maravic, Christoph Reichard. New Public Management and Corruption: IPMN Dialogue and Analysis. International Public Management Review, 2003,4(1), p. 84.

[3] Norma M. Riccucci. The "Old" Public Management Versus the "New" Public Management: Where Does Public Administration Fit in?. Public Administration Review, 2001, 61(2),pp. 177–175.

治家和官僚非但没有进一步分开,反而联系得更加紧密[1]。克里丝托弗·胡德(Christopher Hood)在其《公共部门管理主义的悖论:老公共管理与公共服务的论争》一文中阐述了管理主义的三个悖论,即"全球化的悖论、不良改革景象的悖论和管理主义的悖论"[2]。里查德·C.博克丝(Richard C. Box)等人在其《新公共管理与实质民主》一书中对新公共管理会侵犯民主价值作了论证,他认为:"公共部门由于支持或赞同做管理的市场模式而处于放弃民主价值的危险境地。他们认为现代的美国民主较以前的19世纪末与20世纪初的自由资本主义社会有了较大的缩水。资本主义民主强调对个人的自由进行程序化的保护,而不是带来个人自由的实质性问题。现今基于新公共管理的政府市场化模式已走得太远,以至于影响公共部门管理的民主化主导价值。"[3] L. D. 泰瑞(L. D. Terry)在《行政领导、新管理主义与公共管理运动》一文中指出:"即经由公共选择理论、代理人理论等确立的管理主义对于'民主价值'是无益而经不起深究的。"[4]此外,胡德(Christopher Hood)认为,新公共管理把公共服务诚实正直的文化看作特定条件,其忽视了传统公共行政对于固定薪金、永久任期、直线管理权力的限制、程序规定、公共部门和私营部门之间明确分开等规定,这样会产生腐败的风险[5]。世界银行的资深公共管理专家尼克·曼宁(Nick Manning)指出新公共管理模式已经过时,并认为新公共管理并没有在与旧公共行政的较量中获得优势,新公共管理在执行的范围之内也没有实质性地发挥作用。新公共管理并非一个足够成熟的理论模型,因而在发达国家与发展中国家中并不具有普适性的效果[6]。

---

[1] Moshe Maor. The Paradox of Managerialism. Public Administration Review,1999,59(1),pp. 5-18.

[2] Christopher Hood. Paradoxes of Public-sector Managerialism, Old Public Management and Public Service Bargains. International Public Management Journal,2000,3(1), p. 1.

[3] Richard C. Box, G. S. Marshall, B. J. Reed, et al. New Public Management and Substantive Democracy. Public Administration Review, 2001,61(5),p. 608.

[4] L. D. Terry. Administrative Leadership, Neo-management and the Public Management Movement. Public Administration Review,1998,58(3), pp. 194-200.

[5] Christopher Hood. A Public Management for all Seasons?. Public Administration, 1991,69(1), p.16.

[6] Nick Manning. The Legacy of the New Public Management in Developing Countries. International Review of Administrative Sciences,2001,67(2),pp. 297-312.

(二) 国内研究综述

国内关于美国公共行政价值与范式的研究起步较晚。20世纪80年代以后,随着西方公共行政理论著作不断地被翻译成中文引入中国,国内对美国公共行政的研究开始日益增多。就公共行政民主主义的研究而言,其主要表现为如下几个方面。

1. 政治与法律层面的民主主义研究

潘伟杰在其《现代政治的宪法基础》一书中谈到了西方自由主义立宪观的困境,他认为这是自由主义立宪观内部存在着的张力与困境,并将此归纳为"价值理性与工具理性的困境""私有财产权与代议制民主的冲突""个人权利与公民权利的冲突"以及"民主与效率的冲突"[1]。刘守刚的《西方立宪主义的历史基础》一书探讨了立宪主义是如何在西方世界发生和发展的,并研究了立宪主义在西方世界实现的历史条件。桑玉成的《拓展全过程民主的发展空间》一文强调人民民主就是一种全过程民主,这种民主是具有中国特色的[2]。覃漩的《协商民主与政治发展》一文从历史条件和理论动力两个层面对比了中西方的协商民主,并认为中国的协商民主呈现出咨询、谈判和治理机制三种样态[3]。

2. 民主公共行政的研究

丁煌的《当代西方公共行政理论的新发展——从新公共管理到新公共服务》对新公共服务的内涵与特征进行了系统的概括[4]。王丽莉的《"新公共服务"评析———种对新公共管理的替代》对新公共服务的内涵及新公共服务对于新公共管理的超越作了深入的研究[5]。周义程的《新公共服务理论的贫困》对新公共服务理论作了批判性的学术解构[6]。周晓丽的《新公共管理:反思、批判与超越——兼评新公共服务理论》一文对新公共服务的理论

---

[1] 潘伟杰:《现代政治的宪法基础》,华东师范大学出版社2001年版,第128-141页。
[2] 桑玉成:《拓展全过程民主的发展空间》,《探索与争鸣》,2020年第12期。
[3] 覃漩:《协商民主与政治发展》,《复旦学报(社会科学版)》,2022年第1期。
[4] 丁煌:《当代西方公共行政理论的新发展——从新公共管理到新公共服务》,《广东行政学院学报》,2005年第6期。
[5] 王丽莉:《"新公共服务"评析———种对新公共管理的替代》,《理论与改革》,2004年第3期。
[6] 周义程:《新公共服务理论的贫困》,《中国行政管理》,2006年第12期。

基础、原则和内容进行了系统的阐述[1]。此外,熊剑龙的《评"新公共服务"》、辛传海的《从"新公共管理"到"新公共服务"》、陈建平的《"新公共服务"的公共理性诉求》、邓念国的《新公共服务理论的民主意蕴及其实现路径》等文章也对新公共服务作了有益的探索。武玉英的《变革社会中的公共行政:前瞻性行政研究》一书认为与工业社会相适应的官僚行政,不能有效应对知识社会的复杂性和不确定性,因而"具有前瞻性的公共行政",将是公共行政的一个发展方向,用前瞻性行政范式取代传统官僚体制,力求在当下建构服务型政府,实现民主法治、人本主义、公平正义、公共利益和效率效能等价值。张富的《公共行政的价值向度》一书认为公共行政价值是人类社会关于公共行政的希望和理想、信仰和依托、期待和憧憬,是公共行政所追求的一种终极化的应然状态。李国强的《现代公共行政中的公民参与》一书注重考察公民参与模式的过去、现在和将来,研究公民参与模式的主要特点和可取之处,并对公民参与可能实现的社会特性进行假设,以及对主要观点进行讨论。他认为,要阐述一个理论模式并作出评价,就必须对各种理论主张的特点和内在联系以及参与方案的实践性给予恰当的关注。毛昭晖的《公共行政的法律基础》一书对公共行政的法治观、法律原则与公共行政的法律关系进行了系统的论述,并指出维护有限权力、正当程序、责任行政等是现代社会对公共行政的基本要求。郑德涛、欧真志在《民主治理与公共服务价值的重塑》一书中对瑞典的公共服务型政府建设进行了分析,并认为中国应借鉴瑞典的民主治理的经验,深化行政管理体制改革,推进服务型政府建设与公共服务价值的重塑。马怀德在《法制现代化与法治政府》一书中以西方法治理论为参照系,在分析我国法治政府建设的本土制度背景的基础上,以"主体—行为—监督"为主线,论述了法治政府制度构建的内容,并结合我国具体国情,论证了建设法治政府的可行性和可能遇到的障碍,以及应当遵循的模式和路径。

3. 行政伦理的研究

张康之的《寻找公共行政的伦理视角》一书通过对公共行政一系列经典理论的历史考察,揭示了现代公共行政的"思想模型"中的各种缺陷。作者从公共行政的制度、程序、行政人员的行为等方面提出了伦理化方案,特别是提出了在公共行政领域中拒绝权力这一大胆的设想。丁煌的《寻求公平与效率

---

[1] 周晓丽:《新公共管理:反思、批判与超越——兼评新公共服务理论》,《公共管理学报》,2005年第1期。

的协调与统一——评现代西方新公共行政学的价值追求》一文对新公共行政学协调公平与效率价值作了深入的探讨[1]。金太军的《公共行政规范理论的勃兴及其启示——当代西方新公共行政学评析》一文对新公共行政学作为规范理论兴起进行了研究[2]。郭夏娟的《公共管理伦理：理论与实践》一书探讨了政府公共管理事务的变化中伦理目标的转变，以及伴随这种转变行政伦理原则的替换与价值导向的演进，从伦理视角探讨公共组织与官员偏离公共价值的必然性以及发生腐败的必然性，进而考察各国为抑制腐败采用的途径与方法，此外，该书还探讨了公共官员的个体道德能力是如何形成与提高的，以及这种道德能力的最高境界存在着怎样的道德风险。余玉花的《公共行政伦理学》深刻揭示了行政伦理形成的时代背景，系统阐述了行政伦理的基本原理，并通过对现代化境遇下中国政府公共行政体制、公共行政活动的分析研究，全面探讨了政府制度伦理、政府行政过程伦理、政府行政人员的职业伦理，构建了行政伦理建设的中国模式。刘祖云的《当代中国公共行政的伦理审视》在剖析我国目前处于社会转型期面临的一些行政弊端的基础上，提倡"服务型政府"的理念，旨在重塑"全心全意为人民服务"这一主导行政价值观，诠释"人民政府为人民"的宪法原则与精神。刘雪丰的《行政责任的伦理透视——论公共行政人员的道德责任》一书认为公共行政人员负有职位责任是公认的，对公共行政人员是否有道德责任和承担什么样的道德责任却没能有一致的看法。公共行政人员不仅是价值选择的主体，而且面临"公共性"与"私人性"的尖锐矛盾。道德责任不是责任的一种，而是对责任的道德评判。沈士光《公共行政伦理学导论》在借鉴中外学者已有研究成果的基础上，针对当前我国公共行政伦理遇到的问题和困境，对公共行政权力伦理、政府伦理、制度伦理、公共行政责任伦理、公共行政人格以及公共政策伦理等进行了介绍和论述，尝试性地构建了公共行政伦理学的体系。此外，曹现强、侯春飞的《公共行政发展史上的里程碑——公共行政历史视野中的新公共行政学》、陈虹的《新公共行政学对中国行政改革的启示》、刘学平和杨晓惠的《公共行政价值体系的一次突破——评新公共行政学的社会公平观的影响》等文章也对新公共行政学作了深入的研究。

---

[1] 丁煌：《寻求公平与效率的协调与统一——评现代西方新公共行政学的价值追求》，《中国行政管理》，1998年第12期。

[2] 金太军：《公共行政规范理论的勃兴及其启示——当代西方新公共行政学评析》，《江苏社会科学》，1998年第1期。

4. 关于民主主义与管理主义之关系的观点

杨宏山对公共行政中多种不同的研究取向和理论范式进行了高度概括,并着重阐发各种范式的具体特征。刘伟红认为西方公共行政多元范式之争表现为"效率"与"公正"的对立,还深刻演绎着理论阵营发展与现实利益发展的矛盾。石正义强调公共行政思想一直在两大范式之间徘徊并最终走向折中和融合的发展规律。朱晓红认为美国公共行政发展过程中两大范式相生相伴,呈现持续动态的钟摆运动。其源头来自联邦主义与反联邦主义的分歧,钟摆轴心是宪法的权力分立精神,根源在于政体的制度设计,目的是追求好的秩序,并不存在独立的普适的行政模式,二者应互补共生。

随着新公共管理在西方发达国家的兴起,国内一批学者开始著书立说,形成了诸多对于新管理主义的研究,主要观点主要表现为以下几个方面。

(1) 西方国家新公共管理运动及其特征的阐释

陈振明的《政府再造——西方"新公共管理运动"述评》一书阐述了20世纪最后的20余年,为迎接全球化、信息化和知识经济时代的来临以及摆脱财政困境、提高国际竞争力和政府效率,西方各国相继掀起了政府改革或政府再造的热潮;评述了当代西方政府改革(新公共管理)运动,特别是美国、英国、新西兰和日本等国的政府改革。基本内容包括:公共部门改革的战略与战术;新公共管理改革的先驱;创造一个少花钱多办事的政府;新公共管理改革的典范;竞争、绩效、透明;分权、民主与善治;走向一种自主化管理模式;市场化、民营化和自由化。毛寿龙、李梅、陈幽泓在其《西方政府的治道变革》一书中阐述了自20世纪90年代之后,世界各国在政府改革方面的做法,主要有:强调更多的市场、更小而有效的政府;主张放松管制、公共领域引进市场机制、建立公共领域的内部市场;强调信息技术的运用;强化政府政策执行部门自主权的改革[1]。周志忍在《公共部门质量管理:新世纪的新趋势》一文中把新公共管理浪潮背景下的西方行政改革的基本内容从社会、市场管理与政府职能的优化、社会力量的利用和公共服务社会化三个方面进行了阐述[2]。金太军在《新公共管理:当代西方公共行政的新趋势》一文中指出了新公共管理在政府职能定位、效率和质量、放松规制、私营部门管理方法、文

---

[1] 毛寿龙,李梅,陈幽泓:《西方政府的治道变革》,中国人民大学出版社1998年版,第10-11页。

[2] 周志忍:《公共部门质量管理:新世纪的新趋势》,《国家行政学院学报》,2000年第2期。

官与政务官互动、私有化以及重视人力资源等方面的七大特征[1]。张成福、党秀云在其《公共管理学》一书中对新公共管理进行了阐释，并对新公共管理的特点进行了系统的分析。此外，国家行政学院国际合作交流部编译的《西方国家行政改革述评》一书分别对欧洲、北美洲、大洋洲11个国家的行政改革给出了个案分析。其中，国别的重点在欧洲，主要是经济发达的西欧和政治长期不稳定的南欧国家，也有北欧福利国家的代表。本书收录的大部分论文的作者是各国的知名学者，这些论文不以公共选择理论、新公共管理理论以及新制度主义经济学等学术探讨为主要内容，而大都是对不同国家的行政改革作实证性剖析或经验性比较。张定淮、曹晓明在《全球化时代各国政府行政改革》一文中把各国行政改革所采取的措施总结为：私有化或带有私有化倾向；引入了市场理念和私营部门的管理技能；界定决策机构和执行机构的职能；政府在公共服务方面"角色"转变；政府职能定位于"掌舵"上[2]。朱满良、高轩在《从新公共管理到新公共服务：缘起、争辩及启示》中把新公共管理价值取向归结为：第一，借鉴私营企业的管理办法。公私管理之间的区别是一种假象，"管理就是管理"，公共部门完全可以借鉴私营部门的管理模式和方法。第二，公共服务市场化。新公共管理的一个重要的特征，是将市场竞争机制引入公共服务供给中，即实现公共服务的市场化。第三，顾客导向。在新公共管理看来，政府是负有责任的企业家，公民则是其顾客或消费者。[3] 鞠连和在《论新公共管理理论的价值与局限》一文中把新公共管理归结为三种不同形态：一是作为知识形态的思想理论，以胡德为代表；二是作为政策形态的改革方案，以霍尔姆斯、桑德及经合组织（OECD）、世界银行为代表；三是作为经验形态的实践模式，以奥斯本和盖布勒为代表[4]。王佃利、展振华在《范式之争：新公共管理理论再思考》一文中从范式的理论支撑、范式问题、范式的时间检验、实践中的范式检验和范式内部统一性五个维度对"新公共管理"进行了重新审视和定位[5]。

---

[1] 金太军：《新公共管理：当代西方公共行政的新趋势》，《国外社会科学》，1997年第5期。

[2] 张定淮、曹晓明：《全球化时代各国政府行政改革》，《马克思主义与现实》，1999年第1期。

[3] 朱满良、高轩：《从新公共管理到新公共服务：缘起、争辩及启示》，《中共中央党校学报》，2010年第4期。

[4] 鞠连和：《论新公共管理理论的价值与局限》，《社会科学战线》，2009年第10期。

[5] 王佃利、展振华：《范式之争：新公共管理理论再思考》，《行政论坛》，2016年第5期。

(2) 西方基于新公共管理的政府改革对中国行政改革的启示

周志忍主编的《当代国外行政改革比较研究》一书介绍了 20 世纪 70 年代末 80 年代初以来,一些国家掀起的声势浩大的行政改革运动。该书从 20 世纪 30 年代以来世界公共行政的历史开始,深入研究了国外当代行政改革的动因、进程、主要措施、客观效果及其经验教训,对实现我国行政管理现代化具有重要的借鉴意义。宋世明著的《美国行政改革研究》一书介绍了 20 世纪 80 年代初以来的美国政府行政改革,通过对美国行政改革的研究,以点代面地把握当代西方行政改革的实践取向及其内在规律,并试图对中国行政改革提供某些启示。该书认为,中美两国处在现代化的两个不同发展阶段,同期的中美两国行政改革的具体制度设计多具有不可通约性,但美国的行政改革能为中国行政改革提供有价值的理念启示。黄德林、田家华的《公共管理若干前沿问题研究》分别对政治文明建设、服务型政府、政府信用建设、行政区划改革、行政绩效评估、行政许可、公共危机中的政府管理、电子政务建设、公共产品供给问题、我国乡村治理模式的变迁、战略机遇期的国家能源安全战略、社会保障社会化、行政信息公开的最新进展、城市社区建设、公共部门人力资源开发以及公共管理改革与发展问题等课题进行了深入分析与探讨。李鹏的《新公共管理及应用》一书从各国官僚体制政府引发的种种问题、后工业社会的社会变革以及全球化的迅速发展等三个方面阐述了新公共管理兴起的时代背景,并论述了新公共管理产生的经济学、政治学、管理学和自然科学的理论基础。在总结发达国家新公共管理的四种政府管理模式的基础上,论述新公共管理的理论含义、主要内容和成就,并从中国传统公共行政体制的历史演变、现状、入世后面临的挑战等方面说明了中国进行新公共管理改革的必要性,从指导思想、政治基础、经济基础和实现途径等四个方面论述了如何建立具有中国特色的新的公共管理模式。程样国、韩艺在《国际新公共管理浪潮与行政改革》一书中介绍了新公共管理运动的起源及其所赖以支撑的理论基础,结合新公共管理理论,对我国行政改革提出了前瞻性构想。新公共管理虽然是在西方特定的社会背景中产生,然而,它在某种程度上体现了公共行政发展的客观规律,因而具有一定的借鉴意义。陈振明在《评西方的"新公共管理"范式》一文中总结了西方新公共管理理论对于中国行政改革在转变政府职能、引入竞争机制、重塑政府与社会的关系、引入管理方法与技术等方面的重要的借鉴意义[1]。刘力、张源认为新公共管理对于中国行政改革在引入管理理论与技术、处理统一模式与模式多元化、放权行政管制、注重效率、借鉴企业管理方法、引入竞争机制等方面具有重要的借鉴意义[2]。罗中华在《新公共管理对我国建设服务型政府的启示》一文中总结了新公共管理对我国建设服务型政府的五点启示[3]。谭和义在《新公共管理理论对我国行政改革的启示》一文中谈到新公共管理对我国行政改革的三点启示：第一，行政管理的核心问题是效益；第二，以"顾客"为导向是新公共管理的核心诉求；第三，引入市场机制是政府改革的必由之路[4]。林民望在《新公共管理运动影响中国行政改革？——一个海外中国研究视角》一文中对比了新公共管理模式与中国行政改革的相似之处，并指出二者之间是借鉴而非复制关系[5]。

（3）关于"新公共管理"的发展趋势及批判观点

张康之认为应把新公共管理置于历史的宏观的研究语境之中，并认为政府的公共政策化和公共管理的社会化是一个必然性的历史趋势[6]。陈振明在《评西方的"新公共管理"范式》一文中对新公共管理的保守主义倾向、经济学基础、管理主义倾向、政治化倾向、背离民主价值等五个方面进行了系统的批判[7]。张成福在其《公共行政的管理主义：反思与批判》一文中介绍了公共行政的管理主义存在的五大缺陷，即对人性认识的偏颇、管理主义所导致的公共行政价值的偏颇和公共行政在民主治理过程中正当性的丧失、市场基本教义和对市场机能的不当崇拜、向私营部门学习的自我解构与公私管理的混淆、不恰当的"顾客"隐喻[8]。杜钢建在《新世纪政府管理改革的新课题》一文中指出：跨世纪各国政府管理改革的一个重大的取向是新的信息通信

---

[1] 陈振明：《评西方的"新公共管理"范式》，《中国社会科学》，2000年第6期。

[2] 刘力、张源：《"新公共管理"运动及其对中国行政改革的启示》，《天府新论》，2003年第4期。

[3] 罗中华：《新公共管理对我国建设服务型政府的启示》，《天府新论》，2005年第S1期。

[4] 谭和义：《新公共管理理论对我国行政改革的启示》，《湖北社会科学》，2002年第9期。

[5] 林民望：《新公共管理运动影响中国行政改革？——一个海外中国研究视角》，《国外社会科学》，2017年第6期。

[6] 张康之：《论政府的非管理化——关于"新公共管理"的趋势预测》，《教学与研究》，2000年第7期。

[7] 陈振明：《评西方的"新公共管理"范式》，《中国社会科学》，2000年第6期。

[8] 张成福：《公共行政的管理主义：反思与批判》，《中国人民大学学报》，2001年第1期。

技术使政府绩效得以最大化提高。而这种趋势是将竞争引入政府管理的结果。[1]张国庆在《公共行政的典范革命及其启示》一文中把20世纪70—80年代流行于西方国家的新公共管理运动理解为政府职能向市场回归的过程[2]。王欣亮、任殁认为在公共信息服务的供给侧改革方面,新公共管理理论能够从内容渠道、供给体系、供给主体等方面提供理论的支撑[3]。宁骚在《行政改革与行政范式》一文中对新公共管理作为一种超越官僚制范式而存在的新的范式持有疑问,在他看来,这种范式能否被人接受,不在于其逻辑结构的完善与否,而在于其分析与解释现实世界的力度[4]。欧纯智、贾康认为新公共管理存在内在的缺陷,政府与社会资本合作可以实现对新公共管理范式的超越[5]。

(三) 国内外关于民主主义与管理主义研究的不足与展望

1. 主要不足

通过对国内外关于管理主义与民主主义研究的梳理与回顾,可以发现对管理主义与民主主义的研究既有缜密的学术思索,又有浓厚的现实关怀,不论从研究的广度还是深度讲都取得了相当可喜的成果,为公共行政理论与实践提供了有力的帮助。然而,这些研究美中也有不足,主要体现为以下方面:

第一,对两大范式中的理论模式研究得多,而对范式本身的梳理的研究较少。研究者主要对诸如传统公共行政、新公共行政学、新公共管理与新公共服务等独立的理论模式进行研究的成果比较多,而对管理主义与民主主义理论的时代传承与学者观点的系统梳理还很欠缺。

第二,对两大范式的各种理论模式进行阐释的研究较多,而对范式之间的比较研究较少。研究者主要侧重于对两大范式内部的各种理论模式进行阐释,而对范式之间进行比较研究的成果则寥寥无几。

第三,对两大范式从理论上研究得较多,而从理论与实践相结合的层面

---

[1] 杜钢建:《新世纪政府管理改革的新课题》,《北京行政学院学报》,2000年第1期。
[2] 张国庆:《公共行政的典范革命及其启示》,《北京大学学报(哲学社会科学版)》,2000年第5期。
[3] 王欣亮、任殁:《知识消费升级影响下公共信息服务供给侧改革路径——来自新公共管理的视角》,《宁夏社会科学》,2018年第1期。
[4] 宁骚:《行政改革与行政范式》,《新视野》,1998年第3期。
[5] 欧纯智、贾康:《政府与社会资本合作对新公共管理范式的超越——基于公共服务供给治理视角的反思》,《学术界》,2018年第12期。

上研究得较少。对两大范式阐释得最好的著作当属罗森布鲁姆等人的《公共行政学：管理、政治和法律的途径》(第五版)与登哈特的《新公共服务：服务，而不是掌舵》这两本书。其中前者对公共行政的管理、政治与法律的途径从组织、公共人事行政与集体谈判、决策、政策分析与执行评估等方面进行了比较研究；后者则对传统公共行政、新公共管理与新公共服务从公共服务、公共利益、行政官员的角色、执行与责任等方面进行了比较研究。这些研究固然有一定的深度与说服力，然而，对两大范式从理论与实践相结合的层面进行的研究仍然不够深入，此外，这两本著作并未对两大范式的哲学根源与内在逻辑等方面进行研究。

第四，重视对管理主义的反思与批判，而轻视对民主主义的评价。现在的研究成果主要重视对传统公共行政、新公共管理等管理主义范式的反思与批判，然而，民主主义也并非完美的范式，它也存在着许多理论与实践方面的不足之处，对于这些，国内外学界研究得较少。

第五，重视对管理主义与民主主义两大范式冲突与矛盾的研究，而轻视两大范式之间调和与融合等方面的研究。唯物辩证法告诉我们，自然界、人类社会和人类思维等领域的任何事物都是矛盾的对立统一体。管理主义与民主主义也不例外。两大范式不光存在着对立与竞争的方面，还包含相互融合与共同发展的规律，这正好是学界研究的薄弱环节。

2. 研究展望

管理主义与民主主义两大范式贯穿于整个美国公共行政发展的始终，因此研究者们还会对其进行不断的研究与探讨，会有更多的成果出现。从理论研究的角度讲，应该加强以下几个方面的研究工作。

首先，对管理主义与民主主义的矛盾与冲突进行研究的同时，也要注重对二者的整合研究。管理主义范式中包含了一些民主主义的因素，同样，民主主义范式中也包括了管理主义的因素。特别是新公共管理与新公共服务理论在某种程度上实现了二者价值理念的融合。因此，研究者应该注意到这些变化规律，在公共行政理论与实践中实现两大范式的有效整合。

其次，在对管理主义与民主主义的各种模式进行研究的同时，也要注重对二者的比较研究，不光要注重历时性方面的比较，更要注重共时性方面的比较。特别是对管理主义与民主主义的哲学基础、内在逻辑、价值理念、批判反思等方面的研究要加强。

再次，加强两大范式中国化的研究。中国作为后发国家，如何在公共行政改革过程中借鉴美国公共行政成功的经验,汲取其失败的教训则是摆在中国每个公共行政研究者面前的首要问题。因此,今后应把美国公共行政两大范式与中国行政改革结合起来进行研究,兴利除弊,这样才能保证中国政府管理的民主化与科学化。

最后,综合运用各相关学科的理论与方法,对管理主义与民主主义进行综合研究。在有效使用管理学、政治学、法学、经济学等学科的知识、方法和技术的同时,广泛吸取哲学、伦理学、社会学、心理学、信息论、系统论等学科的理论、方法和技术,从总体上拓宽公共行政研究的视野,促进公共行政理论与实践的发展。

三、研 究 方 法

本书首先采用历史方法对美国公共行政中管理主义与民主主义的发展范式作历史视角的考察。其次是运用比较方法,对美国公共行政中的管理主义与民主主义作比较研究,主要表现为对两大范式在哲学根源、理论基础、内在逻辑、价值理念等方面进行系统的比较。最后,运用政治科学与政治哲学的方法,在对美国公共行政中管理主义与民主主义的比较研究中注重把规范研究的方法与经验研究的方法统一起来,注重事实与价值的统一。本书的第二章至第八章主要是政治科学的分析路径,主要从政治正义与政府效能的冲突与融合的视角对美国公共行政中管理主义与民主主义理论与实践的发展作一梳理,并提出了美国公共行政范式的冲突与融合对中国行政改革的借鉴意义。第一章、第九章与第十章则采取了政治哲学的分析路径,主要对两大范式从政治哲学的层面进行价值评判,如对政治正义与政府效能进行阐释,对管理主义与民主主义冲突的缘由进行分析,以及对两大范式进行评价等。这样则使本书的研究既有学理性、学术性,又有思辨性与逻辑性。

当然,各种方法并不是截然分开的,它们贯穿于全书之中,只是在不同的章节有所侧重而已,至于使用什么样的研究方法,怎样使用,都是以研究对象、问题的性质和研究需要为转移的。

四、本书的创新点

本书的创新之处主要体现为两个方面。一是研究视角创新。对管理主义与民主主义的研究,研究者较多的是从管理主义或民主主义范式内部的理论模式进行研究,如对传统公共行政、新公共管理、新公共行政学与新公共服务等模式的内涵、实质、特征及优缺点等进行研究。本书以政治正义与政府效率之冲突与融合的视角对美国公共行政两大范式理论与实践的发展进行研究,把公共行政的发展置于一对矛盾的辩证统一体之中,这就避免了过去相关研究的狭隘性。从研究方法来看,本书使用政治科学与政治哲学、历史研究与比较研究的方法,对管理主义与民主主义进行梳理与比较,使管理主义与民主主义的实然分析与价值判断结合起来,使本书具有一定的深度与广度。二是研究观点的创新。首先,本书指出美国公共行政中的管理主义与民主主义之间除了相互冲突与竞争的关系之外,还有相互融合的发展趋势。新公共管理与新公共服务在价值取向方面进行了相互吸纳,从而实现了自身价值多元化的发展趋势。其次,本书对美国公共行政的两大范式进行了系统深入的评价,认为管理主义与民主主义在一定程度上具有优缺互补性。民主主义可以弥补管理主义合法性的不足,而管理主义可以弥补民主主义过于规范化,缺乏技术支撑的不足。最后,本书提出了这一观点:通过借鉴美国公共行政范式的冲突与融合的演进逻辑,未来中国行政改革应克服管理主义与民主主义的不足之处,同时发扬二者之优点,注重二者的融合与并重发展。

第一章

基本概念与相关理论

任何一种理论范式不是凭空产生的,其背后总有这样或那样的价值因素或行为动因起规导或推动作用。公共行政也不例外,公共行政一方面肩负着维护政治正义之使命,另一方面也承担着提高政府效率的任务。然而,政治正义与政府效率在公共行政理论与实践中往往是冲突的。美国建国之初托马斯·杰斐逊(Thomas Jefferson)与亚历山大·汉密尔顿(Alexander Hamilton)围绕着美国宪法的争论,成为公共行政中民主主义与管理主义范式的直接来源,二者争论的实质就是政治正义与政府效率之间的冲突。因此,理解政治正义与政府效率的内涵是理解公共行政两大范式的前提。本章拟对政治正义与政府效率这两个公共行政中的重要概念进行系统的阐释,希冀为以后章节论述的展开提供较为清晰的概念基础。

第一节 作为价值规导的政治正义

实现政治正义是公共生活的重要目标,政治正义体现了自由、平等、法治、人权与民主等价值,它为国家的政治制度提供了价值规导。要深入理解政治正义的内涵与实质,我们首先应对正义作一个全面的了解。

一、正义的诸种争论

正义作为一种普适性价值,是人类社会奋斗的目标之所在。正义是一个相对的概念,不同的社会、不同的阶级有不同的正义观。笔者认为,正义可从自由主义、社群主义、后现代主义三大维度进行分析。

（一）自由主义之正义观

西方自由主义流派在历史演变中形成了相互争论的局面,在几个世纪当中,其思想体系一直在变化,没有明确的界定。正是由于自由主义内部的论争,作为自由主义之核心概念的正义也有诸多解释,笔者将其梳理如下:

1. 自然法之正义

西方哲学家们在19世纪之前一直相信自然法和古典契约论可作为自由主义的有力证明。自然法的一个基本概念是人的天性。自然法以人的天性作为引导,将追求生命、自由与财产等目标视为基本的善。回顾西方的哲学史,我们不难看出,最早系统论述古典契约论与自然法的学者是霍布斯,他试图解决的核心问题是在国家产生之前,人类社会是怎样从自然状态过渡到国家的。霍布斯认为,自然法会有效地支配一切人反对一切人的战争的自然状态,作为一种合乎理性的规律或法则的自然法在本质上就是理性所发现的戒条或一般法则。通过全体人民之间所达成的契约可以实现从自然状态到国家的过渡。在霍布斯看来,这种自然法构成了社会正义的先验基础。公平正义的原则可以由自然法规训的国家来进行调配,并在社会成员中,通过对其利益或权利的公正分配来加以体现。霍布斯认为,"自然法规定,争议各方应将其权利交付公断人裁断"[1]。可见,霍布斯的正义观实质上是一种形而上学,其来源于天赋的自然法,而古典自由主义的建构正是建立在霍布斯的这种形而上学理论之上的。在霍布斯之后的17世纪和18世纪,西方许多伟大的哲学家(如斯宾诺莎、洛克、卢梭和康德等)虽然对霍布斯的政治哲学思想进行了批判与修正,但几乎都沿袭了他的古典契约论传统,并把自然法及由此建立的古典契约论看作社会正义之源,并相信二者为自由主义提供了充分合理的证明。

2. 功利主义之正义

19世纪以后,西方哲学的研究风气出现了重大的转变,之前盛行的先验论逐渐开始没落,而经验主义开始大行其道。这时,在经验主义者看来,形而上学、自然法和契约论只是一种神话般的存在,人们无法对其提供经验的证明,因而这些先验论是没有任何意义的。这样一来,古典契约论逐渐被功利

---

[1] [英]霍布斯著,黎思复、黎廷弼译:《利维坦》,商务印书馆1985年版,第119页。

主义所取代,进而为自由主义奠定了坚实的根基。功利主义与古典契约论相比,通过经验的直觉进行验证,其方法比较简单明了。功利主义遵循的只有"最大幸福原理"这一根本性的理论原则。根据密尔(John Stuart Mill)的解释,"幸福就是追求快乐和避免痛苦,不幸福就是痛苦和失去快乐"[1]。在密尔看来,整个社会合作体系的运作只要遵循功利主义原则就是公平正义的,否则就是非正义的。

3. 公平之正义

为克服古典契约论与功利主义的缺陷,罗尔斯在形而上学与经验主义之间找到了一个理想情境,即原初状态,并据此建构新的社会契约论。然而,要实现新的公平契约绝非易事,它需要突破前人的自然法理论。于是罗尔斯设定了"原初状态"的概念,以此来代替过去的自然状态,他认为"原初状态"的人们都处于"无知之幕"之后,意即所有处于选择中的道德主体不应受到所在社会的文明程度和政治经济状况的影响,也不应清楚自己的价值观念、社会地位、生活计划、天资能力。这样一来,处于"无知之幕"之后的人们选择正义原则的动机在于对"基本善"的获取,在罗尔斯(John Rawls)看来,自由、权利、收入、机会、自尊和财富等就是其所谓的"基本善"[2]。具有理性的人所向往的东西是这些被称为"基本善"的根本原因。正义原则的选择往往是建立在"基本善"理论的基础之上的。在《正义论》一书中,罗尔斯对两个正义原则进行了阐释,即"第一个原则,每个人对与所有人所拥有的最广泛平等的基本自由体系相容的类似自由体系都应有一种平等的权利。第二个原则,社会和经济的不平等应这样安排:使它们在与正义的储存原则一致的情况下,适合于最少受惠者的最大利益;并且,在机会公平平等的条件下,将职务和地位向所有人开放"[3]。第一个原则用以确保公民平等的自由,适用于政治领域,第二个原则包括两个子原则,即"差别原则"与"机会均等原则",两者均适用于社会经济领域,从而保证平等的分配。自由、平等、博爱在罗尔斯的两个正义原则中实现了有效的整合,即"自由对应于第一个原则;平等对应于机会

---

[1] John Stuart Mill. On Liberty and Other Essays. Oxford: Oxford University Press, 1991, p. 137.

[2] John Rawls. A Theory of Justice. Cambridge, Massachusetts: The Belknap Press of Harvard University Press, 1999, p. 62.

[3] John Rawls. A Theory of Justice. Cambridge, Massachusetts: The Belknap Press of Harvard University Press, 1999, p. 302.

均等原则;博爱则对应于差别原则"[1]。

4. 权利之正义

诺齐克(Robert Nozick)是一个极端的自由主义者,对于自由与平等,他显然将自由置于平等之上。诺齐克对自由的论述是基于对个人权利保护的观点。诺齐克明确主张"不将权利整合进对于某种目的状态的追求中,而是把权利当作对于各种所做之行为的边界约束"[2]。在市场交换中,以损害最小化或利益最大化作为行动目标而建构道德边际约束,国家是基于这只"看不见的手"而产生的,但其存续也依然离不开这只"看不见的手"的"约束"。诺齐克认为,康德式原则在这种行为的边际约束中得到了根本体现,即个人是目的而不仅仅是手段。为了达到其他的目的,如果他们不是自愿,是不能够被牺牲的[3]。为了强调个人权利的至上性,诺齐克在《无政府、国家与乌托邦》一书中写道:"每个人拥有的权利,任何其他人或团体甚至是国家都不能包办个人所有的事物,否则就会侵犯个人权利。"[4]在诺齐克看来,将权利置于首要的地位,是国家的职责所在,这是不容置疑的。诺齐克赋予权利以至高无上的意义,并将其视为自由主义的核心概念,这是他与其他自由主义理论家最大的不同之处。因此,诺齐克提倡"守夜人"角色的国家,即最弱意义上的国家,其功能是十分有限的,仅限于强制履行契约,保护其公民免受欺骗、偷窃、暴力之害,其目的在于维护自由。此外,诺齐克主张解决分配问题需要通过市场机制来进行,其最终目的就是保护个人权利与正义。

(二)社群主义之正义观

20世纪80年代之前,关于正义的争论主要发生在自由主义内部,其中最主要的理论冲突表现为古典契约论、功利主义、以罗尔斯为代表的新自由主义及以诺齐克为代表的新保守主义之间的攻讦。然而,到了20世纪80年代,一批持不同观点的学者质疑了罗尔斯的正义理论,并进行了猛烈的批判。尽管这些学者批判的观点各不相同,但批判的目标一致指向自由主义,由此

---

[1] John Rawls. A Theory of Justice. Cambridge, Massachusetts: The Belknap Press of Harvard University Press,1999,p. 106.

[2] Robert Nozick. Anarchy, State and Utopia. New York: Basic Books, Inc,1974, p. 29.

[3] Robert Nozick. Anarchy, State and Utopia. New York: Basic Books, Inc,1974, p. 31.

[4] Robert Nozick. Anarchy, State and Utopia. New York: Basic Books, Inc,1974, preface,ix.

学界把他们的理论称为"社群主义"。下面,笔者拟对其主要代表人物桑德尔、麦金太尔与沃尔策的正义思想进行阐释。

1. 共同体之正义

桑德尔(Michael J. Sandel)于1982年在其出版的《自由主义和正义的限度》一书中对罗尔斯的正义理论进行了批判,并提出了以共同体观念为基础的社群主义思想。

在桑德尔看来,罗尔斯主张正当优先于善是一种"义务论自由主义",主体独立并优先于客体是自由主义和"正义的首要性"所依赖的一种主体观念。桑德尔认为,主体根本不能独立并优先于客体。在一定的自然和社会环境中人类得以生存,并受其制约。因此,人不仅具有经验的主体和经验的客体的双重性,还具有行为者以及追求目的之工具的双重性。桑德尔批评自由主义所描述的关于人类的自我形象是片面的,而正是"在这种自我形象的片面性中,能够发现正义的限度"[1]。正是基于此,桑德尔指出:"正义不能一味突出义务论的首要地位,因为我们不能够只按照义务论伦理(不管是康德式的还是罗尔斯式的)来要求我们成为那种类型的人。"[2]此外,桑德尔认为,正是由于罗尔斯的正义理论体现的是一种本质主义和基础主义的特征,因而其道德主体完全脱离了历史环境,从而使得道德主体作为选择主体,难以进行真正的选择。作为建构主体,其难以进行真正建构。其根本原因在于这种自由主义的正义缺乏正确的共同体观念[3]。桑德尔所强调的共同体观念与罗尔斯的公平正义观相比具有较大的差异性。桑德尔的共同体观念十分注重社会成员受共同体感约束,也就是说共同体的绝大多数成员认同这种共同体感并追求共同体的目标,并实现了某种程度的整合性,而这种整合性依赖于共同体的组成部分。桑德尔强调人生活于历史之中,生活于共同体之中。如果人脱离了历史和共同体,就失去了安身立命的根基。因此,在桑德尔看来,共同体的善具有优先性。

2. 传统之正义

在社群主义对自由主义的论战中,麦金太尔(Alasdair Macintyre)的正义

---

[1] Michael J. Sandel. Liberalism and the Limits of Justice. Cambridge, England: Cambridge University Press, 1982, p.11.

[2] Michael J. Sandel. Liberalism and the Limits of Justice. Cambridge, England: Cambridge University Press, 1982, p.14.

[3] 姚大志:《何谓正义:当代西方政治哲学研究》,人民出版社2007年版,第7页。

观显然具有一种独特性。如果说,罗尔斯以其《正义论》(1971)一书的理论力量冲开了20世纪初自G.E.摩尔至60年代史蒂文森所形成的分析(元)伦理学的重重封锁,重新开创了现代西方规范伦理的繁荣局面,那么麦金太尔则在一种更广阔、更深远的意义上,率先对整个现代西方伦理学——规范型的或元分析型的——进行了一种全面的批判反思,提出了重返古典美德伦理传统、克服现代性伦理的单面倾向的警言。麦金太尔于1981年在其出版的《德性之后》一书中把正义视为一种德性,"德性的意义和作用在于维持传统,为实践和个人生活提供所必需的历史关联"[1]。维持相关的传统就是践行德性的重要表现,而破坏了传统,则会让德性丧失。也就是说,"正义""理智""勇敢""真诚"这些德性要求如果在当前的实践过程中无法进行呈现,就意味着我们在败坏传统。在麦金太尔看来,不仅历史上存在的道德的原意已经为当代所主张的道德所背离,甚至在历史长河中曾经属于道德的东西也在逐渐消逝,其实质上就是一种严重的文化丧失和社会衰退现象。在麦金太尔看来,现代主义(如自由主义)本质上是个人主义的,后现代主义也是个人主义的。因此,现代性意味着一个十字路口,它可以通向后现代,也可以通向前现代。麦金太尔主张回到前现代,即回归古典式美德伦理传统,即亚里士多德式的德性观,因为亚里士多德主义中的实践合理性"就是以这样一种方式来行动,即达到人类的至善和真善"[2]。

3. 善之正义

沃尔策(Michael Walzer)把自己的正义理论称为"特殊主义",这与罗尔斯正义理论中内含的普遍主义原则是相对立的。沃尔策认为：罗尔斯的正义理论十分抽象,并脱离了一定的社会历史背景,因而是一种普遍主义。沃尔策认为：应由不同的主体按照不同的理由与不同的程序来对不同社会的善进行分配;正是由于这种差异性导致了人们会对社会意义产生不同的理解,而文化特殊主义和历史特殊主义创造了社会意义本身[3]。由此我们可以看出,沃尔策所强调的正义观是对善的不同的分配方式,他强调不存在任何相同的善的分配方式,其具有差异性与特殊性。而正是由于存在着各种这

---

[1] Alasdair Macintyre. After Virtue. Notre Dame, Indiana: University of Notre Dame Press, Second Edition, 1984, p.223.

[2] Alasdair Macintyre. Whose Justice? Which rationality?. Notre Dame, Indiana: University of Notre Dame Press, 1988, p.2.

[3] Michael Walzer. Spheres of Justice. New York: Basic Books, Inc, 1983, p.4.

样或那样的特殊的善,因此分配善的方式必然也是特殊的。在沃尔策看来,正是由于文化的特殊性导致对善的理解的特殊性,因此,必须反对罗尔斯所提倡的分配正义以及普遍主义中的基础主义和本质主义,应注重善的分配方式的多元性以及善的意义,注重各种不同善之间的差别以及善的特殊性。这些思想使沃尔策的特殊主义在某些方面与后现代主义相似。但是沃尔策的特殊主义与后现代主义也存在着显著的不同:第一,沃尔策的正义理论的出发点是共同体,而不是个人;第二,虽然善是特殊的,分配善的方式是各种各样的,但是对它们的理解却可以为共同体的所有成员所共有[1]。

(三)后现代主义正义观

后现代主义往往对证明某种政治制度、政治理想和政治价值毫无兴趣,也无意于正统的政治学问题,其在很大程度上是一种反叛的政治学。因此,后现代主义的兴趣点在于批判和反对某种政治观点,而非试图证明或提出某种政治观点。后现代主义正义观的代表人物主要有利奥塔、福柯与哈贝马斯等。

1. 异教主义之正义

利奥塔(Jean-Francois Lyotard)将自己的后现代主义政治学称为异教主义,而一种没有标准的多元论是其异教主义的实质。反特权、反正统、反权威是利奥塔利用异教主义的目标之所在。在利奥塔看来,本体论话语的特权地位意味着对其他话语的压迫,意味着恐怖主义。利奥塔试图表明,任何一种话语在语言游戏中都不享有特权,都不占有一种优势地位[2]。异教主义强烈反对作为人类中心主义之典型特征的主体和理性,他主张应承认异端的合法性,反对以西方思想看待一切的西方中心主义,在真理和价值问题面前所有的主张一律平等,这体现了一种"民主主义"的思想。为此,利奥塔提出了通向后现代主义之路的两个关键步骤:第一步是承认语言游戏的异质性和多元性,由此抛弃恐怖主义;第二步是接受这样一个原则,即任何关于规则的共识都必须是局部的[3]。利奥塔将异教主义适用于正义领域,并认为:正义是形式的,对正义进行判定我们只能根据不同的个案,而不可能抽象地解释

---

[1] 姚大志:《何谓正义:当代西方政治哲学研究》,人民出版社2007年版,第278页。

[2] Jean-Francois Lyotard. Just Gaming. Minneapolis: University of Minnesota Press, 1985, pp. 51–52.

[3] Jean-Francois Lyotard. The Postmodern Condition: A Report on Knowledge. Minneapolis: University of Minnesota Press, 1984, p. 66.

正义为何物;绝不存在宣布正义的权威,因为正义发布者是虚置的;人们便拥有了判定正义的自由,原因在于没有权威,所以判断什么是正义的可以由每个人自己来判断;人们可以判断什么是正义的,然而这种判断所依据的是超越理性,因而它既没有认识论的根据,也没有本体论的根据[1]。

2. 权力之正义

众所周知,自由主义强调把权利当作核心,把自由和平等奉为最高的政治价值。而福柯(Michel Foucault)另辟蹊径,他所关心的是权力,而非权利。福柯认为,权力是一个重要的政治概念,实践及人们之间的关系是其所涉及的领域,而权利作为一个法律概念,主权和合法性是其所涉及的东西。福柯的政治哲学是一种关于权力的微观分析。一方面,权力呈现出自下而上发展规律,并在社会机体的底端、末梢与边缘进行运行;另一方面,这种权力的使用始终与技术具有较强的关联性。福柯试图提供一种权力分析,并通过这种分析来指出权力、真理和身体三者的关联性,以及正常与反常、约束与惩罚、理性与疯狂、理性与非理性是如何在西方文化语境中得以产生的。在福柯看来,权力与真理有着内在的关联性。一方面,权力在知识层面同利益层面一样会产生出后果,即权力产生出真理的效果;另一方面,真理以权力的形式发挥其功能,并且传播权力的影响,即真理产生出权力的效果。为了实现权力的需要,我们必须谈论真理、探索真理、发现真理、揭露真理,我们必须像生产财富一样去生产真理。"通过权力,我们服从于真理的生产;只有通过真理的生产,我们才能实行权力。"[2]因此,在福柯看来,只有通过权力才能追求真理,从而达到社会之正义。

3. 程序主义之正义观

哈贝马斯的正义观带有深厚的程序主义色彩。他认为实现正义之政治法律制度最好的证明就是所有当事人的一致同意。因此,哈贝马斯提出了交往理论,并把它作为其政治哲学的核心概念。哈贝马斯试图通过交往理论为社会科学建立起所需要的普遍性和统一性,这种普遍性和统一性则来源于通过交往、交流、对话、协商、讨论、谈判而达成一致性的共识。从这个方面来讲,其观点与罗尔斯的契约论具有共通性。然而,罗尔斯的正义原则是建立在"无知之幕"的假设之上的,是一种理想的契约状态。此外,罗尔斯并非要

---

[1] 姚大志:《何谓正义:当代西方政治哲学研究》,人民出版社2007年版,第10页。

[2] Michel Foucault. Two Lectures, in Power/Knowledge: Selected Interviews and Other Writings, 1972—1977. New York: Pantheon Books, 1980, p.93.

求就正义原则问题达成一致意见,而只是追求一种重叠共识。从这个意义上来讲,哈贝马斯比罗尔斯更加强调一致同意原则,即在现实政治生活中而非假设条件下,就公共事务的相关问题达成一致意见。另外,罗尔斯的契约论是一次性达成的,其目的是给正义原则提供合理的证明,而哈贝马斯的契约论是持续性的,他对所有公共事务都强调一致同意原则,并认为唯有如此才能为各种制度和规则提供合法性基础。这样,从消极层面上看,哈贝马斯所主张的一致同意原则在现实政治生活中是难以实现的;从积极层面上看,一致同意原则要求具有批判现实政治生活的含义。由此我们可以得出:"对于罗尔斯,需要解决的是正义问题;对于哈贝马斯,需要解决的是合法性问题。也就是说,哈贝马斯在其政治哲学中将正义问题转换为合法性问题。"[1]

二、罗尔斯的政治正义观

上述关于正义的诸种争论中,各种正义观都有各自的缺陷。从自由主义学派的正义理论来看,自然法之正义观代表着一种形而上学的先验论思想,是无法用事实来证明的空洞理论,早已被人们所摒弃;功利主义的"最大幸福"正义观必然会使人们为了整个社会的更大利益而侵犯一部分人的权利,这从道义上讲是站不住脚的;诺齐克的极端自由主义正义观没有表现出对社会处境最差群体的任何关切,从道义上讲也是有明显缺陷的。从社群主义学派的正义理论来看,桑德尔的共同体之正义观对罗尔斯的正义论进行了强烈的批判,这种批判完全建立在把罗尔斯关于人的观念自我解释为"离群索居的主体"的基础上,以至于桑德尔对罗尔斯的人的观念的重构是错误的,从而失去了其理论根基;麦金太尔的传统之正义观强调回到前现代的亚里士多德主义和托马斯主义,然而,作为一种正义的分配原则,它所适用的场合只是古希腊的城邦国家,而不是当代社会;沃尔策的善之正义理论存在着相互冲突的两面性:一面是以正义观念来评价和改造社会,展现出来的是激进主义与理想主义;另一面是在特殊主义和多元论的保护伞下任其自然,体现出相对主义和保守主义的色彩。这就暴露了其正义观的不足之处。从后现代主义正义理论来看,利奥塔的异教主义正义观强调正义是形式的,只能个案地判定什么是正义。然而,这种对正义的判断本质上是一种超越理性的思维模式,其既没有认识论的根据,也没有本体论的根据;福柯的权力正义观过于强

---

[1] 姚大志:《何谓正义:当代西方政治哲学研究》,人民出版社 2007 年版,第 412 页。

调权力在追求真理与正义中的重要性,从而忽视了自由与平等在正义中的核心地位;哈贝马斯正义观与罗尔斯、诺奇克正义理论相比,程序主义观念不仅非常空洞,而且缺少实质性的内容,其关心的是:一种主张是如何产生的,而不是主张什么;这种主张是否合法,而不是某种主张是否有理;在这个过程中是否所有参与者都发言了,而不是在某种政治过程中人们说了什么。

在这里,也许有人会提出疑问,以上各种正义理论均有缺陷,难道罗尔斯的正义论就没有缺陷吗?我的回答是:当然有。罗尔斯的《正义论》设计了"原初状态"和"无知之幕"这些分析工具,其目的在于将所有影响人们公正选择的事实、知识和信息都过滤出去,从而使人们能够就正义原则达成一致意见。然而,桑德尔认为:"'无知之幕'太厚重,太不透亮,以至于在它背后不可能达成任何真正的契约。"[1]的确如此,在现实过程中,将这层无知之幕剥离开来,人与人的差别便显现出来,人们会坚决拒绝先前在"无知之幕"遮蔽下欣然接受的正义原则,这就导致了形而上的理想和形而下的利益两者的逻辑悖论。罗尔斯的《正义论》与康德主义一样,带有浓厚的基础主义与普遍主义色彩,其所表达的正义原则具有可欲性,应该成为人类所追求的崇高目标,否则人们就会失去政治理想。然而,正义原则也应该是具有可行性的,应该成为现实的社会制度与政治秩序中人们能够赖以信守的原则,否则它只是一种虚无缥缈的乌托邦而已。《正义论》只解决了正义原则的可欲性问题,而没有解决可行性问题,因此,罗尔斯后期的著作《政治自由主义》与《作为公平的正义——正义新论》两本书的正义原则从社会领域与道德领域退出,转而专注于政治领域,以寻求政治正义原则的可行性证明。这样,罗尔斯的理论从社会正义走向了政治正义。

为了证明罗尔斯正义原则的可行性,罗尔斯引用了两个重要的概念,即"公共理性"与"重叠共识"。罗尔斯认为:"公共理性是民主制度下人民的根本特征,是公民的理性,是那些共享平等公民身份的人们的理性,而公共理性的目标是公共的善。"[2]因此,公共理性为政治推理和政治证明提供了标准,其核心思想是公民应在政治正义观念的范围内展开激烈的政治辩论,是对诸如基本正义和宪法等根本的政治问题的限定。此外,为了解决统合性学说的

---

[1] Michael J. Sandel. Liberalism and the Limits of Justice. Cambridge, England: Cambridge University Press, 1982, pp. 27–28.

[2] John Rawls. Political Liberalism. New York: Columbia University Press, 1996, pp. 175–176.

多元性以及人们在基本政治问题上的分歧,罗尔斯引进了"重叠共识"作为其《政治自由主义》的核心观念。"重叠共识"的核心思想是:"重叠共识"是在立宪民主制度传统内部发生的,是就正义原则或社会基本结构问题各种统合性的哲学学说、宗教学说和道德学说之间所达成的共识。证明一个社会所使用的政治权力具备合法性基础,在于政治社会全体公民在正义原则问题上达成"重叠共识"。正如罗尔斯所言:"一种政治社会如果得不到相互冲突的统合性学说的支持,它就不是正义的,就没有政治合法性。"[1]

虽然罗尔斯没有对"政治正义"的确切定义进行具体的界定,但通过对其后期的《政治自由主义》及《作为公平的正义——正义新论》两本著作的通析,我们不难得出"政治正义"的内涵。笔者认为,罗尔斯的"政治正义"是指在立宪民主社会中,受公共理性支配的绝大多数共享平等公民身份的人们就根本的政治问题所达成的一致性的政治观念。这不仅是罗尔斯的关于"政治正义"的观点,而且是本书所持的理论观点。本书之所以以罗尔斯的"政治正义"作为立论基础,一方面是因为罗尔斯的政治正义观点不仅解决了正义原则的可欲性问题,还解决了正义原则的可行性问题,相比社群主义正义理论、后现代主义正义理论及其他的自由主义正义理论,整个理论体系较为完善;另一方面,罗尔斯的政治正义理论带有一定的历史主义和实用主义倾向,它不适用于所有社会和国家,而是针对像美国这样的立宪民主国家提出来的。本书主要论述美国公共行政中民主主义和管理主义之间的冲突与融合,可见,罗尔斯的政治正义是适用于作为本书的立论基础的。

三、政治正义的基本特征

(一)政治正义是社会基本结构的价值准则

政治正义是一个道德观念,但它不同于普通的道德观念,它是为社会基本结构创造出来的道德观念。在罗尔斯看来,这种基本结构实质上就是一个封闭式政治社会,我们已存在于该政治社会内部,我们不可以而且不能够随意进出这个政治社会。或者用罗尔斯的话说,对于这个政治社会,"我们只能生而入其中,死而出其外"[2]。政治正义的首要任务是为政治社会提供制度

---

[1] John Rawls. Political Liberalism. New York: Columbia University Press, 1996, pp. 143-144.

[2] John Rawls. Political Liberalism. New York: Columbia University Press, 1996, pp. 135-136.

框架以及为制度框架设定各种戒律、标准和原则。

(二) 政治正义是基于社会基本结构而形成的非普遍主义道德学说

西方自由主义的许多流派试图建立起形形色色的合乎理性的普遍主义道德学说,如:古典契约论试图建立起以自然法为基础的带有形而上学色彩的契约论;功利主义虽然建立在经验的基础之上,但它也同样适用于人际关系、个体行为、民族法律、社会组织等主题。虽然政治正义属于一种道德思想和道德观念,但它不同于许多道德学说,它独立于各个具有完备性的道德学说、哲学学说和宗教学说,作为一种独立观点表达出来。它只是完备性学说的一部分,其理论论证不能求助于一种相关的完备性学说,或者说是从其内部推论出来的。因此,政治正义尽可能不涉及对任何其他学说进行更广泛的承诺,而只是力求为基本结构的理论解释提供一种理性的观念。

(三) 政治正义蕴含于民主国家的社会理念之中

政治正义的内容是借助于某些基本理念得到表达的,如自由与平等的理念、公共理性的理念、重叠共识的理念等。在民主社会的公共文化之中,内含着这些基本理念,这种公共性的文化由作为共同知识的历史文本和文献、立宪政体的各种政治制度及那些司法解释的公共传统所组成。所有有关宗教的、哲学的和道德的各类学说都属于我们可以称之为市民社会的"背景文化"。在一个民主社会里,存在一种民主思想的传统,有教养常识的公民至少能够熟悉和理解这种传统的内容。因此,政治正义有着广泛的思想共识和理解基础,这是某种绝对性的道德正义观所难以达到的。

四、政治正义的价值功能

(一) 维护公民的基本自由、权利与平等

罗尔斯的政治正义主要体现为其两大正义原则。正如罗尔斯在《正义论》中认为两个正义原则体现了一种更一般的正义观念,即"所有的社会价值——自由与机会、收入与财富以及自尊的社会基础——都应以平等的方式进行分配,除非对所有这些价值或任何一种价值的不平等分配有利于每一个人"[1]。在《正义论》之后,罗尔斯后期对于两个正义原则进行了修正,并作出了新的阐释。比如罗尔斯在《政治自由主义》一书中把两个正义原则阐释

---

[1] John Rawls. A Theory of Justice. Cambridge, Massachusetts: The Belknap Press of Harvard University Press, 1999, p.54.

为:"a. 每一个人对平等的基本权利和自由之完全适当体制都拥有一种平等的要求,而这种体制与所有人的同样自由体制是相容的……b. 社会和经济的不平等应该满足两个条件:第一,它们所从属的职位和公职应该在公平的机会平等的条件下对所有人开放;第二,它们应该符合社会之最不利地位成员的最大利益。"[1]另外,罗尔斯还在其后期的著作《作为公平的正义——正义新论》中列出了关于自由的清单:"思想自由和良心自由;政治自由(例如,政治活动中选举和被选举的权利)、结社自由以及由人的自由和健全(物理和心理的)所规定的权利和自由;最后,由法治所涵盖的权利和自由。"[2]罗尔斯多次声明,正义总是意味着平等。相对而言,对应于第一个正义原则的自由和权利方面的平等相对容易解决。而对应于第二个正义原则的社会经济领域的不平等是难以解决的,分配正义无论是理论上还是实践上,对于政治哲学而言始终是一个难题。正是基于此,罗尔斯提出了差别原则。罗尔斯认为一个理想社会的分配方式应该是完全平等的,然而,这在现实生活中是不可能实现的。如果任何社会都无法做到完全平等,那么在什么情况下一种不平等的分配能够被称为正义的?罗尔斯认为,社会中最需要帮助的是那些拥有最少的机会和财富、收入和权力,处于社会底层的"最不利地位者",为了能够缩小他们与境况较好者的分配差距,燃起新的希望,改善这些"最不利地位者"的处境,就需要通过一种正义制度来进行各种社会安排。最大限度地增加最不利地位者的利益是一种社会安排出现某种不平等的根本原因,唯有如此才能称得上是正义的。由此可见,罗尔斯的政治正义具有维护公民的基本自由、权利与平等的功能。

(二)评判政治权力运作的合法性

政治正义,罗尔斯称之为"作为公平的正义"。在罗尔斯看来,政治正义借助于公共理性来判定具有强制性政治权力的运用是否正当。罗尔斯认为,之所以要导入公共理性,其原因在于:虽然政治权力以政府合法强制力的垄断为后盾,并总是以强制性的特征出现,但是在民主政体中,公众的权力也被包含到这种政治权力当中,即作为集体权力下的自由平等公民。然而,如果每一位公民在政治权力中都享有平等的份额,至少当基本结构和民主实质问

---

[1] John Rawls. Political Liberalism. New York: Columbia University Press, 1996, pp. 5-6.

[2] [美]约翰·罗尔斯著,姚大志译:《作为公平的正义——正义新论》,上海三联书店2002年版,第72页。

题处于危急关头的时候,那么政治权力就应该尽可能这样地加以使用,即全体公民能够根据他们自己的理性对政治权力的使用公共地加以认可。这是作为公平的正义必须加以满足的政治合法性原则。在产生重大政治问题的场合,公民必须能够为他们的政治观点互相出示可公共地加以接受的理由。这意味着,我们的理由应该服从于政治正义观念所表达的政治价值。如果自由平等的人们在相互尊重的基础上进行政治合作,那么我们必须在这些实质问题处于危急关头的时候,根据公共理性来证明我们对我们共同的强制性政治权力的使用是正当的"[1]。在罗尔斯看来,公共证明就是为了说服人们在政治正义的判断上达成共识而运用公共理性的过程。政治正义获得政治合法性过程的实质就是用公共理性来完成公共证明的过程。

(三)保障民主政体的稳定性

罗尔斯认为,政治正义可以通过重叠共识来加以建立,正如罗尔斯所言:"在秩序良好的社会里,政治正义观念是由一种被我们称为理性的重叠共识来加以确认的。所谓重叠共识,我们是指:这种政治正义观念是为各种理性的然而对立的宗教、哲学和道德学说所支持的,而这些学说自身都拥有众多的拥护者,并且世代相传、生生不息。我相信,就民主社会的公民所能得到的而言,这是政治统一和社会统一之最合乎理性的基础。"[2]此外,罗尔斯还强调:"作为公平的正义具有政治正义观念的三个特征,这三个特征有助于使它获得一种理性的重叠共识的支持。这三个特征是,它的要求仅限于社会的基本结构,对它的接受并不以任何特定的统合性学说为前提,以及它的基本理念在公共政治文化中是众所周知的并是从中汲取出来的。这三个特征都会促使不同的统合性观点来赞成它。"[3]这样一来,以政治正义观念为中心自然就是重叠共识的重要特征。政治正义其本身是在道德的基础上得以确立的一种道德观念,且它包括关于合作性美德的阐释以及公民作为人的观念、正义原则、社会观念。

作为一个民主政体的国家,我们不能使用国家权力消除文化的多样性,

---

[1] [美]约翰·罗尔斯著,姚大志译:《作为公平的正义——正义新论》,上海三联书店2002年版,第148页。

[2] [美]约翰·罗尔斯著,姚大志译:《作为公平的正义——正义新论》,上海三联书店2002年版,第55页。

[3] [美]约翰·罗尔斯著,姚大志译:《作为公平的正义——正义新论》,上海三联书店2002年版,第55页。

因为使用这种权力必然导致残暴和对公民社会生活和文化生活的破坏,那么我们就寻求一种政治正义观念,这种能够获得理性重叠共识支持的政治正义观念,会成为公共证明的基础,进而对民主政体起到良好的维护作用。

第二节 作为自变量的政府效率

政府不仅承担着保障政治正义与社会公平的责任,而且肩负着提高政府效率的使命,以确保政府提供公共服务的有效性。尤其是在当代处于经济全球化与市场经济化浪潮的环境中,一国政府在提供公共物品、管理公共事务等方面的效率高低直接决定了该国政府在国际竞争力的强弱。本节主要对政府效率的内涵、理论基础与特征作一探讨。

一、政府效率的诸种含义

效率(efficiency)一词,通常是指"有效的因素",最初属于哲学上常用的术语,最早出现在拉丁文中。19世纪末,在机械工程方面开始使用效率,特指输入量与输出量之间的比率。后来,效率这一概念逐渐被引入政府管理领域中,人们用它来考察政府管理的有效程度,这就是我们常常谈到的政府效率。国外主要从经济学、管理学与行政学的视角对政府效率进行研究。下面笔者对有关政府效率的一些定义作一介绍。

(一)福利经济学之政府效率

1920年,福利经济学之父庇古的著作《福利经济学》出版,创立了福利经济学派,并系统研究与福利紧密相关的三大主题,即经济效率与帕累托标准、市场效率损失、政府的效率功能,较早探讨了政府效率问题。福利经济学认为:效率就是经济效率,这是关于人们偏好既定的情况下,如何将有限的资源充分利用的问题,其衡量标准就是资源配置和利用达到帕累托最优;市场机制能够实现帕累托效率,但也存在市场失灵的风险。因此,作为市场重要补充的政府具有效率功能,能够避免市场失灵。在福利经济学看来,政府效率在于避免市场失灵,政府具有一定的资源配置和利用效率功能,它能够增进社会福利、减少或消除外部效应。政府效率包含宏观效率、微观效率和激励效应三个目标,分别与国家整体、市场及个人相关联[1]。

---

[1] 唐天伟:《政府效率测度》,经济管理出版社2009年版,第14页。

(二)公共经济学之政府效率

公共经济学又称公共部门经济学或政府经济学,是专门研究政府的经济行为和经济效率的科学。公共经济学对政府效率的研究集中在公共产品理论和公共选择理论两大领域。

公共产品理论认为政府效率是提供公共产品的效率。在利用市场机制配置资源的前提下,由于市场不能够解决垄断、社会公平、外部效应、信息不对称等市场失灵问题,因此需要政府介入。因此,公共产品理论主张政府通过财政支出、财政补贴、政府采购等方式提供公共产品,能够消除市场效率损失、调节宏观经济、优化社会资源配置效率。

在公共产品理论看来,政府效率是指政府从事社会经济活动(包括配置政府资源、生产公共物品、履行公共职能等)中所耗费的政府成本与政府收益之间的比率。其中政府成本是指政府配置生产资源、提供公共产品、进行收入再分配中所发生的各种费用和开支,以及由此所引发的现在和未来一段时间内的间接性负担(间接成本)。而政府收益是指政府通过财政开支、履行社会经济职能所产生的各种社会经济成果。

公共选择理论认为政府效率就是以投票进行的集体决策,即以投票产生的集体决策体现了资源的有效配置和利用。公共选择理论还通过分析官僚主义行为来论述政府效率。安东尼·唐斯在其《民主的经济理论》一书中提出了两个基本假设:一是理性的选民追求个人利益最大化,因此支持预期能够给他们带来最大利益的政党;二是政党、官僚与政治家所追求的是选票最大化[1]。在唐斯的模型中,政治家追求自己的利益,而不是追求某种意识形态的目标或者公共利益;政治家凭选票的极大化才能实现自我利益;政治家以自己提出的社会改革方案或政策争取选票;政治家提出的改革方案,只有符合中间投票人的效用偏好,才能实现选票极大化,也才符合投票者所追求的效用最大化。这样,唐斯的政治家效用函数的基本思想就是把政治家的追求目标与投票人的效用偏好联系起来。根据唐斯的观点,政府效率就是政治市场上把政治家的追求目标与投票人的效用偏好相一致的状态[2]。

(三)制度经济学之政府效率

制度经济学认为,通过产权设计政府能够实现公共产出最大化与统治者

---

[1] [美]安东尼·唐斯著,姚洋、邢予青、赖平耀译:《民主的经济理论》,上海人民出版社2005年版,译者序第4页。

[2] 唐天伟:《政府效率测度》,经济管理出版社2009年版,第22页。

利益最大化,在促进社会发展和经济增长方面政府具有提供、推行、保护、配置制度资源的能力。在制度经济学看来,提高社会资源配置效率的目标可以通过制度减少社会交易成本来实现,从这个层面来看,政府效率是制度效率。诺思、托马斯认为:"有效率的经济组织是经济增长的关键;一个有效率的经济组织在西欧的发展正是西方兴起的原因所在。"[1]制度能够促进经济增长,提高经济效率。在经济全球化背景下,民主政治体制的透明化以及市场经济体系的开放化为世界各国所青睐,传统政府职能在这种现代化的政治经济制度下能够加速转换,政府新的职能与角色得到明确定位。政府效率通过法规约束、风险规避、资源配置和内部激励得以彰显,这种效率具体体现为约束效率、保险效率、配置效率及激励效率。

(四)管理学之政府效率

管理学始终把"效率"奉为圭臬。管理的主要目标是提高生产率(效益和效率)。生产率是在一个时期内和保证质量的条件下,某一生产组织的产出量与投入量之比。生产率包含个人和组织在完成任务上表现出来的效益和效率。

政府是管理活动中的重要一员,它肩负社会管理的责任。首先,政府通过颁布价值准则、政策法规开展社会各领域的管理工作,并通过社会审计、社会监督优化各项管理活动,使企业在追求利润最大化的同时增进社会整体福利。其次,政府还要直接监督公共部门的运营状况,促使它们降低成本,提高运行质量,以保证公共部门产出最大化。从这个意义上说,政府效率实质上就是政府管理效率。

(五)公共行政之政府效率

从公共行政的角度谈政府效率可分为以下三种观点:

1. 政府效率是组织效率。马克斯·韦伯认为政府效率就是组织效率。韦伯区分与比较了神秘化的组织、传统化的组织与合理化-合法化组织,认为基于合理化-合法化的官僚制组织是最富有效率的。在韦伯看来,以集权—统一、分部—分层、指挥—服从为特征的官僚制组织,是现代社会实施合法统治的行政组织[2]。这种行政组织一旦确立,沿着自上而下的等级制,形成一个统一指挥的指挥链条,将各种公职或职位按权力等级组织起来,具有等级

---

[1] [美]道格拉斯·诺思、罗伯斯·托马斯著,厉以平、蔡磊译:《西方世界的兴起》,华夏出版社1989年版,第1页。

[2] 丁煌:《西方行政学说史》,武汉大学出版社1999年版,第75页。

与权力一致性的特征。在这样的一个等级实体中,层级节制的权力体系体现为自上而下形成高层级对低层级的控制,这样不仅可以形成一个井然有序的环境,而且有利于提高组织的工作效率。此外,官僚组织的职能分工特征有利于组织成员掌握专门的行政技能,这是政府效率所必不可少的。

2. 政府效率是行政效率。提高行政效率是公共行政学成立的核心目标,主要表现为公共行政领域把管理学的效率引入公共行政领域。其中最突出的表现为公共行政学的鼻祖威尔逊(Woodrow Wilson)于1887年发表了其行政学的代表作《行政学研究》一文,他强调为了促使行政机构以企业管理的方式来提高工作效率,就必须使行政活动与变幻无常的政治过程相分离。威尔逊认为行政学研究的一个重要目标在于弄清楚政府怎样才能以尽可能少的金钱或人力上的消耗和尽可能高的效率来完成这些专门的任务[1]。这可以说是对行政效率的最初阐释。随后的一些学者也对行政效率进行了探讨,如怀特(Leonard D. White)认为,让政府官员和雇员处置的资源得到最有效的利用是公共行政的目标[2]。古利克(Luther Gulick)对效率的价值更是倍加推崇。他认为,在行政科学中最基本的"善"就是效率[3]。为了使公共行政实现效率价值的目标,他和厄威克还提出了公共行政的七项基本职能,即计划(planning)、组织(organizing)、用人(staffing)、指挥(directing)、协调(co-ordinating)、报告(reporting)和预算(budgeting)。这七个词的字母缩写就是"POSDCORB",这无疑为提高行政效率提供了指导原则。

3. 政府效率表现为政府绩效。20世纪80年代以来西方各国开展了著名的新公共管理运动。各国政府在管理实践中的困境(财政危机、政府低效率问题等)迫使西方政府对效率研究给予了极大的关注,对提高政府绩效有迫切的需求。因此,绩效评估成为公共行政学的热门领域。"绩效"(performance)虽然与效率关系极为密切,但与效率相比,其涵盖的内容则更为广泛。效率只是绩效的一个维度,除了效率(efficiency),它还包括效能(effectiveness)和经济(economy)等维度。著名的管理学家孔茨指出:"生产率这一

---

[1] Woodrow Wilson. The Study of Administration. Political Science Quarterly, 1887, 2(2), p.197.

[2] Leonard D. White. Introduction to the Study of Public Administration. New York: MacMillan, 1948, p.2.

[3] Luther Gulick. Science, Values, and Public Administration, in Luther Gulick, L. Urwick. Papers on the Science of Administration. New York: Institute of Public Administration, 1937, p.192.

概念反映了个人和组织绩效的多个层面,包括效益和效率,效益指的是目标的实现程度,而效率则是用最少的资源达到既定的目标。"[1]由此可见,效率意指产出与投入之间的比率,着重数量层面;效能不仅强调效率,还关注目标达成的程度,着重品质层面。因而,新公共管理的政府效率表现为政府绩效。

笔者认为,政府效率可以从狭义与广义两个方面进行理解。狭义的政府效率是指政府在管理活动中投入的工作量与所获得的产出之间的比率。此外,狭义的效率还包括经济价值,即强调投入的低消耗与低成本,而对产出和结果不甚关心。消耗是指人力、物力、财力和时间等方面的综合消耗,产出是指有形的社会效果和无形的社会效果。所谓广义的政府效率指的是政府绩效,不仅包括效率与经济,而且包括效能。效能不仅注重投入与产出之比,而且注重目标达成的程度。从公共行政的发展历程来看,传统公共行政追求的是狭义的政府效率,而新公共管理则追求的是广义的政府效率。

二、政府效率的基本特征

(一)政府效率结构的层次性

从政府权力结构维度来看,政府可划分为政府决策层、管理层及执行层三个层次,与之相适应,政府效率也就分为三个层次,即政府决策层效率、政府管理层效率与政府执行层效率。政府决策层效率是指政府领导和管理部门的运行效率,在一定预算约束下,它重点反映决策层的工作效率和决策质量,表现为决策的科学性与有效性。如果决策科学、及时、准确,并符合预定目标,从而产生良好的经济与社会效果,则决策效率高;反之,则决策效率低。政府管理层效率是指处于中间层次的政府领导机关的运行效率,其高低表现为管理是否恰当、组织运转是否协调、行政计划是否按时完成等。如果管理工作有条不紊,组织的各个部分和人员协调一致,圆满完成行政任务或实现行政职能,则管理效率高;反之,则管理效率低。政府执行层效率是指政府基层部门的工作效率,主要表现为该层级的政府投入与政府产出之间的数量对比。在遵守国家法律法规及政府的相关政策的前提下,凡是政府投入的人力、物力、财力较少,完成的工作数量与质量高,就表明执行效率高;反之,则执行效率低。

---

[1] Mary M. LoSardo, Norma M. Fossi. At the Service Quality Frontier: A Handbook for Managers, Consultants and Other Pioneers. Miwaukee, Wisconsin: ASQC Quality Press, 1993, pp. 1–2.

(二) 政府效率具有一定的社会价值关联性

在政府管理中,脱离社会价值因素的效率是不存在的,因此,效率永远不能成为中性的东西。金钱与时间在某种程度上虽然可以用来衡量政府所投入的人力、物力、财力的耗费,但我们对于行政产出的价值却无法用同样的尺度来进行衡量。因此,政府的总体行政目标与政府的成果之间的关系是衡量政府管理活动的效果的重要标准。而现实化的政府的总体工作目标与活动成果往往只能凭借社会价值进行判断,而没有直接质或量的可比性。因此,我们对行政效率进行评估和测定常常借助社会价值体系来实现。

(三) 政府效率测量标准的多维性

政府效率测量标准的多维性是由政府效率目标函数的复合性决定的,政府追求的效率是包括环境保护、福利增加、经济增长等综合指标的效率。正是由于政府成本与收益的复杂性,测量政府效率的指标也必然是多元化的。首先,政府施政必须符合公民利益与社会发展要求,尊重客观事实及科学规律,遵循国家法规、政策及技术标准,具有良好的社会效应,这是政府效率的前提。其次,政府效率在经济上体现为政府行政开支的相对稳定或降低。最后,政府效率还表现在圆满完成既定工作任务的时限缩短。因此,对同一政府成本与收益需要用政治、文化、社会等多种标准衡量。另外,在评价政府效率时,来自不同领域的评估主体,有不同的评估视角、不同的主观感受和价值标准[1]。因此,评估政府效率的指标体系是多元化的。

三、政府效率的构成要素

从政府效率构成要素维度来看,政府效率可划分为效率(efficiency)、经济(economy)、效能(effectiveness)三个方面,并且这三个方面具有不同的层次性。与效率及效能相比,经济处于最低一级的层次,经济指标不太关注服务的质量,而只在乎花费了多少钱。经济指标关心的是"投入"的成本,而对于这些成本带来多少收益则并不是十分关心。因此,经济指标要求的是尽可能低的投入或成本,而不在乎服务的品质。

效率是中间层次的指标,比如在一个机关或组织中,效率所关心的是这个机关与组织在消耗既定的人力、物力与财力后,到底会产生什么样的结果。通常效率的指标包括:服务活动的执行情况、每项服务的单位成本、提供的

---

[1] 唐天伟:《政府效率测度》,经济管理出版社2009年版,第45页。

服务水准、服务与产品的数目等。效率不仅强调经济方面,即投入的多少,还强调产出的数量与结果,可见效率不仅包含经济,而且在经济的基础上突出了对产出的重视。

效能是政府效率的最高层次。对于那些可以量化或可用货币进行衡量的公共产品与服务,常常用效率作为衡量指标,而那些难以定量或不能简单地用货币进行衡量的公共物品与服务,只能用效能作为其评判的指标。效能所关心的核心问题在于情况是否得到改善。有学者认为,效能可以分为两类:一类行为的改变幅度,例如刑事政策的效果可以用犯罪行为的改善幅度来进行衡量,社会工作的效果可以用接受辅导的病情改善状况来进行衡量;另一类为现状的改变程度,例如道路的耐用程度、水质的净化程度、国民健康状态[1]。可见,效能在政府效率中的层次要比经济与效率的层次更高。

四、政府效率的影响因素

影响政府效率的因素是方方面面的,主要表现为以下四点:

(一) 政府管理体制因素

政府管理体制是指与国家政治体制相适应的政府行政管理体制,它包括政府职权的划分和政府机构的设置两大方面。一个国家政府机构的设置、编制、结构与活动原则是否适应该国经济与社会发展的需要,则对政府效率的影响深远。政府机构内部各种职位设置由机构的功能、职责范围与地位等因素所决定。政府机构设置层次过多,会耗费更多的人力、物力与财力,增加行政审批程序,从而增加政府成本,导致政府效率低下;政府职能过多,也会降低政府对资源的有效配置,影响公共产品的有效供给。因此,要合理划分政府管理的职能与权限,避免因人设事、职能重叠、人浮于事等影响政府效率的现象发生。

(二) 管理方法与科学技术因素

随着现代社会的不断发展,要实现政府效率的提高,就不能采取只靠行政命令式的方式方法,应采用现代的科学理论与方法,如系统论、控制论、运筹学、信息论、管理学等。此外,在现代化的管理过程中,能否将现代科学技术运用于管理当中,直接决定了该组织管理效率的高低。当今社会的政府管

---

[1] 张成福、党秀云:《公共管理学》,中国人民大学出版社 2007 年修订版,第 273-274 页。

理工作涉及方方面面的工作,如果不能借助先进的技术手段与工具是很难完成行政管理工作的。特别是在信息化、知识化的时代,传统官僚制组织所依赖的封闭化的、依靠文书进行管理的模式已变得不合时宜。而运用先进的科学技术,大力推进政府信息化,增强政务的透明度,建立电子政府,则会大大提高政府的行政效率。

（三）政府公务人员素质因素

一个国家的政府公务人员作为政府管理活动的主体,他们的政治素质、能力水平、身体及心理素质等会直接决定政府效率的高低。造成这种情况的原因较为复杂,有的是主观方面的原因,有的则是客观方面的原因。这就需要我们不仅要不断完善奖惩、晋升、考核等制度方面的因素,以提高政府工作人员在工作中的自律性,还要采取合理的物质激励和精神激励措施,来调动人的积极性,从而提高政府效率。

（四）政府官员腐败因素

政府公务人员可利用政治体系中的地位与权力,对有价值的公共稀缺资源进行权威性分配。一些政府公务人员为了谋取私利,运用其职位所赋予的权力垄断社会生产要素以及对公共财政资源进行分配和使用,其结果必然会出现许多官商勾结、权力寻租等腐败现象。一是使政府稀缺的公共资源得不到优化配置;二是腐败延误政策执行,直接导致政府办事效率低下;三是官僚的奢侈浪费直接加大了政府成本。这些都是降低政府效率的重要因素。

第二章

作为范式的民主主义与管理主义

美国建国至今,公共行政从范式的发展历程来看已有二百多年历史。特别是自19世纪末期以来,随着公共行政作为一门学科得以成立,美国公共行政的研究方法、理论模式与价值理念层出不穷。为了适应日新月异的社会发展,美国公共行政学不断地更新研究内容,改变自己的分析框架,开创新的研究领域,采纳新的研究方法,从而推进了公共行政中民主主义与管理主义两大范式的发展。本章拟对公共行政的民主主义范式与管理主义范式的内涵与特点作深入的分析,以便为以后章节论证的展开提供知识基础。

第一节 公共行政的范式

一、库恩之"范式"理论

范式(paradigm)在早些时候意指一个公认的模型或模式。托马斯·库恩(Thomas Kuhn)在《科学革命的结构》一书中指出,"范式是一个成熟的科学共同体在某段时间内所接纳的研究方法、问题领域和解题标准的源头活水"[1]。库恩范式无须可发现的规则的介入就能够确定常规科学,这主要基

---

[1] [美]托马斯·库恩著,金吾伦、胡新和译:《科学革命的结构》,北京大学出版社2003年版,第95页。

于四个方面的理由：一是范式符合某一组明显的或甚至完全可发现的规则和假定；二是范式植根于科学教育的本性之中；三是除了抽象规则之外，范式还通过直接模仿以指导研究；四是范式代替规则将使我们更容易理解科学领域和专业的多样性。在库恩看来，范式是一个共同体结构所共有的东西，是共同体团体成员共同承诺的集合，范式是有共有的范例的。由此我们可以看出，库恩所定义的范式是对本体论、认识论和方法论的一种共识，是科学家共同体所共同认可的一组假说、准则、理论和方法的总和。库恩对范式的研究对于社会科学的理论化与系统化产生了深远的影响。

二、公共行政多维范式之争

库恩的"范式"理论虽然是站在自然科学的角度所作的分析，但很快就影响到了社会科学领域。就公共行政而言，学者们在研究过程中，提出了许多公共行政范式模型。然而，由于对范式理解方面的差异，国外学者对于公共行政范式的划分也大相径庭，典型的划分方法有五范式论、四范式论、三范式论和二范式论等。

（一）五范式论

尼古拉斯·亨利（Nicholas Henry）提出了公共行政的五大范式：范式一"政治与行政二分法（1900—1926）"；范式二"公共行政原则（1927—1937）"；范式三"作为政治学的公共行政（1950—1970）"；范式四"作为管理学的公共行政（1956—1970）"；范式五"作为公共行政的公共行政（1970—？）"[1]。范式一时期强调的是定向，即公共行政应该在哪里。在亨利看来，在古德诺和他的追随者的观念里，公共行政应该以政府的官僚体制为中心，对这种定向的阐明形成了政治与行政的二分法。在范式二时期，公共行政的声誉达到了高峰。在20世纪30年代和40年代，政府和工业部门向公共行政学科索求大量的管理知识，公共行政的焦点增加了，然而没有人认真地思考公共行政学科的定向。范式三时期在很大程度上重建政治科学和公共行政之间的联系。亨利认为，从分析性的焦点来看，这种建构的结果剔除了公共行政学科领域的基本"专业知识"。在范式四时期，管理学提供了焦点而不是定向，其关注的是技术，且经常是非常精细的技术，这就需要专门的专业化知识。在

---

[1] [美]尼古拉斯·亨利著，张昕等译：《公共行政与公共事务》（第八版），中国人民大学出版社2002年版，第49-77页。

范式五时期,公共行政既不是管理学也不是政治学,公共行政能够称自己是一个独立的、有自我立场的研究领域。

(二)四范式论

简-埃里克·莱恩(Jan-Erik Lane)的《新公共管理》一书中将公共行政发展划分为四大范式,即古典理论学派、管理学派、政策学派和新公共管理学派。他认为"传统的公共治理"体现为古典理论学派、管理学派、政策学派三种范式,而"现代公共治理"指的是新公共管理学派范式。注重公共部门与私营部门的差异是传统公共治理所强调的,政治是二者的显著差异;而现代公共治理强调公共部门与私营部门在目标实现方面具有共通性,二者均是通过契约机制提供产品与服务。

美国学者查尔斯·J. 福克斯(Charles J. Fox)与休·T. 米勒(Hugh T. Miller)合著的《后现代公共行政——话语指向》一书也提出了四种范式论,分别是传统治理范式、新制度主义范式、社群主义/公民主义范式、后现代公共行政范式(话语理论)。这四种范式都是围绕如何实现有效民主的不同方法和途径,作者将前三种范式归结为封闭的环式民主,这种民主形式不能向人们提供进行有效参与和真实对话的基础。而后现代公共行政范式是一些人在公共能量场的真实与开放的对话式的民主[1]。

(三)三范式论

罗森布鲁姆(David H. Rosenbloom)等人在其著作《公共行政学:管理、政治和法律的途径》(第五版)一书中把公共行政分为三种研究路径:一是管理途径;二是政治途径;三是法律途径。三大泾渭分明的途径各自从不同的角度对公共行政进行了有效的论述。罗森布鲁姆认为,这三种不同的研究途径,对于公共行政的运作,倾向于强调不同的结构安排、不同的价值和程序,看待公民个人亦用不同的方法,公共行政的知识方面每一种途径各自的主张也不相同[2]。其中管理途径又可分为两派,即传统(正统)管理途径,以及当代以革新为导向的"新公共管理"。值得注意的是,每一种途径均包含在特定的政治文化之中,并反映了宪法上的分权和政府功能在不同部门的分配。

---

[1] 岳成浩:《公共行政范式研究综述及批判》,《上海行政学院学报》,2005年第5期。

[2] [美]戴维·H. 罗森布鲁姆、罗伯特·S. 克拉夫丘克、德博拉·戈德曼·罗森布鲁姆著,张成福等译:《公共行政学:管理、政治和法律的途径》(第五版),中国人民大学出版社2002年版,第16页。

（四）二范式论

欧文·E.休斯(Owen E. Hughes)在其著作《公共管理导论》(第二版)一书中提出了公共行政的两大范式，即传统公共行政范式和新公共管理范式。传统公共行政范式的理论是官僚制理论和政治-行政二分法；私营部门管理和经济学理论则是新公共管理的理论基础。在休斯看来，传统的公共行政模式已然被公共管理的新模式所取代了[1]。

三、公共行政的范式：批判与建构

从上述对不同的"范式"论进行的梳理我们可以看出，学者们对公共行政范式的划分是仁者见仁，智者见智，莫衷一是。笔者认为，尼古拉斯·亨利虽利用"定向"或"焦点"的概念作为分析工具，但不能解释清楚公共行政的范式概念。如公共行政有时定向于政府官僚制，有时却定向于政府官僚制之外的领域，如公民社会领域等。至于焦点之说则更没有说服力，因为公共行政的焦点本来就很多，如政府管制、政府管理与公共服务等，而且随着时代的变迁也会发生焦点的转移，但焦点变了，并不意味着范式发生了变化。因此，五范式论的划分是较为模糊的。

简-埃里克·莱恩的四范式论的划分方法也有一定的缺陷。首先，政策学派是否适合当作公共行政的一个范式是值得商榷的。笔者认为，把政策学派当作独立于公共行政学的一门学科更为合适，因为政策科学或公共政策科学是有其独立的本体论、认识论与方法论基础的。其次，管理学派与新公共管理学派到底是两个学派，还是一个学派的两个不同的发展阶段也是有争议的。

福克斯与米勒的四范式论划分是基于如何实现有效民主的不同方法和途径的考虑，然而，这种划分方法使公共行政变得更加模糊不清，如新制度主义/民主主义范式与社群主义/公民主义范式之间的划分是没有足够说服力的，因为公民主义范式在某种程度上就是一种民主主义范式，民主主义不仅强调对政府权力的约束与监督，更重要的是强调把公民置于中心的地位，即以民为本。因此，把民主主义范式与公民主义范式严格分开是没有道理的。

罗森布鲁姆三种路径的划分具有十分重要的学术价值，然而，把政治途

---

[1] [澳]欧文·E.休斯著，彭和平等译：《公共管理导论》(第二版)，中国人民大学出版社2001年版，第63页。

径和法律途径严格分开则有点牵强。因为公共行政从法律途径上来看主要强调公平、公正、平等等价值,而这些价值也恰好与政治学的研究路径相契合。因此,法律途径从更为广阔的视角来看是从属于政治途径的。

欧文·E.休斯把公共行政划分为两大范式,即传统公共行政范式和新公共管理范式,其主要是基于二者不同的理论基础之考虑。但这种划分也是有缺陷的,从本质上讲,传统公共行政范式与新公共管理范式都强调经济、效率等价值,其理论基础在某种程度上都基于私营部门的管理理论。如传统公共行政范式除了有官僚制理论作为理论根基之外,科学管理学派的导入也为其提供了坚实的理论基础,而新公共管理范式从管理科学的角度来讲是与科学管理学派有着重要的渊源的,因为新公共管理不仅强调经济、效率等价值,还强调对政府开支进行控制、职责分权、目标管理等,难怪波利特(Christopher Pollitt)发现了新公共管理中的管理哲学,并将其称为"新泰勒主义"[1]。因此,欧文·E.休斯以理论基础作为公共行政范式的划分依据是站不住脚的。

评述到这里,是该提出个人观点的时候了。笔者比较认同库恩把范式当作一种对本体论、认识论和方法论的基本承诺,而不太赞成把范式归为共同接受的一组准则和方法。范式应从形而上的角度进行认知,而非形而下的准则与方法。如果单从形而下的准则与方法进行考察,你会发现公共行政的准则与方法是多样化的,比如,效率、公平等的定义与测量方法是多种多样的,即使这些方法为人所接受,这并不代表有多种范式的可能与现实。因此,对范式的划分应从形而上的角度进行认识。对于公共行政的范式而言,则应该从形而上的价值层面划分为民主主义范式与管理主义范式,前者强调公平、公正、自由等政治正义价值,后者则强调经济、效率、效能等政府效率价值。每种公共行政范式中又包含不同的公共行政模式,如民主主义范式包含民主公共行政、新公共行政学与新公共服务模式,管理主义范式则包括传统管理主义与新公共管理(新管理主义)模式。本章的下面两节将对两大范式作具体的阐释。

第二节 民主主义范式

公共行政的民主主义价值理念深深根植于美国的民主传统之中,并随着

---

[1] Christopher Pollitt. Manangerialism and the Public Services: The Anglo-American Experience. Oxford: Basil Blackwell, 1990, p. 56.

美国历史的发展而呈现出不同的发展阶段与理论模式。要真正理解民主主义范式的本质,不可避免要对民主主义范式的内涵、发展阶段与特点作一详细的阐述。

一、民主主义范式的内涵

民主主义,就是在人民主权理念下,公民能够享有平等的政治权利,并能够广泛进行政治参与的一套理念形态和制度形态。民主主义源于对专制统治的反抗,其根基是自由主义,其合法的权威是建立在自由之上的权威。

公共行政中民主主义的产生与发展是基于政治正义的考虑;与管理主义不同之处在于,公共行政中的民主主义作为一种范式的存在主要是基于重建公共行政合法性的考虑。在民主主义看来,自19世纪末期以后,公共行政被错误地定位为追求政府高效率的科学,管理主义长期占据着统治性的地位,从而导致了公共行政知识的危机。因此,为了维护政治正义及重塑公共行政的合法性与规范化基础,许多学者对公共行政进行了全新的理解与阐释,主要表现为以下几点:

(1) 公共行政必须注重公共性。公共行政公共性要求其以宪法为根基。在弗雷德里克森看来,人民主权原则、权利法案中的公民权利、代议制政府原则、侵权制衡、程序性正当的法律程序,以及联邦宪法和州宪法中的许多规定,均是公共行政公共性的理论根基,这种根基是不可动摇的[1]。

(2) 公共行政中民主的地位。莱维坦(David M. Levitan)在《政治目标与行政手段》一文中指出:"民主国家既要以民主原则为国之根本,又要有民主之行政,以及贯穿于行政的民主理念。"[2]

(3) 公共行政与私营部门管理的区别表现为:"政府的义务在于增进社会的公共利益。从道德与常识的视角来看,公共行政必须服务于更高尚的目的。"[3]"公共行政面临的核心问题在于确保公共行政管理者能够代表并回

---

〔1〕 [美]乔治·弗雷德里克森著,张成福等译:《公共行政的精神》,中国人民大学出版社2003年版。

〔2〕 David M. Levitan. Political Ends and Administrative Means. Public Administration Review,1943,3(4), p. 359.

〔3〕 David K. Hart. The Virtuous Citizen, the Honorable Bureaucrat, and "Public" Administration. Public Administration Review,1984,44,p. 112.

应公众利益。"[1]唯有如此,民主制度才能得以延续。

(4) 公共行政从终极意义来看,在于政治理论具有独特的价值,其表现为:官僚对民选官员的责任以及行政机关的回应力;对大众控制的责任是民主社会中(行政)的基本问题;越来越广泛的自由裁量权出现在行政机构当中[2]。

(5) 公共行政是指为谋求实现公众的社会价值而对社会变革进程的管理[3]。

(6) 在公共行政的研究中,官僚制已经不再是最热门的主题。公共行政的新方法已经出现,一系列现象学要素的集合具有不确定的特征,公共能量场是这种新方法应用的前提[4]。一个所有人的民主在话语理论中得到体现,从而推进公共行政的民主参与。

(7) 作为一个学科或潜在科学的公共行政学的基本问题比纯粹的管理问题要宽广得多;与私营管理学相对照,公共行政学研究的预设不可避免地要将公共行政问题置于伦理考虑的脉络背景之中[5]。

可以看出,上述关于公共行政的观点实质上是对民主主义的有效阐释,据此,我们可以得出,公共行政中的民主主义是指为维护自由、公平、公正等政治正义价值,以公共行政的公共性为基点,公民能够享有平等的政治权利,并能够广泛进行政治参与的一套理念形态和制度形态。在民主主义看来,管理主义的本体论基础——"效用最大化的理性人假设"存在着严重的缺陷与不足,过于追求管理技术与政府效率的理性化结果会使公共行政陷入合法化危机。因此,只有通过寻找公共行政的合法根源,才能拯救公共行政学的缺失,而民主主义的使命就在于此。

---

[1] Frederick C. Mosher. Democracy and the Public Service. 2d ed. New York: Oxford University Press, 1981.

[2] Wallace Sayre. Premises of Public Administration: Past and Emerging, in Jay M. Shafritz, Albert C. Hyde. Classics of Public Administration. Oak Park, Illinois: Moore Publishing, 1978, p. 201.

[3] [美]罗伯特·B. 登哈特著,扶松茂、丁力译:《公共组织理论》(第三版),中国人民大学出版社2003年版,第19页。

[4] [美]查尔斯·J. 福克斯、休·T. 米勒著,楚艳红、曹沁颖、吴巧林译:《后现代公共行政——话语指向》,中国人民大学出版社2003年版,第9页。

[5] Robert A. Dahl. The Science of Public Administration: Three Problems, Public Administration Review, 1947, 7(1), pp. 1-11.

二、民主主义范式的发展阶段

（一）民主主义的发轫阶段（18世纪末至19世纪末）：民主公共行政的创始

民主主义的发展最早可以追溯至美国建国初期关于联邦与邦联政体的分歧。美国建国早期汉密尔顿（Alexander Hamilton）和杰斐逊（Thomas Jefferson）围绕着美国宪法的争论，成为两大公共行政思想流派的直接来源。与汉密尔顿主张建立集中统一的联邦不同，杰斐逊强调对话和人类间的相互合作，以社区统治作为社会治理的模式。政府对经济事务与社会管理奉行着古典自由主义的价值理念，认为"干预最少的政府就是最好的政府"。在19世纪的大部分时间里，民主主义一直是占据美国人思维的一种治理模式。可见，以杰斐逊为首的美国领导人始终主张用宪法来限制政府的权力，强调从保障公民基本权利的角度出发，以维护个人自由的终极目标，实现权力的分立与制衡，进而为民主主义奠定了基石。杰斐逊强调严格依法办事，实行法治，保障公民的民主参与，这些是一个民主国家的重要特征。正是在杰斐逊等人对民主价值的大力倡导下，民主主义作为一种公共行政范式得以产生。

（二）民主主义的发展阶段（20世纪60年代至70年代）：新公共行政学的挑战

到了19世纪末，随着资本主义商品经济从自由竞争向垄断时期过渡，社会生产力的迅速发展和经济结构的巨大变化使社会管理经济的任务越来越繁重。政府开始改变过去的消极、被动的状态，转而积极主动干预社会经济管理领域。而政府原有的管理方法不能适应时代发展的需求，于是，以追求政府效率为目标的现代公共行政学便应运而生。其标志是威尔逊（Woodrow Wilson）于1887年在《政治学季刊》上发表《行政学研究》一文。这种管理主义为公共行政的执行功能和公共行政的现代化提供了技术支持，使公共部门的政府效率有了较大的提高。然而，钟摆过多地摆向管理主义，而忽视公共行政中的民主、正、平等等政治正义价值，只会使公共行政缺乏合法性并走向极端，成为"盲动的理论"。美国20世纪60年代出现的越南战争、黑人民权运动及70年代初发生的"水门事件"表明，公共行政正在陷入合法性危机，公共行政亟须一种全新的视角和理论来弥补其自身的不足。而新公共行政学正是在这种背景下诞生了。新公共行政学派对传统公共行政学的价值理念进行了批判，并提出了一系列不同于传统管理主义的民主主义观点。

(三)民主主义的成熟阶段(20世纪90年代以后):新公共服务的诘问

20世纪80年代之后,新公共管理运动已经风靡全美乃至整个世界,它强调将经济学与企业管理的一些管理方法与技术运用于政府管理之中,以提高政府的绩效。然而,新公共管理运动在实践过程中也产生了许多问题,如新公共管理的内在矛盾;市场模式所倡导的分权与公共部门对协调的需要之间的紧张关系;企业家精神对公平、正义、代表制和参与等政治正义价值的忽视;民营化运动对民主价值观和公共利益的侵蚀;等等。为此,以登哈特(Robert B. Denhardt)为首的一批学者指出:公共行政应为公民服务,政府的职能是服务,而不是"掌舵",进而提出了"新公共服务"的价值理念。新公共服务并不是要全盘否定新公共管理,而是试图在承认新公共管理对于当今世界政府改革的价值的基础上,指出其内在的缺陷,提出和建立一种更加关注公共利益和民主价值的理论模式,标志着民主主义范式走向成熟。

三、民主主义范式的特点

民主主义是贯穿于美国公共行政学的一种思维定式,它的核心是以民主型范式来看待公共行政问题,强调通过追求公平、正义、平等等政治正义价值来促进公共行政的发展。由此我们可以把美国公共行政中民主主义的主要特征总结为以下几点。

(一)突出人本价值

在美国,主权属于全体国民。这种主权性反映在公共行政方面,表现为作为"公共信托人"或人民主权代表者的政府公务人员在公共行政活动中应对公民保持回应性。主要表现为:一方面,政府要最大限度地保护个人的权利,防止行政行为对他们的非法的、违宪的侵害;另一方面,政府要为公民提供优质的服务,以满足公民的各种利益需求。人本价值的理念在新公共服务理论中表现得尤为突出,如登哈特认为,服务于公民和授权于公民是公共行政官员在其执行政策和管理公共组织时应具备的重要职责。公民要求政府对公众进行有效的回应,而非为政府这艘航船掌舵或是划桨[1]。

(二)注重宪法价值

民主主义自始至终包含着有限政府、法治政府与人民主权等核心理念,

---

[1] [美]珍妮特·V.登哈特、罗伯特·B.登哈特著,丁煌译:《新公共服务:服务,而不是掌舵》,中国人民大学出版社,2004年版,第21页。

它要求民主国家要有民主的行政,并将民主原则视为立国之本,将民主理念贯穿于行政当中[1]。因此,美国公共行政必须建立在宪法基础之上,宪法所规定的代议制政府原则、人民主权原则、程序正当的法律程序、分权制衡、权利法案中的公民权利,都是公共行政保持其合法性的基础。正如约翰·罗尔在《行宪论》中指出的,现代公共行政不仅要与宪法相一致,而且要实现宪法的愿景[2]。

(三)强调公共性价值

公共性是公共行政与私营部门管理之区别所在。公共行政必须关注公共利益,并服务于"更崇高的目的",而私营部门所追求的是私人利益和利润最大化[3]。弗雷德里克森在其《公共行政的精神》一书中梳理了关于公共性的五种不同的观点:公共是公民;公共是顾客(服务提供的观点);公共是被代表者(立法的观点);公共是理性选择者(公共选择的观点);公共是利益集团(多元主义的观点)[4]。此外,沃尔多(Dwight Waldo)认为:"公共性是公共行政最本质的特征,要对"公共性"进行深入的了解,必然要以政府与国家之类的词语对"公共性"进行界定,而这必然会涉及主权、合法性、普通福利等法律概念、哲学概念和普通政治理论方面的问题。"[5]在他看来,公共性渗透着正义、民主与公平等价值。

(四)关注伦理道德价值

对伦理道德的承诺表明,公共行政必须超越行政技术理性的狭隘视角转而遵循民主、公平、正义等规范价值。如沃尔多认为公共行政是意识形态与伦理道德的结合体;戴维·K.哈特(David K. Hart)认为,在政策面前人人应该一律平等,"不偏不倚的行政"原则是现行公共行政的重要伦理标准[6]。

---

[1] David M. Levitan. Political Ends and Administrative Means. Public Administration Review,1943,3(4),p. 359.

[2] [美]乔治·弗雷德里克森著,张成福等译:《公共行政的精神》,中国人民大学出版社2003年版,第40页。

[3] David K. Hart. The Virtuous Citizen, the Honorable Bureaucrat, and "Public" Administration. Public Administration Review,1984,44,p. 112.

[4] [美]乔治·弗雷德里克森著,张成福等译:《公共行政的精神》,中国人民大学出版社2003年版,第28页。

[5] Dwight Waldo. The Study of Public Administration. New York:Doubleday,1955,p. 15.

[6] David K. Hart. Social Equity, Justice, and the Equitable Administrator. Public Administration Review,1974,34(1),pp. 3-10.

此外,J.帕特里克·多贝尔(J. Patrick Dobel)也认为:"在公共裁量权的行使过程中,行政责任常被放在最重要的地位,但因为决策最终是由个人制定的,所以个人责任与慎重态度也越发重要。"[1]

第三节 管理主义范式

管理主义范式从某种程度上说是美国公共行政的主流范式,公共行政的诞生从某种程度上说是基于提高政府效率的初衷。要真正理解管理主义范式的本质,就要对管理主义范式的内涵、发展阶段与特点作一系统的阐释。

一、管理主义范式的内涵

在提出管理主义范式的内涵之前,我们不妨先了解一下一些学者对管理主义的认识:

(1) 公共行政的研究目标在于:如何以适当方式进行成功运作是政府首要的事情;其次在金钱与资源的花费尽可能少的情况下,政府能够以最有效率的手段来完成其公共事务[2]。

(2) 行政是现代政府的核心问题,行政管理是实践的技术与科学;追求经济和效率就是行政学的目的;商贸成功和国家繁荣之第一要素在于政府行政的效能与节约[3]。

(3) 根据全部经验,采用档案制度的官僚体制的行政管理具有可靠、严肃、紧张、有纪律、稳定和精确等特征[4]。

(4) 对行政部门内部各个不同的机构及其活动进行整合,从而将分属各个部门而具有相同职能的业务集中起来[5]。这种整合技术可以使政府运转得更经济、更有效率,从而简化行政,避免权限冲突。

---

[1] J. Patrick Dobel. Integrity in the Public Service. Public Administration Review, 1990, 50(3), pp. 354 – 366.

[2] Woodrow Wilson. The Study of Administration. Political Science Quarterly, 1887, 2(2), p. 209.

[3] [美]怀特著,刘世传译:《行政学概论》(第三版),商务印书馆1947年版,第12页。

[4] [德]马克斯·韦伯著,林荣远译:《经济与社会》(上卷),商务印书馆1997年版,第248页。

[5] W. F. Willoughby. Principles of Public Administration. Baltimore: The Johns Hopkins University Press, 1927, p. 86.

(5) 管理学本身会导致科学性研究;政党政治不应该侵入公共行政;效率性和经济性是公共行政的使命;公共行政自身能够成为"价值中立"的科学[1]。

(6) 私营部门的管理与公共部门的管理不存在差异,是管理主义的一个主要假设。公共部门应将效率、经济与效能视为其施政的基本价值[2]。

可见,公共行政的管理主义范式是以提高政府效率为核心,强调将私营企业管理与经济学的理论方法引入政府管理领域的一套理念、方法与模式。值得注意的是,公共行政中的管理主义范式又分为传统管理主义、行为主义行政学及新公共管理(或新管理主义)三大理论模式。传统管理主义主要是官僚制理论,强调通过管理与控制来达到政府的高效率,政治与民主价值被排除在外。传统管理主义的重心在于提高狭义的政府效率,而对经济与效能并没有过多的要求。行为主义行政学遵循逻辑实证主义的原则,强调在科学研究过程中,把事实与价值(伦理)严格地区分开来,传统的"经济人"角色被"行政人"取代,强调最有成效的人是服从制度设计者命令的人,最有效率的人是按制度办事的人。新公共管理(或新管理主义)强调全面关注效率、经济与效能价值,为了提高政府绩效,私营企业的管理方式和手段应广泛应用于政府管理当中。

二、管理主义的发展阶段

管理主义范式源于美国建国时期汉密尔顿的行政思想,在一百多年的范式演变中,它经历了传统公共行政中的管理主义(以下简称"传统管理主义")、行为主义行政学与新公共管理三个发展阶段。

(一)管理主义的形成阶段(19世纪末至20世纪30年代):传统管理主义的形成与发展

政治-行政二分法和韦伯官僚制理论的提出,以及科学管理运动的兴起是传统管理主义形成的标志。威尔逊的《行政学研究》一文开创了美国公共行政学的研究传统,在沃尔多看来,该文在影响力、说服力和洞察力等方面,对公共行政学的影响是颇深的。而为西方公共行政学奠定范式基石的是马克斯·韦伯(Max Weber)的官僚制度(科层制)理论。他对官僚制度的系统

---

[1] H. A. Simon. Administrative Behavior: A Study of Decision-Making Processes in Administration Organization. 2nd ed. New York: Free Press, 1957, p. 360.

[2] 张成福:《公共行政的管理主义:反思与批判》,《中国人民大学学报》2001年第1期。

论述体现在《经济与社会》一书中。泰勒以实证主义的研究方法为基础,对工人的作业行为进行了深入细致的研究,这包括分工协作、动作分解、严格管理控制、作业标准化等方面。科学管理学派的理论直接对美国传统管理主义的形成与发展产生了极大的影响,并为公共行政学提供了原理、方法与技术。

到了二十世纪二三十年代,传统管理主义有了较快发展的势头,其重要标志在于 1926 年在美国出版的两本最早的行政学教科书:怀特(Leonard D. White)的《行政学研究导论》和威洛比(W. F. Willoughby)的《公共行政学原理》。这两本书的诞生使公共行政学作为一门学科有了知识行政学的基础,并最终使传统管理主义产生了一次飞跃式的发展。

(二)管理主义的发展阶段(20 世纪 30 年代至 50 年代):行为主义行政学的攻讦

20 世纪 20 年代以来行为主义的发展不仅带来了管理学领域的巨大变革,而且对美国公共行政学的发展产生了巨大的影响。美国公共行政学研究发展到二十世纪二三十年代可被称为"正统时期",这一时期的行政学者对行政学研究通常都持有某些共同的信念。到了 20 世纪 40 年代,这种正统的行政学便逐渐遭到一些人的批评,其中批评得最为彻底的观点认为行政学的正统研究方法缺乏科学性。因此,行为主义行政学家赫伯特·A. 西蒙以行政行为研究代替正统行政学研究,从而拓展了行政学的研究领域。西蒙在 1946 年发表的《行政谚语》中对各种行政原则进行了强烈的批判,他认为许多行政原则是不可靠的,不能为公共行政提供有效的指导,原因在于这些原则本身不能自圆其说,且互相矛盾。除此之外,西蒙还在《行政行为:行政组织中的决策过程研究》中提出了理性行政模型,试图建构一种完整化的行政组织理论,并声称这种理论是建立在工具理性与实证主义之上的。该模型把理性设定为一个基础的概念,而组织建构之目标是克服人的理性及行为的不足之处。这是因为作为个体的人面临复杂的社会问题时,其处理能力具有一定的限度,因此人需要聚合在一起,结成团体与组织来处理复杂事务,这样一来,个人自己的判断为组织的决策过程所替代,而一旦出现此种情形,传统实用取向的"经济人"就会被更现代、更制度化的"行政人"替代。在西蒙看来,对理性如此界定往往比其他的理性认识更具理性。用理性行政模型的话语说某个组织具有理性,这种理性等同于效率,意味着这个组织以效率的最大化为目标。

（三）管理主义的成熟阶段（20世纪70年代末至今）：新公共管理（或新管理主义）的兴起

所谓新公共管理是指20世纪70年代末以来许多西方国家为了提高政府绩效、规避政府财政危机而进行了一系列行政改革的浪潮，其主要有英国的"公民宪章运动"和"竞争求质量运动"、美国的"重塑政府运动"、丹麦的"公营部门现代化计划"、奥地利的"行政管理计划"、法国的"革新公共行政计划"、澳大利亚的"财政管理改进计划"以及葡萄牙的"公共选择计划"等。1995年，经合组织（OECD）在其名为《转变中的治理：OECD国家的公共管理改革》的公共管理发展报告中把新公共管理的特征归纳为八大方面，即：（1）实现权威转移，富有弹性特征；（2）保证绩效、控制和责任制；（3）提倡竞争和多样化的选择；（4）提供灵活性；（5）完善人力资源管理；（6）实现信息技术优化；（7）改善管制质量；（8）强化中央指导职能。在美国，新公共管理最突出的表现是基于企业家政府理论的重塑政府运动，其核心是提高政府部门的资源配置效率和工作效率，改善公共部门的服务质量。

三、管理主义的特点

（一）遵循实证主义的方法

实证主义产生于19世纪30—40年代，经过英法两国50—70年代的流行之后逐步传入其他国家。受近代科学理性的影响，实证主义强调哲学应以实证科学为根据，反对一切探究事物的客观规律性和内在联系、世界的本质和基础的理论，要求把实证主义奉为一种科学的哲学，甚至意图把哲学变成实证科学。实证主义对人类行为与社会问题的研究强调自然科学方法论的运用，并从中探寻内在的规律性，进而控制人类行为和社会发展。组织层面的实证研究往往注重对组织的效率原则与工具理性的探求，并关注组织目标的实现。泰勒在《科学管理原理》一书中所体现的正是这种实证主义精神。泰勒对劳动生产率的研究强调科学试验的方法，通过各种操作层面的试验来制定出标准化的科学方法。在他看来除了操作方法标准化以外，还必须将作业环境、工人使用的材料、机器、工具等实现标准化，充分体现了现代管理学中的科学主义精神。科学的管理必须在人类理性主义的指导下，通过精确地计算及实现效率最优化途径，对人类行为和组织结构进行实证化的解读，唯有如此，才能实现科学化与现代化管理。可见，这种实证主义精神正是管理主义的精髓。行为主义行政学也强调实证主义，政府效率的提升主要通过管理手段和管理方式的变革来实现。新公共管理沿袭了传统管理主义的实证主义精神,主张政府效率的有效测量主要通过绩效评估、结果控制、成本核算等来加以实现。

(二)理性经济人的人性假设

"理性经济人"假设是西方经济学最基本的前提假设,成为西方主流经济学理论研究的出发点。自亚当·斯密以来,经济学家就把人类行为界定为追求经济利益最大化,并同时集体地促进了公共利益,为人类经济行为的释疑提供了理论前提。管理主义承继了新古典经济学对人性的假设,认为:(1)为自利所激励是理性行动者的首要特征;(2)理性行动者是怠惰的和善于利用他人的、自我服务的、欺诈的、机会主义的;(3)理性行动者因这种假设而不能被信任。正是基于上述认识,以泰罗为代表的科学管理学派把工人假设为"经济人",工人的工作活动出于经济动机,工人只需要按照"标准作业方法""标准作业时间""标准作业量"工作,并辅以有差别的、刺激性的计件工资制度,就可实现效率的大幅度提高。作为新公共管理理论基础的公共选择理论也运用新古典经济学的理性经济人假设来研究政治市场中的公共选择者,并认为政治家、官僚和选民在政治决策过程中均是自利的、理性的效用最大化者。公共选择理论试图构造一种真正能把个人的自利行为导向公共利益的政治秩序,进而指出市场机制是"政府失败"痼疾的良药。

(三)强调政府效率至上

传统管理主义模式下的公共行政的目标在于寻找最具效率的手段,这种工具理性与效率至上的取向便是管理主义的本质特征。换言之,行政科学的基本目的就是以最少的人力、物力与财力的消耗来实现最大化的产出。正是基于此,效率便成公共行政的"首要之善"。要保证政府在实际运作过程中既有效率,又负责任,必须建立起分工明确、指挥统一、权力集中、职责分明、体系完备的政府管理系统。这些管理原则在某种程度上被奉为"效率准则"。同样,行为主义行政学也强调政府效率,只不过在实现效率的方式与方法上有所不同。新公共管理所强调的政府效率与传统管理主义的范围不同,传统管理主义侧重于追求狭义的政府效率,而新公共管理则强调广义的政府效率,即政府绩效。具体而言,新公共管理对政府效率的追求表现为:(1)引入竞争机制来促进效率的提高。奥斯本、盖布勒认为政府之所以缺乏效率,其主要原因在于缺乏竞争机制,竞争最明显的好处是提高效率,即投入少产出多;竞争迫使公营的垄断组织对顾客的需要作出反应;竞争奖励革新,而垄断扼杀革新;竞争提高公营组织雇员的自尊心和士气[1];竞争是促进革新的永恒动力,而政府却不具备此动力。(2)强调放松规制来促进效率。新公共管理强调对官僚制中存在的过度规制进行解构,即改变规则至上的传统,去除繁文缛节,清除政府管理实质以外的其他附着物,让政府最大限度地释放潜在能量和创造力,从而提高政府的效能。(3)以结果为导向来提高效能。如企业家政府理论的代表人物奥斯本认为公共部门要像企业那样运作必须有一个财政底线,应按效果而不是按投入拨款,对政府各部门表现的评估和资助是以其政策效果为依据,而非依据项目的多少。通过绩效测量、绩效标准、奖励和惩罚来激励公共组织[2],以提高组织的效能。

(四)注重吸收私营企业管理的风格

传统管理主义十分强调对私营企业管理风格的吸收,如威尔逊认为,"企业式"的管理原则应该被用来指导公共机构的管理。在他看来,"行政领域也就是企业领域"[3]。行为主义行政学强调通过对人的行为的激励来提高政府效率。新公共管理更加强调私营部门的管理方法,并认为通过引入当代私营部门管理(工商管理)的理论与方法,政府就会变成一个企业家式的高效能政府。在新管理主义看来,公共部门管理与私营部门管理虽然在某些方面存在着细微的差别,但就管理层面而言,二者具有共通性。正是由于私营部门在管理方面与公共部门相比更具效率,新公共管理主张将私营部门管理的经验、原则、方法和技术(如项目预算、战略管理、合同雇佣制、绩效工资制等)运用于公共部门,从而提高公共部门的绩效。

---

[1] [美]戴维·奥斯本、特德·盖布勒著,周敦仁等译:《改革政府:企业家精神如何改革着公共部门》,上海译文出版社2006年版,第46-49页。

[2] [美]戴维·奥斯本、彼德·普拉斯特里克著,谭功荣、刘霞译:《摒弃官僚制:政府再造的五项战略》,中国人民大学出版社2002年版,第133页。

[3] Woodrow Wilson. The Study of Administration. Political Science Quarterly, 1887, 2 (2), p. 209.

第三章

政治正义与政府效率之争：
两大范式冲突之肇始

任何一种理论范式能够产生都有其深刻的历史背景和现实需要，公共行政也不例外。在公共行政这门学科尚未产生之前，就存在着以杰斐逊与汉密尔顿为首围绕政治正义与政府效率问题的争论。本章主要阐述美国建国初期立宪体制中公共行政的地位，并论述杰斐逊的民主行政理论与汉密尔顿的效能行政理论产生的背景及二者争论的焦点所在。

第一节 美国建国初期立宪体制中公共行政的附庸性

美国建国初期的公共行政在其整个国家的立宪体制中处于附庸性的地位，这是由美国建国初期的历史文化、政治、经济与社会等因素决定的。

一、历史文化因素的影响

在美国历史文化因素中，宗教因素无疑占据着统治性的地位。人生而自由、平等，因为"人人均为上帝的造物，人只受上帝的奴役！"，人权是天赋的。正是由于上述认识，包括清教徒在内的102名乘客为了摆脱神权的控制，于1620年从英国出发，乘坐"五月花号"前往北美，在旅途中为了避免内讧和混乱，他们为未来的殖民地管理制定了一些规则，以建立一个有序的社会。在他们登船上岸之前,船上的41名成年移民共同签订了《五月花号公约》,这是在北美英裔移民中自愿达成的一项社会自治的协议,是北美历史上第一个政治契约性文件,深深地影响着美国的立宪体制构建。

透析美国的建国史,我们惊讶地发现,基督教的理念已经深深地植入美国的立宪体制当中,如:以上帝的名义继续清教实验是《五月花号公约》的重要内容;美国《独立宣言》中不少于4次提到上帝,《独立宣言》的精神通过上帝和基督教得到有效的阐释;"宗教自由"条款直接出现在《权利法案》的第一条。可见,美国政治社会中的天赋人权的自然权利理论、限制一切权力以及人生而平等政治理论均可以在基督教的历史文化中找到根源。

综上所述,基督教的宗教因素对美国的立宪体制的产生与发展作出了巨大贡献。它关注自由、平等与民主等价值,从而使美国的开国元勋们对于如何保障个人的权利、从政治体制上对政府权力进行制约给予了足够的关注。其结果导致了因过于重视立宪体制方面的建构而忽视公共行政理论与实践探索的局面。

二、政治因素的影响

美国的制宪者之所以设计了一个权力相互制衡的政治体制,原因在于许多建国初期的美国人都有经历欧洲独裁统治的体验。制宪者的目标在于避免全部的权力都集中在一个人或者一个集团的手中。权力制衡的第一个原则就是分权。通过法律和控制预算的权力由立法者掌控,执行法律由民选的行政首长负责,而对其他政府部门的行为进行司法审查并保护公民的权利则是法院的职责。在美国代议制政府下,由多数决定的规则是人民主权这一概念的基础,但是,拥有主权的多数人在立法时,不能侵犯宪法保护的个人权利。《权利法案》保障公民的言论自由、集会自由和宗教自由。它同样保障公民的隐私权,保护个人免遭政府权力的侵害,它特别保护少数人免遭多数人暴政的侵害。在建国者看来,制定宪法以解决国家的权力架构和各部门间的分权与制衡关系才是头等大事,而公共行政由于当时不够受重视,再加之当时的公共事务较为简单,因而只能在立宪体制中处于次要的地位。这一点也反映在1789年美国的宪法条文中,该宪法并没有对行政机关作具体的规定,只偶尔提到了"文职官员"与"行政部门"两个名词。可见,在当时美国的立宪体制下,政治体制的架构是首要的,而公共行政的地位是不高的。

三、经济与社会因素的影响

从经济发展来看,美国在建国初期到 19 世纪末之前,处于自由资本主义发展阶段,亚当·斯密的古典自由主义经济思想在这一时期的美国十分盛行,它强调市场是自发的,它对资源的配置具有调节作用,就像一只看不见的手一样在背后操纵着整个市场经济的发展。在亚当·斯密的理论中,一个中心论点就是:人是有自利倾向的。基于利己之心,被一只"看不见的手"所引导,厂商及个人在追求自身利益的同时,往往也增进了大众的福利,最后增进了全社会的福利,而这并非其本来希望。受斯密经济思想的影响,在 20 世纪之前,美国政府奉行不干预经济领域的理念,并充当"守夜人"的角色。

从社会发展来看,由于当时美国生产力水平以及社会分化程度不高,公共事务相对较为简单,国家只承担了保护所有公民免遭暴力、欺骗、偷窃以及强制履行契约等数量有限的国家功能。正是由于美国建国初期没有较为复杂化的社会和经济事务,与之相对应的公共部门的设置也相当数量较少。当时美国仅设置了外交、内政、军事和财政 4 个行政部门。在当时的美国人看来,政治系统才是最重要的,公共行政在很大程度上是政治系统的组成部分,从政治角度来思考公共行政问题才是合理的。这种思维定式以及政治实践使得公共行政在政治体制中处于附庸性地位。

第二节 杰斐逊的民主行政理论:民主主义之滥觞

托马斯·杰斐逊(1743—1826),为美国第三任总统,美国思想家、教育家、哲学家、政治家、科学家。杰斐逊不仅是开国元勋,还是美国民主派的精神领袖。詹姆士·O. 罗伯逊在《美国神话 美国现实》一书中对杰斐逊评价道:"杰斐逊作为一位政治家、哲学家和民主理想主义者,最终远远超过了他的同代人……与其他英雄相比,唯有杰斐逊才最代表美国革命。他是美国革命精神的化身。"[1]

杰斐逊的民主行政思想为民主主义范式提供了理论根源,本节主要对杰斐逊的民主行政理论作一详细的阐述。

---

[1] [美]詹姆士·O. 罗伯逊著,贾秀东等译:《美国神话 美国现实》,中国社会科学出版社 1990 年版,第 75 页。

一、横向与纵向的分权

杰斐逊指出,为防止在美国出现个人独裁的暴政,就必须限制政府权力、改进政治制度、保证政治民主化。这就需要政治体制在横向与纵向进行分权。

(一)横向分权:立法权、行政权、司法权的分立

横向分权学说在近代获得了自身的完整形式和内容,孟德斯鸠使得作为西方国家政治体制之圭臬的三权分立思想的理论架构最终得以确立。古希腊哲学家、政治学家亚里士多德早在《政治学》一书中就指出,"一切政体都有三个要素:有关城邦一般公务的议事职能、行政机能、审判司法职能",他认为"议事职能具有最高权力"[1]。近代分权学说最重要的奠基人物当属洛克,他提出了立法权、执行权和对外权三大权力分立学说。洛克之后,孟德斯鸠将分权学说建立在人性恶的假设基础之上,并进一步使其分权学说成熟化、精致化。他认为,"人类是邪恶的","从事务的性质来说,要防止滥用权力,就必须以权力约束权力"[2]。为此他提出每一个国家都有三种权力,即立法权力、行政权力和司法权力,三种权力相互制衡。

杰斐逊认为,基于人性的考虑,即使在一个十分自由的社会里,反对党以及不同的意见与政见也是必要的。因此,不同党派的划分是必要的,它可以把一个党在执政过程中的所作所为进行控诉,并公之于众,从而达到党派之间互相监督的目的。另外,杰斐逊继承了洛克和孟德斯鸠的分权理论,认为专制统治表现为政府的立法权、行政权和司法权全部集中在同一些人手里。政府的各项权力必须平均分配给几个政府部门,为了实现政府建立在自由原则之上这一目标,还需要每个政府部门都由其他部门有效地遏制和限制[3]。杰斐逊认为,暴君政府的定义在于政府的立法、行政和司法都集中到同一个机构。这些权力不是由一个人行使,而是由多数人行使,但并不能减轻暴政的程度[4]。杰斐逊就立法机构的创建提出了建立两院制、实行双重审议的

---

[1] [古希腊]亚里士多德著,吴寿彭译:《政治学》,商务印书馆1965年版,第214-215页。

[2] [法]孟德斯鸠著,张雁深译:《论法的精神》(上册),商务印书馆1961年版,第154页。

[3] [美]托马斯·杰斐逊著,朱曾汶译:《杰斐逊选集》,商务印书馆1999年版,第48页。

[4] [美]梅利尔·D.彼得森著,刘祚昌、邓红风译:《杰斐逊集》,生活·读书·新知三联书店1993年版,第263页。

构想,他认为如此一来既可以使立法机构互相制约,又有利于发扬民主、集思广益,从而避免错误的产生。在行政机构的创建方面,杰斐逊十分担心总统的权力过大,因此他对于联邦宪法规定的总统连选连任制持强烈反对的态度,并认为这样会产生总统终身制,导致总统权力无限膨胀的结果,极易产生专制独裁政治。正是基于此,杰斐逊主张总统至多只可连任一次。在司法机构的构建方面,杰斐逊十分注重限制司法机关的权力,他认为,如果美国联邦法院常常以"违宪"为由判决国会通过的法律无效,并且还让联邦法院的法官拥有对宪法的最后解释和裁定权的话,就容易形成寡头政治的局面。

(二)纵向分权:中央向地方层层分权

杰斐逊认为,真正的民主自治制度是美国政治体制建设的重要目标。为了维护国家的统一,有必要建立统一的联邦政府,然而,中央过于集权就会使美国变得像英国政府那样暴虐和腐败,增加钻营、冗员、盗窃、投机及掠劫的机会,这与美国建国的初衷是不相容的。为此,他认为实行中央和地方层层分权的制度迫在眉睫。在他看来,国家的对外、防务及州际关系等事务的权限应归属于中央政府;治安、法律、公民权利及一般涉及州的行政事务应交由各州掌管;各郡、区掌管本郡、区的地方事务;等等。换言之,要把国家权力尽可能层层分散到各级政府,这样做既可以加强对政府的监督,使人民关心国家事务,又可以防止政府的腐化,避免官僚主义。杰斐逊中央和地方层层分权理论为权力制衡学说的完善与发展作出了独特贡献,从而弥补了洛克、孟德斯鸠只论及横向分权而没有涉及纵向分权的缺陷。正是杰斐逊的纵向分权思想为美国当今政治制度中中央政府和州政府的分权提供了理论基石。

二、人民参政与监督

杰斐逊防止暴政,实现人民自治最重要的手段就是人民参政。他坚持认为人民是立国之根本,是国家权力的源泉。针对联邦派对他这一观点的指责,杰斐逊进行了严厉的反驳,并认为正义的源泉只能在多数人那里找到,而非在少数人中间[1]。他认为,共和国只有靠人民,才可以坚如磐石。杰斐逊把普选权看作人民参政的基本前提。他指出,不能用财产标准限制人民的选举权,即限制他们的参政权。1816年他在《弗吉尼亚纪事》中写道:"让每一个参加战斗的男子或缴纳财产税的男子都在选举中享有他公平而平等的权

---

[1] [美]菲利普·方纳编,王华译:《杰斐逊文选》,商务印书馆1963年版,第18页。

利吧!"在另一个场合,他要求"一切自由的男性公民"都有选举权,只要他居住一个地区满一年或参加民兵服役满一年。为了防止人民参政时的意见分歧,杰斐逊认为多数原则是人民行使权利的重要保证,为此,共和国的第一原则,就是坚持少数服从多数的民主原则。如果背离了这个原则,就会产生专制主义。为了保障人民参政的实现,杰斐逊提出了"人民监督"的思想。他主张:"人民在选出代表后,必须经常监督自己的代表,有权随时撤换每一个不称职的代表,甚至可以在形式上或职能上改变代表的组织。"[1]只有这样,才能够防止如拿破仑和恺撒那样的人夺走人民的权利。

三、分区民主制

杰斐逊为了启发个人的道德意识和实现人的社会本性,设计了一种理想的公民社会,这种公民社会存在于古典式的分区民主制性质的"小型共和国"之中。杰斐逊的分区管理理论包含三个方面的内容,即公共教育、政治生活与经济生活。分区民主制的每一个方面需要其他方面的充分表达,而且它们合并在一起还产生一种辩证地调和民众与精英集团、统治者与被统治者关系的领导权观念,同时还提供了一种直接导入杰斐逊的美国联邦制概念的政治代表的理论。杰斐逊的分区民主制理论体现于1816年2月2日致约瑟夫·C.卡贝尔的一封信中。

(一)普及公共教育,维护政治正义

杰斐逊为了当时在弗吉尼亚普及公共教育,提议建立公共教育模式。他主张把每一个县划分为区或者有足够的面积和人口的"分区",以维持一所小学,再往上一个层次的公共教育形式是县级设立的普通中学。杰斐逊建立了一种教育激励机制,即每一年对那些完成小学课程的学生举行公正的考试,以便选拔其中品学兼优的付不起学费的学生进入普通中学享受公费教育。在这一精英群体的毕业生中,将有百分之五十的更出类拔萃者在进入大学后继续由公费支助。集体合力开发个人的与生俱来的那些能力是这种精心设计的教育体系的最终目的,从而借此构建一个更加和谐、公正的社会[2]。杰斐逊相信,在这种教育体系中"预设着未来秩序的最重要的基础"。

因此,杰斐逊所提出的针对本来秩序的普遍的公共教育设想不只是为了

---

[1] 徐大同主编:《西方政治思想史》(第四版),天津教育出版社2005年版,第216页。
[2] [美]肯尼思·W.汤普森编,张志铭译:《宪法的政治理论》,生活·读书·新知三联书店1997年版,第127页。

给个人提供平等机会(如同人们后来所理解的那样),他还打算用它去服务公众利益。在杰斐逊看来,普及教育会使人们增强判断力,以保证各阶层的公共幸福。如他在一封于1810年5月26日致约翰·泰勒的信中指出:"普及教育的措施,会使每一个人都能够自己判断什么东西能保障或危及他的自由。"[1]

总之,杰斐逊对于普及教育的关心体现为,鼓励民众自治、培养具有智慧和美德的领导人以及把教师视为有助于这些政治目的实现的因素,其最终目的是维护政治正义,使自由与民主掌握在人民自己手中。

(二)公民直接参政,维护共和体自治

杰斐逊的"小共和体"与亚里士多德描述的希腊城邦有颇多的相似之处,后者也力图通过公民直接参与地方社会共同体的生活去实现人的社会本性。因此,古典式的共和国在范围和人口数量上必定是有限的,杰斐逊则通过划分出一些小型的分区共和体,使古典式共和国适合于美国。

杰斐逊是小型共和体的有力支持者,并且以分区民主制的形式详细分析了其特征。他在1824年6月5日致约翰·卡特莱特少校的一封信中指出:"每个区本身就是一个小共和国,而国内的每一个人这样就成为共同管理机构的一名代理成员,亲身处理它的大部分权利和义务,固然是从属的,却很重要,而且完全在他的权限之内。人的才智不可能为一个自由、耐久而管理完善的共和国设计出一个更为坚实的基础。"[2]

杰斐逊于1813年10月28日致约翰·亚当斯的信中指出了分区所管理事务的功能:"我的建议的进一步的目的,便是把它们最能胜任的那部分自治权授给这些区,委托他们照看穷人、道路,执行警察和选举工作,提名陪审员,审判小型司法案件,对民兵实行初级训练。简言之,就是使每个区都成为小共和国,由监察人领导每一个区,由于区的全部事务都在居民的眼皮底下,所以他们管理得比县或州等更大的共和国更好。各区的监察人在全州范围内在同一天发出召开区大会的普遍号召,会在任何时候使人民对于要求解决的任何问题提出真诚的意见,并且会使得该州整个地行动起来,正如贵州的人民时常通过市镇大会做的那样,并且那样有效率。宗教自由法,作为这个制

---

[1] [美]梅利尔·D.彼得森著,刘祚昌、邓红风译:《杰斐逊集》,生活·读书·新知三联书店1993年版,第1429页。
[2] [美]梅利尔·D.彼得森著,刘祚昌、邓红风译:《杰斐逊集》,生活·读书·新知三联书店1993年版,第1757页。

度的一部分,已经取缔了牧师贵族,恢复了公民的思想自由,而关于废除继承限定和长子继承的法律培养了公民的地位平等意识;关于教育的法律会提高人民群众为他们的安全及有秩序的政府所必需的高尚的道德品质,并且会实现使他们有能力选举真正的贵族来管理政府以排斥伪贵族的伟大目标。"[1]

在杰斐逊看来,分区民主制对地方政治生活的直接参与引发了公民对其所在共同体的热爱以及其公德心,同时,他还把分区的小范围当作有助于公众思考和公民愿望生长的因素,理由是他屡次要求"把你们的立法机关的人数减少到能够充分但有秩序的讨论的适当程度"。除了培养公民的情感和理智,古典式的分享民主制还将防止国家蜕化到实施暴政的地步[2]。杰斐逊认为,分区民主制保障个人的权利,使分区的成员为了自己的权利而拼死抗争,以达到抵制暴政的效果。

(三)推动经济改革,以巩固小型共和体

杰斐逊参加费城第二次大陆会议回来后不久,就在弗吉尼亚提出经济改革的主张,他把这种改革看作他的分区民主制观念的组成部分。这种经济改革的各项政策为共同体的公民履行他们的社会职责和义务提供了自足而独立的物质条件,由此就支持了杰斐逊的教育和政治构造。杰斐逊的弗吉尼亚改革计划通过两个方面达到上述目的:其一,消除寡头政治集团对财富的聚集以及对政治活动的排他性的把持;其二,与此同时提高公民群体的经济独立程度,使公民们有能力和有兴趣进行政治参与[3]。

为了摧毁寡头政治集团对财富的垄断,杰斐逊采取了废除长子继承权和限制继承权的法律措施。但是,其他那些贵族的批判者只是希望通过把寡头政治集团的权力和财富转移到他们自己手中,以取消这一集团的支配地位,而杰斐逊与他们不同,他提出在所有人口中重新分配地产。在杰斐逊看来,这种给予众人生存资料所有权的做法必然对巩固民众参与共和政体有好处,正如杰斐逊于1813年10月28日致约翰·亚当斯的信中指出:"在这里,每一个人都可以有土地供自己劳作,如果他愿意的话。或者,如果他愿意从事

---

[1] [美]梅利尔·D.彼得森著,刘祚昌、邓红风译:《杰斐逊集》,生活·读书·新知三联书店1993年版,第1530页。

[2] [美]肯尼思·W.汤普森编,张志铭译:《宪法的政治理论》,生活·读书·新知三联书店1997年版,第132页。

[3] [美]肯尼思·W.汤普森编,张志铭译:《宪法的政治理论》,生活·读书·新知三联书店1997年版,第135页。

任何其他职业，他可以为此而要求赔偿，这笔赔偿费不但足够过一种舒适的生活，而且可供老年退休的生活费。"[1]杰斐逊不愿意使政治权力移交给愚昧无知且穷困潦倒的群众，他把这些人称为由于无知、贫穷和恶习而变得堕落的城市群氓。然而，杰斐逊并没有把这些不幸的群众的存在当作反民主政策的根据；相反，他把这样的人的存在当作教育群众，使他们适合于民主政治的最好理由。他认为美国存在的民主制，假如有适当的教育、政治和经济的基础，将是地球上最稳定、最具美德、最自由的制度。而且，这种民主制的基础在分区共和体中的那一部分，在美国通过一种自然贵族的领导和代表，不可避免地会使分区共和体扩展为县级共和体、州县共和体和联邦共和国[2]。

第三节　汉密尔顿的效能行政理论：管理主义之初始

亚历山大·汉密尔顿(Alexander Hamilton)是美国的开国元勋之一，宪法的起草人之一，财经专家，美国第一任财政部部长，美国政党制度的创建者。汉密尔顿的行政理论主要集中于《联邦党人文集》之中，他主张建立一个强大的中央政府，并赋予行政部门以强大的权力。著名行政学家怀特曾指出汉密尔顿的思想来源于联邦主义的精英主义、国家主义倾向。他认为："联邦主义对行政部门的偏爱，为其不信任人民的忠实反映，他们对合理公共政策智识上的认知是：仅能来自受良好教育、训练和有广博经验的人——来自上层阶级。"[3]这与杰斐逊的小共和体的思想是针锋相对的。

汉密尔顿的公共行政理论在某种程度上是管理主义范式的思想来源，因此，有必要对其公共行政的理论观点作一详细的阐释。

一、基于性恶论的政府贵族化取向

任何一门学科研究的理论假设都绕不过一个永恒的经典话题，这就是人性。汉密尔顿在他的演讲与写作过程中，曾多次阐明了人性思想。与别人不

---

〔1〕[美]梅利尔·D.彼得森著，刘祚昌、邓红风译：《杰斐逊集》，生活·读书·新知三联书店1993年版，第1531页。

〔2〕[美]肯尼思·W.汤普森编，张志铭译：《宪法的政治理论》，生活·读书·新知三联书店1997年版，第136页。

〔3〕Leonard D. White. The Federalist: A Study in Administrative History. New York: MacMillan, 1948, p. 510.

同的是，汉密尔顿把他的人性思想引入了政府管理领域。汉密尔顿是一个现实主义者，他认为，"总的来说，人是邪恶的"[1]。在汉密尔顿看来，政治上我们必须假定每个人都是一个恶棍，这一点是与休谟相一致的。此外，汉密尔顿还认为人一般是具有强烈的权力欲望的，"对权力的热衷存在于绝大多数人心里，而一朝得到权力，便容易被滥用，只要存在权力的地方，对权力的角逐将永不停息"[2]。在汉密尔顿看来，自私自利是人类大多数人的秉性，必须用强有力的、高度集权的国家机器对这些自私、野蛮的人实行镇压和控制，否则，社会就会陷入混乱之中[3]。

基于人性恶的考虑，汉密尔顿对美国松散的联邦体制忧心忡忡，他呼吁在美国实现中央集权，以建立强大的联邦政府，从而使新独立的诸州能够步调一致，共同抵抗外敌，增进共同利益。另外，汉密尔顿以"人性邪恶"为理论基点，将人划分为两类，即"少数人"和"多数人"。他认为作为多数人的人民大众往往少有判断是非的能力，且他们反复无常，蛮横无理，热衷破坏，乐于战争。而作为少数人的富有的和闻名的贵族往往善于决断，富有理性和知识，严肃认真，通情达理。因此，他主张让少数富人和出自名门的人来执掌国家政权[4]。这不仅表达了他对政府管理体制的设想，而且体现了其行政贵族化倾向。

汉密尔顿的政府贵族化取向起初体现于其1787年6月18日在费城制宪会议上所作的演说。当时，会议的议程显然在大州和小州之间有关代表问题的争议上陷入僵局。汉密尔顿通过提出什么是最好的政治秩序这一问题，努力把争论推向一些更深刻的思考，在此过程中，他宣称自己羡慕英国宪制有自己的一群贵族和自己的君主。据报道，汉密尔顿说他对能否在如此广阔的地域范围里建立一种共和政体不抱任何希望。同时，他感觉到提议任何其他政体形式，都会是不明智的。他个人的意见是，英国政体是世界上最好的。他进而赞扬英国上院的作用，说："他们的贵族院是一种最高尚的机构。贵族们凭借其忠实于国家利益的性质，并不会通过一种变革和一种充分的利害关

---

[1] Harold C. Syrett, Jacob E. Cooke. The Papers of Alexander Hamilton 1961—1987, Vol. I. New York: Columbia University Press, 1967, p. 216.

[2] Harold C. Syrett, Jacob E. Cook. The Papers of Alexander Hamilton 1961—1987, Vol. I. New York: Columbia University Press, 1967, p. 126.

[3] 刘祚昌：《杰斐逊全传》，齐鲁书社2005年版，第339页。

[4] Louis Morton Hacker. Alexander Hamilton in the American Tradition. Westport, Conn: Greenwood Press, 1975, p. 115.

心去期待什么,因此,他们构成了一种抵制所有有害变革的永久的屏障,而不管试图变革的是国王还是平民院。"〔1〕

然而,汉密尔顿知道美国人绝对不会同意设立英国式的君主,就连华盛顿本人也不同意称王,因此,他建议总统和议员应该"在行为良好的时候"经选举担任。结果是,一个独立并富有活力的行政部门和一个出类拔萃的参议院很好地被设置起来以行使强大而稳固的领导权。这样一种政体仍然属于共和制性质,而非君主制性质,因为这些机构的任职者由民选而非世袭产生。

汉密尔顿在人性恶的观点上与杰斐逊具有相似之处,与杰斐逊不同的是,他认为人民大众往往少有判断是非的能力,且他们反复无常,蛮横无理,热衷破坏,乐于战争,因此民众是不可靠的。杰斐逊也把一些贫穷的、无知的民众看成是群氓,但他认为这些群众是可以通过教育的方式加以引导的,因此杰斐逊对民众统治是有信心的。而汉密尔顿认为人性恶的事实是难以通过教育的方式加以改变的,因此,他十分蔑视诉诸民情的做法,并且一贯使自己处于与日益高涨的民主潮流相反的立场。他说,他不会屈服于"民众的威严"。相反,他的听众是社会上通情达理、严肃认真、富有成就的"富有而出身高贵者"。然而,在这一部分人之上是一群更为孤傲排外的人:由对荣誉的渴望,也即"最高贵心灵的统治热情"所驱动的少数人。由于渴望荣誉、自私自利和自我膨胀的动机被转化为服务于公众的动机,他们赢得了子孙后代的永久怀念。汉密尔顿关于总统职位和美国经济的设计,是要为这样一些人提供尽其所能的余地。正如汤普森所言:"汉密尔顿心目中的那位政治家由于其能力、远见和高尚的情操而处于统率地位,他远在普遍民众和经济精英之上。"〔2〕

汉密尔顿绝非一名传统意义上的政府贵族论者,即他并非想建立一个封建君主式的专制国家,他所捍卫的是一种有朝气、专注于稳定而非专制的具有美国特色的政治秩序。这种政治秩序的建立要依赖于有能力和才智的贵族政治,而不是传统以世袭为特征的贵族化政治。尽管如此,汉密尔顿的这种政府贵族化思想还是遭到了许多人的强烈反对。特别是在华盛顿第一届总统任期届满以前,汉密尔顿被斥责为"独裁者"和民众之敌;杰斐逊则把他

---

〔1〕[美]肯尼思·W.汤普森编,张志铭译:《宪法的政治理论》,生活·读书·新知三联书店1997年版,第103页。

〔2〕[美]肯尼思·W.汤普森编,张志铭译:《宪法的政治理论》,生活·读书·新知三联书店1997年版,第104-105页。

在1800年的竞选说成是第二次美国革命,在这次革命中,民众再一次摆脱了居支配地位的少数人的统治。在此后的五十年里,汉密尔顿的名字成了那种认为民众没有足够的智慧去统治他们自己的见解的同义语。

与作为一名伟大的革命精神领袖之化身的杰斐逊相比,汉密尔顿是一名更加务实的政治家。托马斯·伍德罗·威尔逊认为汉密尔顿不仅是一位比杰斐逊能干得多的政治家,而且是一位极其伟大的人,但他却不是一位伟大的美国人,原因就在于他的精英统治论。在威尔逊看来,汉密尔顿的精英集团构成了一种特别危险的"特殊利益群体",这一群体的活动必须公之于众并加以制约。威尔逊认为自己在这一点上反倒与林肯一致,因为林肯相信"美国民众比在这个国家范围内的任何一群人都能更好地理解他们自己的利益"。然而,人们可能会问:这位把自己置于一场使世界有利于民主的伟大的十字军远征前列的人物,自己是否超脱于汉密尔顿所说的对荣誉的渴望了呢?[1]

二、强有力的行政部门

众所周知,汉密尔顿在制宪会议上的介入是为了建立一种强大、独立和富有活力的行政部门。他在1787年6月18日所作的演说,是对弗吉尼亚计划中规定建立一种由国家立法部门选择、任职年限不定的国家行政部门的反映,也是对新泽西计划中规定建立一种行政院的反映,在汉密尔顿看来,这两者都没有正确评价行政部门在稳定美国动荡的局势上所能发挥的功能。通过设立一种独立于立法部门和联合体的行政部门,制定者们就能提供一种与民众和立法部门的激情相抗衡的强大力量。汉密尔顿对当时普遍存在的强有力的行政部门是同共和政体的本质不相符合的这一观点进行了批判。他认为,拥护共和政体的有识之士至少希望此种假设并无根据可言,因为,如果承认这种观点,就必然否定了他们所主张的原则。行政部门强而有力是决定行政管理完善的首要因素。舍此,不能保证稳定地执行法律;不能保卫社会免遭外国的进攻;不能保障自由以抵御帮派、野心家、无政府状态的明枪与暗箭;不能保障财产以抵制联合起来破坏正常司法的巧取与豪夺[2]。为了论

---

〔1〕 [美]肯尼思·W.汤普森编,张志铭译:《宪法的政治理论》,生活·读书·新知三联书店1997年版,第105-106页。

〔2〕 [美]汉密尔顿、杰伊、麦迪逊著,程逢如、在汉、舒逊译:《联邦党人文集》,商务印书馆1980年版,第356页。

证上述观点,汉密尔顿还列举了罗马的历史,指出当时的共和政体曾不得不多次寻求独裁者的权力保护,一方面要制止外敌入侵并毁灭罗马的威胁,并防止社会某些阶级威胁统治秩序的事件发生,另一方面要预防和制止野心家篡政夺权的阴谋。

在汉密尔顿看来,"软弱无力的行政部门必然造成软弱无力的行政管理,而软弱无力无非是管理不善的另一种说法而已;管理不善的政府,不论理论上有何说辞,在实践上就是个坏政府"[1]。为此,汉密尔顿主张行政部门强而有力。此外,他还认为稳定、统一、足够的权力和充分的法律支持是行政部门强而有力的四大因素[2]。在汉密尔顿看来,即使是立场最坚定、最具号召力的政治家,也曾力主单一化的行政首脑与庞大的立法机构长期并存。他们十分赞同作为一名行政首脑的首要条件是富有强力,且权力应集中于一人掌管。在汉密尔顿看来,凡是两个或以上人从事共同的事业,难免在政见方面有分歧。为此,他强调行政部门应该在权力方面统一。在他看来,统一才有力量,与多人行事相比,一人行事在灵活、决断、及时、保密等方面要优越得多[3]。汉密尔顿还指出行政部门权力统一性可能会在两种情形下遭到破坏:一是把权力由具有同等地位和权威的两个或更多的人分别掌管;二是名义上把权力托给一个人,以使权力部分地或全部地置于具有咨议身份的其他人的控制之下,或者必须与后者合作。前一种情况,罗马的两名参议可以视为一例;后一种情况,我们可以从各州宪法中找到实例。

为了论证行政部门权力统一的合理性,汉密尔顿强调行政首脑不宜一职多人。他认为希腊人曾经实验两名执政,最终被迫舍二求一。罗马史上记载了多次有害于共和的参政间的分歧,以及代替参政执政的军事护民官间之分歧。罗马史却提供不出任何样本,足以说明行政长官一职多人对于国家会有任何具体的好处。贵族为了保持其传统权势和地位而同平民进行持续不断的斗争,除了团结的动机之外,在罗马扩张帝国版图之后,参政之间往往被迫将行政管理按地区分割。

---

[1] [美]汉密尔顿、杰伊、麦迪逊著,程逢如、在汉、舒逊译:《联邦党人文集》,商务印书馆1980年版,第356页。

[2] [美]汉密尔顿、杰伊、麦迪逊著,程逢如、在汉、舒逊译:《联邦党人文集》,商务印书馆1980年版,第356页。

[3] [美]汉密尔顿、杰伊、麦迪逊著,程逢如、在汉、舒逊译:《联邦党人文集》,商务印书馆1980年版,第357页。

三、强大的总统权力

汉密尔顿强调总统应该是具有强大的权力的,为此,他对总统应管理的事务进行了说明。他认为政府的管理从广义上讲是包括立法、行政与司法在内的一切国务活动,但从狭义上讲则限于行政细节,归属于行政部门的范畴。总统所管理的事务应包括根据议会的一般拨款而运用和支付公款、配置陆海军、指挥战争活动。[1]

汉密尔顿对总统权力的强调主要体现为总统选举、总统权力与总统任期上。

首先,主张总统选举的超脱性。在汉密尔顿看来,共和政体最危险的敌人在于结党营私、阴谋诡计与贪污腐化。选举者相互勾结把自己的傀儡抬上联邦总统的宝座,以达到不可告人的目的。然而,制宪会议已经对此予以最为精明、敏锐的注意,预防一切这类危险。制宪会议使得总统的任命不能够依靠任何现成的组织。此外,制宪会议还规定,凡依据事实情况被质疑曾过分效忠于现任总统的人,均取消其选举的资格。汉密尔顿认为除非全体人民均被收买,直接进行选举的代理人将至少可以不带任何邪恶偏见来开始从事此项任务。选举人团成员的临时性质,以及其各自分离的情况,将足以保证他们继续不带偏见直至任务终结。对这样相当众多的人,要想加以腐化是需要时间和金钱的。在选举过程中,各州人民选出一定人数充当选举人,其数目与各州在全国政府中参众议员人数相等。选举人在本州内集会,就适于出任总统的人选进行投票。所投的选票被送往首都进行统计,得票最多者就会当选为总统。在汉密尔顿看来,这一选举程序能够提供可靠保证,使总统的职务不会落入心怀私念的人手里,从而保证了总统选举的公平性与超脱性。

其次,强调赋予总统强大的权力。汉密尔顿认为,"总统为合众国陆、海军总司令,并统辖为合众国服役而征调之各州民团。总统有权减缓和赦免触犯合众国之罪犯,唯弹劾案不在此列;提出其认为必要而妥善之措施提请国会审议;在非常情况下得召开国会两院或一院之会议,两院对休会时间意见不一时,得指令两院休会至其认为适当时期为止;监督法律之忠实施行;委任

---

〔1〕 [美]汉密尔顿、杰伊、麦迪逊著,程逢如、在汉、舒逊译:《联邦党人文集》,商务印书馆1980年版,第367页。

合众国之一切官员"[1]。"总统有权在征得参议院之意见并取得其同意时缔结条约,唯需有出席参议员的三分之二予以认可。"[2]"总统还规定有权接受大使及其他外国使节。"[3]"总统将提名,并在征得参议员之意见并取得其同意后,任命大使及其他驻外使节、最高法院法官,以及合众国一般依法设置但其委任在宪法中又无其他规定的一切官员。"[4]可见,汉密尔顿所描述的总统管理的事务涉及方方面面,权力是十分强大的。

最后,主张总统连任,维护政务的连续性。汉密尔顿认为,一些规定总统任职持续一定时期,然后在某一期限之内甚或永久不准连任的看法不仅是毫无根据的,而且是十分有害的。他提出了不准连任会产生的五大不良后果:一是在于可能造成假公济私,导致邪念的产生以及在某种情况下的擅权侵吞;二是减少了要求表现好的动力;三是国家的安全与利益可能因某人之在位有重大影响之际,且当国家处于紧急情况下,却须将其撤换而遭到破坏和损失;四是社会被剥夺受益于担任国家最高行政职位的人在任期中积累的经验的机会;五是形成行政稳定的宪法阻力[5]。对总统连任的强调,不仅维护了政务的连续性,而且在某种程度上提高了总统的实质性权力。

第四节 两派争论之核心:政治正义与政府效率

托马斯·杰斐逊和亚历山大·汉密尔顿分别作为"共和党人"和"联邦党人"两派的领袖人物,无论是在政治经济制度、国家体制,还是在思想文化方面,两人在美国史上都留下了深刻的印记。然而,这两位政治家之间的政见大相径庭,在笔者看来,其分歧的核心在于政治正义与政府效率的冲突。其中杰斐逊的观点倾向于政治正义,而汉密尔顿的观点则倾向于政府效率。

---

[1] [美]汉密尔顿、杰伊、麦迪逊著,程逢如、以汉、舒逊译:《联邦党人文集》,商务印书馆1980年版,第351页。

[2] [美]汉密尔顿、杰伊、麦迪逊著,程逢如、在汉、舒逊译:《联邦党人文集》,商务印书馆1980年版,第352页。

[3] [美]汉密尔顿、杰伊、麦迪逊著,程逢如、在汉、舒逊译:《联邦党人文集》,商务印书馆1980年版,第353页。

[4] [美]汉密尔顿、杰伊、麦迪逊著,程逢如、在汉、舒逊译:《联邦党人文集》,商务印书馆1980年版,第353-354页。

[5] [美]汉密尔顿、杰伊、麦迪逊著,程逢如、在汉、舒逊译:《联邦党人文集》,商务印书馆1980年版,第368-370页。

联邦政府的组成人员中,作为财政部部长的汉密尔顿实际上起着类似首相的作用。在他的一套政策与行为模式中,最重要的莫过于主张建立一个有力量有权威的中央政府。他将自己的政治信念概括为:"第一,为了国家的尊严和幸福,必须建立联邦;第二,为了保持联邦必须有一个有效的政府。"[1]在汉密尔顿看来,政府权力过多会导致专制,权力太少会导致无政府状态。而两者对人民来说都极具毁灭性。他以英国的财政措施为依据制定财政政策既是为了结束财政方面的混乱状态,又是为了建立一个强大的联邦政府。为此,他主张扩大联邦政府的权力,提高资产阶级尤其是东北部的商业主以及制造业者的利益,从而在某种程度上忽视南部的种植园主、农民以及其他小生产者的利益。他试图将联邦政府的成功运作与他的政治经济利益紧密结合起来,从而利用这个阶级的众多精英来强化联邦政府的统治地位。

与这种观点针锋相对的是从法国归来任职的杰斐逊,他受法国启蒙思想家孟德斯鸠、卢梭的影响,相信天赋人权说,痛恨君主制,并认为当政府损害了人民的利益时,人民可以揭竿而起,推翻政府的统治。杰斐逊反对汉密尔顿少数人掌权的观点。他认为,人民是唯一诚实、可靠的。杰斐逊十分重视人民大众的教育,认为普及大众教育就会使人民变得智慧完美,这和汉密尔顿强调少数人具有学识和理性的观点大不相同。因此,在政府体制上,他坚决反对中央政府集权,主张实行邦联制,把权力下放到州政府。在杰斐逊看来,地方自治的实践是顺应美国的本土条件发展起来的,是民主需要的结果。从美国和欧洲实践的鲜明对比中,他推导出一条根本原则,即好的政府产生于对公共事务的共同兴趣,而这样一种共同兴趣只有在活动场所有限制的情况下才是可能的。把政府与人民分离开来,或凌驾于人民之上,公众便会因感到徒劳无益而失去兴趣。公众对遥远和陌生事物的冷漠极易使一种强加的主权变成暴政。杰斐逊从来不很关心稳定的政府,而极其关心负责任的政府——它应该忠诚于大多数人的意志。他不信奉政治国家。他不敬仰既定法律和秩序。他要追问让他接受的那种法律和秩序是正义的还是非正义的[2]。在杰斐逊看来,管得最少的政府才是最好的政府。杰斐逊强调自由民主的农业社会才是理想社会,这种理想社会主要由农民和手工业者组成,

---

[1] 张友伦、陆镜生、李青等:《美国通史:第2卷 美国的独立和初步繁荣 1775—1860》,人民出版社2002年版,第76页。

[2] [美]沃浓·路易·帕灵顿著,陈永国译:《美国思想史:1620—1920》,吉林人民出版社2002年版,第306页。

在杰斐逊看来,农民是最有活力、最富有独立性、最善良的,是与国家的自由和利益合为一体的。杰斐逊认为只有保持美国的农业社会才能避免在美国发生欧洲资本主义工业兴起产生的罪恶和贫富悬殊。

汉密尔顿与杰斐逊之争,从根本上说,是围绕着政治正义与政府效率的争论。杰斐逊希望分散权力,汉密尔顿则希望集中权力;杰斐逊担心暴政和珍爱自由,汉密尔顿担心会出现无政府状况和珍爱秩序;杰斐逊相信,若无民主的基础共和制就难以实现,汉密尔顿相信,在统治阶级领导下的共和体制才能取得成功。

杰斐逊与汉密尔顿之争,体现在公共行政领域的一个最大的特点在于杰斐逊主张建立一个弱势的行政首长,而汉密尔顿则主张建立一个强势的行政首长。在汉密尔顿看来,一个弱势的行政长官意味着弱势政府行政,弱势行政仅仅是不良行政的另一个术语,而且一个政府运行不良,在实际中,必定是不好的政府。除了强势行政首长理念外,汉密尔顿还倡导一个非常强势的官僚体制。他呼吁给部门主管的报酬要格外好,而且他们要拥有实权,最后他们的任期要长于任命他们的行政首长的任期[1]。

可以看出,基于政府效率考虑的集中统一是汉密尔顿所推崇的公共哲学。公共行政发展的工具理性取向正是受汉密尔顿影响,并对美国以后的公共行政的管理主义的产生奠定了理论基础。盖瑞·L.华斯雷(Gary L. Wamsley)和詹姆斯·F.沃夫(James F. Wolf)认为:"汉密尔顿的公共哲学对行政预算运动、进步主义运动、传统公共行政运动、威尔逊与古德诺的政治-行政二分法以及当今的政府改革运动影响深远。"[2]甚至有的学者坦言:"亚历山大·汉密尔顿在很大程度上是美国行政国的奠基人。"[3]

与汉密尔顿强调通过集中统一来提高政府效率的公共哲学相比,政治正义则是杰斐逊所提倡的公共哲学。杰斐逊认为,坚持汉密尔顿的政府权力强大与集中的观点,我们丢掉了社会和政府的联系,而这样的联系是在民众以

---

〔1〕[美]尼古拉斯·亨利著,张昕等译:《公共行政与公共事务》(第八版),中国人民大学出版社2002年版,第8页。

〔2〕Gary L. Wamsley, James F. Wolf. Refounding Democratic Public Administration: Modern Paradoxes, Postmodern Challenges. Thousand Oaks, CA: Sage Publication, 1996, p. 372.

〔3〕Paul van Riper. The American Administrative State: Wilson and the Founders—An Unorthodox View[J]. Public Administration Review, 1983, 43(6), p. 480.

及政府和民众之间建立个人和有意义关系的基础[1]。杰斐逊对地方主义和自由民的民主政体十分赞美,甚至有点浪漫化,他把这种民主政体作为美国政治试验的核心。对美国公共行政形成时期有研究的一位权威人士认为杰斐逊持有针对普通男人和女人完美性的信念,因此最好的政府就是能够让人民大众广泛参与的政府。杰斐逊强调的是弱势行政首长,其奉行的是一种制约型的民主公共行政。这种思想对美国以后的公共行政影响十分深远。19世纪的大部分时间内,不干涉主义和安德鲁·杰克逊民主主义的盛行,使美国社会实际上处于杰斐逊的民主思想控制之下。

值得一提的是,针对过度制约总统权力是否会使联邦政府在国际事务中陷入僵化,一位杰出的学者认为,杰斐逊对官僚体制的极端不信任部分地解释了总统的一种行动准则,即在外交事务上采取积极主动的方式,而在国内事务上,则要与国会分享权力。通过对杰斐逊进行历史性的考察,我们发现,杰斐逊对强势的行政制的保留与对弱势行政首长的偏爱的一个标志是,他是唯一没有对国会的任何议案投过反对票的总统。然而,在对待国际事务上,杰斐逊则表现出一种强势行政首长的风格,如在购买路易斯安那州的事情上,杰斐逊是独自专断的,他使得美国的国土面积增加了一倍多。可见弱势首长制所影响的可能只是国家内部事务,而不是国际事务,这种独特性导致了一种二律背反:杰斐逊既是一个弱势的、国家事务的行政首长,又是一个有力量的、全球事务的强势行政首长。这也许是美国的一种国际主义战略所造成的独特现象吧。

总之,杰斐逊与汉密尔顿之争成为美国公共行政中民主主义与管理主义的冲突的开端,其实质是政治正义与政府效率的较量,主要体现为联邦权和州权、中央集权与分权的角逐。虽然汉密尔顿最终以完败而告终,从而使政治正义对于政府效率取得了优先的态势,但基于政府效率的管理主义从来就没有在美国政府实践中销声匿迹,并不断与基于政治正义的民主主义进行角逐,并在美国公共行政实践的大部分时间内取得了优先地位。

---

[1] Gary L. Wamsley, James F. Wolf. Refounding Democratic Public Administration: Modern Paradoxes, Postmodern Challenges. Thousand Oaks, CA: Sage Publication,1996, pp. 374-375.

第四章

政府效率优先于政治正义：传统管理主义之主导地位

随着美国公共行政的发展，基于政治正义的民主主义与基于政府效率的管理主义的冲突在不断上演。二者在斗争中的地位呈交替式发展的态势，直到19世纪末，管理主义最终取得了压倒性的优势。本章主要介绍19世纪初到20世纪30年代之前在美国现代化进程中，公共行政中的民主主义与管理主义的冲突过程，以及基于政府效率的管理主义最终取得优先地位的时代背景与原因。

第一节 美国现代化发展中政治正义与政府效率之冲突

正如上一章所述，从美国建国至19世纪初之前，由于当时对政治体制与政治原则的关注甚于政府效率本身，公共行政中政治正义在与政府效率的竞争中处于优势的地位，因而管理主义在这一时期与民主主义的冲突过程中处于劣势地位。尽管如此，在之后美国的政府实践中，由于受到时代发展及各种因素的影响，政治正义与政府效率的冲突仍在继续，并呈现出两大范式交替式发展的态势。

一、1809—1812：政治正义的延续与联邦党的瓦解

麦迪逊继杰斐逊之后，于1809年3月4日成为美国的第四任总统。麦迪逊是制宪会议的理论家，被认为是建国"元勋"中最后一位总统。麦迪逊上任之后，在内外方针上仍然坚持杰斐逊时期民主共和党的主张，从而使得公共行政中的政治正义传统得到了延续。麦迪逊执政时，在商业问题上，美国与英国的意见不合，并因此产生了激烈的矛盾，甚至到了濒临战争的地步。当时对于英国的蛮横态度，美国国内的意见不一，主要分为主战与主和两个派别。主战派除了南部和西部种植园主之外，还有与他们有一定的经济关系的东部商业资产阶级，执政的民主共和党则是他们利益的代表。主和派有与英国工业密切相关的航运业资产阶级、东北部的商业资产阶级，一向亲英的联邦党则是他们利益的代表。在杰斐逊时代，当时联邦党的主要势力集中在新英格兰地区，在全国的影响力早已大不如前。1814年12月，在康涅狄格州的哈特福德，新英格兰的联邦党人为了抗议政府对英开战而召开会议，建议成立新英格兰联盟，并商讨召集各州修改联邦宪法。最后，新英格兰的联邦党人中的稳健派控制会议，通过的决议要求修正联邦宪法，其中包括：(1) 保护人民不受宪法未授权的强行征兵；(2) 在新英格兰地区征收的税收必须用于该地区的防卫事务；(3) 建立一个独立于联邦的州际军事联防机制；(4) 修改联邦宪法，规定联邦税收和众议院名额分配的比例只能按各州自由人口的总数计算，不能包括奴隶；(5) 联邦政府只有在国会两院各自三分之二多数议员的同意下才能实行60天以上的商业禁运、对外宣战、限制对外贸易和接纳新州；(6) 联邦政府的职位只限于由在美国出生的人来担任；(7) 联邦总统不能连任，严禁从同一州连续选举总统等[1]。通过联邦党人的修宪要求我们不难看出，当时的民主共和党与联邦党之间存在着较大的政治分歧，此外，联邦权与州权之间的竞争也是十分激烈的。联邦党人在哈特福德的修宪会议直至1815年1月才结束，会议的成果就是《根特和约》。然而，在新奥尔良传来了杰克逊将军胜利的消息，无疑重重打击了联邦党的士气，使哈特福德会议成果付之东流。联邦党自此以后，无力再与民主共和党一争高下，并逐渐退出了历史舞台。

---

[1] Donald R. Hickey. The War of 1812: The Forgotten Conflict. Urbana: University of Illinois Press, 1989, pp. 277-278.

二、1813—1828：政府效率的复兴与联邦党精神的复活

1812年战争之后，虽然民主共和党人掌控着美国的大权，但在党派内部出现了政治分歧。肯塔基州的亨利·克莱等新生代的民主共和党人大力鼓吹"美国体系"的经济发展思想，完全背弃了杰斐逊式的立宪主张，他们建议联邦政府出资兴建基础工程，主张振兴美国的国内工业和商业，并利用国家的力量给予工业和商业支持，如修建联结各州的军用和民用道路、桥梁和运河等，开发自然资源，为西部的经济发展和其与全国经济联网创造必要的条件。此外，他们还建议恢复1811年终止运行的合众国银行，减少美国经济对外国的依靠，由国家财政补贴商业和工业开发，保护美国国内的工业，实行高关税等。这些经济主张从某种程度上与当年汉密尔顿的经济主张是十分相似的。新生派的观点引起了轩然大波，并促使民主共和党内出现分化。一些自称杰斐逊信徒的老牌民主共和党人反对新生代的计划，坚持宪法没有授予联邦政府管理各州商业的权力，认为新生代的主张最终将损害普通美国人的平等权利，给土地投机者和有产阶级制造肥缺，使投机取巧的人首先得到发财的机会，从而建立起一个特权集团[1]。

然而，新生代的民主共和党人宣称宪法不仅给了联邦政府管理州际与对外贸易的权力，而且给了征税和为了公众利益花钱的权力以及为了通信和进行战争要修建邮路公路的权力，这些权力都可以作为联邦政府开发西部的宪法根据。此外，他们还认为建立关税是为了防止外国企业的竞争，属于联邦管理对外贸易的权力范围；征税修路和建立合众国银行都有利于全民经济的发展，这一切都是宪法原则允许的。

新生代主张的"美国计划"在很大程度上就是当年汉密尔顿财政计划的翻版，通过二者的对比不难发现，其有许多共同之处。由此可见，新生代的民主共和党人已经吸收了联邦党人思想的精髓，倡导中央集权化的方向，从而抛弃了当年杰斐逊的思想。在新老民主共和党人的争斗中，虽然各有胜负，最终还是新生代的民主共和党人胜出。1816年，第二个合众国银行法被国会通过，随后关税法也得到通过。詹姆斯·门罗于1817年就任总统后，为了巩固自己的执政地位，他对政府的权力进行了扩大，并在一定程度上限制了

---

[1] 王希：《原则与妥协：美国宪法的精神与实践》，北京大学出版社2000年版，第166-167页。

国会在经济发展方面的权力。

此外,司法审查权由时任联邦最高法院首席大法官马歇尔所创立,从而进一步推进了联邦政府的集权化。他认为最高法院对联邦法律的合法性裁决是十分必要的,这能够防止联邦法律和宪法发生冲突。另外,马歇尔在一系列法院判决中十分强调利用联邦法来限制州法,还特别注意对私营经济与政府的关系进行有效的协调。为了维护联邦的权威,他强调一旦出现州权和联邦权发生冲突的情况,应将联邦权力放在首要的位置。马歇尔强调联邦政府是一个绝对的真正的由人民组成的政府,无论从形式上还是内容上,(联邦)政府都是从人民中产生出来的,它的权力是人民赋予的,他必须为人民的福利服务。他认为,既然联邦政府的权力是有主权特性的,而宪法又允许联邦政府有权建立一切"必要的和合适的"法律,联邦政府就有权建立合众国银行。可见,在公共哲学观点上,马歇尔继承了汉密尔顿的思想,主张中央政府的集权化,并认为:"强大的中央政府可以为经济发展提供一个稳定的政治环境,而中央政府的巩固也可以通过发展私营经济来实现。"[1]

随后,以亚当斯-克莱派为核心的民主共和党人倡导的"美国体系"主张扶植工业的发展,抵制州权,建立强大的中央政府,这与汉密尔顿的联邦党的政治主张是相一致的。

三、1829—1836:政治正义的反击与杰克逊式民主时代

虽然联邦党已经不复存在,但联邦党人的政治主张在克莱所倡导的"美国体系"下得以复活。然而,到了安德鲁·杰克逊总统时期,情况又发生了根本性的改变,传统意义上的"权贵政治时代"已结束,联邦政府集权化的取向有了实质性的变革。1829年,随着杰克逊入主白宫,开启了所谓的"杰克逊民主"时代。在杰克逊的总统选举中,由于各州普选权的扩大,政治进一步公开化,广泛的民众基础使得政治的合法性得到了有效的提升,参加投票的人增加到1 155 000人,这比1824年的335 000人增加约2.4倍[2]。联邦权力过度集中的现象在基层选举权扩大的情况下得到改变,民主思想在杰克逊的推动下得以复活。此外,对于民主共和党人克莱等提倡的"美国体系",杰克

---

[1] 王希:《原则与妥协:美国宪法的精神与实践》,北京大学出版社2000年版,第178页。

[2] 张友伦、陆镜生、李青等:《美国通史:第2卷 美国的独立和初步繁荣 1775—1860》,人民出版社2002年版,第159页。

逊十分厌恶。在他看来,"美国体系"使得联邦政府建桥修路等合同为一部分人所攫取,他们捞到了许多诸如股票担保、政府补贴、免税等好处。许多人尤其是基层人民对分配不均的经济机会以及带来的收益不均产生了强烈的不满。在杰克逊看来,"平等权利"的共和原则被马歇尔和克莱等人的主张破坏。为此,杰克逊提出了建立以平民利益为主的联邦,保障中下阶层的利益,并铲除特权利益集团[1]。在公共哲学上,杰克逊关注平民百姓利益,强调权利平等,谴责旧式贵族政治和特权利益,这无疑是对杰斐逊基于政治正义的民主主义思想的继承。

"杰克逊的民主"主张要维护州权的地位,削弱联邦的集权色彩。然而,随着美国南北战争的爆发,杰克逊式的民主便在美国的政治舞台上消失了。内战结束之后,美国对南部地区进行了重建,基本上消除了种植园奴隶制度和奴隶主阶级寡头专政,从而使美国的联邦政府集权化程度不断提高。在此期间,宪法第十三、十四和十五条修正案扩大了联邦政府保护公民政治权利的权力,虽然州政府尚有一定的权力,但在很大程度上只能服从于联邦政府。这一点在宪法的第十四条修正案中表现得淋漓尽致。

总之,从19世纪初到19世纪中后期,美国延续了杰斐逊与汉密尔顿之争,联邦权与州权的角逐多次上演。扩大联邦政府的权力或者维护州政府与地方政府的权力、建立集权化或者分权化的政府体制是双方争论的核心问题。从深层次来看,围绕政府效率与政府正义的分歧是二者争论的实质。

第二节 时代的召唤:19世纪中后期美国对政府效率的诉求

美国内战以后,北部工业资产阶级掌握了联邦政权,向南部与西部纵深发展的资本主义市场,使美国19世纪最后40年的工业化进程快速发展。1860年,在主要资本主义国家中,美国工业生产总值不足英国工业总产值的1/2,位列第4位。然而,到了1890年,美国打破了英国工业的垄断地位,工业生产总值得到了快速提升,已跃居世界首位。美国工业增长率在这30余

---

[1] 王希:《原则与妥协:美国宪法的精神与实践》,北京大学出版社2000年版,第186页。

年间,在当时资本主义列强中位列第一,并一直保持着 4% 至 5% 的发展速度[1]。激烈的竞争和企业合并,出现了集约化的联合生产体制,企业组织结构发生重大变化,生产和资本逐渐集中,垄断资本由低级向较高层次不断发展。美国经济的高速发展与当时政府管理效率低下形成反差,从而使得公共管理领域的新问题不断呈现。

一、城市化发展与市政管理滞后的矛盾

美国作为世界上最先实现城市化的国家,在城市化进程中出现了两次高潮。1860 年至 1900 年,在全国总人口中,城市人口发展速度惊人,由 19.8% 上升到 39.6%。到了 1920 年,城市化率达到 51.2%,城市人口已经超过了农村人口[2]。不仅如此,大批移民和农村人口涌入城市,城市数量与规模不断扩大,并产生大量的就业机会。1910 年,美国城市居民有 4 200 万人,其中 1880 年后由农村进入城市的人口约有 1 100 万人[3]。此外,在城市所增加的人口中,1860 年至 1890 年,外来移民的比例高达 54%[4]。

然而,市政机构和城市管理体制的落后与美国城市的大规模兴起不相匹配。除新英格兰地区的市镇会议外,当时美国的绝大部分地区的市政机构还处于初创阶段。这主要是因为在 19 世纪末以前,美国联邦政府一直奉行的是自由放任主义,强调不干预企业活动,对城市事务也疏于管理,从未制定过全国统一的政策与法令;各州对城市的管理更是五花八门,或者由州议会分管,或者由市议会独揽;再加上美国城市化发展时间不长,城市的机构与管理人员往往缺乏管理经验,使得一些职业政客乘虚而入,在一个管理领域形成了权力"真空"。这些人对城市事务较为熟悉,但他们常常拉帮结伙,平日浪迹于街头巷尾。他们以某一大党为晋升之阶,通过党派机器把持市政,安插亲信,恩赐官职,操纵竞选。为了掩人耳目,他们当起了城市政府的"幕后老板",通过党派机器在幕后发号施令,并多半不出任显要公职。东北部大城市 19 世纪 60 年代首先出现了这一现象,随着南部和西部城市的兴起,到七八十

---

[1] 丁则民、黄仁伟、王旭等:《美国通史:第 3 卷 美国内战与镀金时代 1861—19 世纪末》,人民出版社 2002 年版,第 84 页。

[2] United States Bureau of the Census. Historical Statistics of the United States, Colonial Times to 1957. Washington, D. C.: U. S. Govt. Print, 1960, p. 7.

[3] Charles N. Glaab, A. Theodore Brown. A History of Urban America. New York: MacMillan, 1967, p. 136.

[4] 王旭:《美国城市史》,中国社会科学出版社 2000 年版,第 54 页。

年代后,全国各大城市也逐渐遭到这种不正之风的侵蚀。因此,城市政府在这一时期,基本上是在城市老板及其帮派势力的把持之下。这就是后来改革派所称的"无形政府"时期[1]。

城市的迅速发展,虽然让美国呈现出欣欣向荣的发展态势,但由于市政管理水平的低下,而产生了一系列的卫生、住房、交通等问题,科学的市政管理理论呼之欲出。

二、行政国家的发展与公共管理水平低下的矛盾

放任主义和消极主义是美国工业化革命时期普遍奉行的原则,政府往往承担着守夜人的角色,其职能局限于保卫国家免受侵略,维护社会秩序,保护个人财产等。然而,19世纪中叶以后,随着第二次科学技术革命的发生,资本积累以前所未有的速度向前发展,自由资本主义得到了快速的发展。在国民经济中重工业取代轻工业,取得了主导性的经济地位,在生产技术领域产生了重要的影响。到了19世纪末,资本主义垄断正式取代了自由竞争,经济发展的结构转型使得公共行政的任务日益增多。与此同时,经济的不断发展也带来了社会的不断分工,社会矛盾与问题也相应不断增多,甚至有时会产生各种矛盾冲突。正是基于此,政府不能再保持过去那种守夜人的角色,而应该主动介入公共管理当中,去解决当时公共领域出现的新情况与新问题。公共管理的范围也由原来较为简单的领域扩展到涉及交通运输、公用事业、邮政、教育、税收等方方面面。与公共管理事务增多相适应的是政府管理人员的数量也呈现出快速增长的态势,导致了"行政国家"的出现。如美国的政府雇员人数在1791年仅为4 479人,到1941年已突破百万人。在此种情形下,日益加剧的国际竞争,快速增长的贸易、税收负担、财政支出、政府行政费用,要求政府改变过去效率低下的状态,构建高效能的政府。这就需要改变过去的行政管理方法,并创建一门科学理论来对国家行政管理活动进行有效的指导,从而提升政府的管理效率[2]。

三、政党分肥制与基于功绩的文官制度之矛盾

政党分肥制在美国较为典型。约翰·亚当斯作为美国第二任总统,在卸

---

[1] 王旭:《美国城市史》,中国社会科学出版社2000年版,第115页。
[2] 唐兴霖:《公共行政学:历史与思想》,中山大学出版社2000年版,第3页。

任总统前的短短几个小时就对大批联邦党官员进行了任命。托马斯·杰斐逊继任总统后,由于其与联邦党有政见分歧,便对这些"午夜任命"的官员进行了大范围的清洗。政党分肥制在这一时期已经萌芽。政党分肥制发展于安德鲁·杰克逊执政期间,大约1/5的政府官员在其任职的8年内被他进行了清理,并更换为其本党党员。此后,政党分肥制便愈演愈烈。一旦选举产生了新的总统,原先党派的大小官员几乎被更换殆尽〔1〕。随着时代的发展,政党分肥制产生的问题日益凸显:一是难以遏制的结构性贪污腐败,主要表现为买官卖官的现象十分普遍,政府贪污腐化日益严重。二是周期性政治动荡破坏了政府管理的连续性。政党分肥制导致了每次大选后政府官员的大换班,政治的周期性动荡以及政府管理无序的状态日益明显。三是政府效率较为低下,管理人才十分匮乏。注重政党派别和任人唯亲的现象使得政府难以招揽真正的管理人才,一些无能之辈往往充斥着政府的重要岗位,久而久之,政府管理效率性与科学性难以有效提升。

  19世纪末,政党分肥制弊端使得政府管理中的问题与矛盾不断增多,此时,以废除政党分肥制为宗旨的文官改革运动在美国国内兴起,其目标在于建立以功绩制为基础的具有"价值中立"特征的文官制度。1877年第一个文官改革协会在纽约得以成立,文官改革同盟也在1881年成立,1883年1月《调整和改革美国文官制度的法案》得到了美国国会支持并通过,由于该法案的起草人是彭德尔顿,故也被称为《彭德尔顿法》。该法规定将功绩制原则应用于联邦文官委员会领导的文官制度当中,尽管最初实行功绩制的联邦雇员只占10%,但就是这改革的一小步对于美国的政治发展而言具有深远的影响。该法内容主要包括:文官委员会负责联邦文官的统一管理;不以政治理由解雇人员;创立一个独特的开放式的人事制度;允许总统扩大受文官制保护的人员比例;在职位任期、政治中立、竞争考试制和招工制基础上建立一种功绩制等。《彭德尔顿法》的实施为美国政府效率的提升奠定了基石,从而确立了现代的以功绩制为主导的文官制度。

---

〔1〕 李和中:《21世纪国家公务员制度》,武汉大学出版社2006年版,第54页。

第三节 政府效率与政治正义的二元分野：
公共行政学的诞生

19世纪末期，由于贪婪和腐败的盛行，美国在社会经济和政治上多次出现了动荡的局面，许多美国人不再相信美国的制度和实践会自动地给更多的人带来美好的生活。为了减缓社会的危机及抑制腐败现象，美国社会掀起了声势浩大的改革运动，包括19世纪90年代的平民党运动、1896年的布赖恩竞选活动、1900—1917年的进步运动。其中进步运动对美国公共行政思想的发展影响最为深远。它要求在现代都市化和工业化的美国重申民主的原则和实践，并提出建立一个无私地致力于为整个国家做些事情的领导集团。在进步运动的倡导者看来，要解决美国社会的危机和动荡，必须运用集权的行政管理方式去达到为公共和民主服务的目的。从公共行政的角度来看，进步运动主张以集权管理的方式来提高行政效率，这就是公共行政中管理主义精髓之所在。在众多进步运动的代表人物中，真正把进步运动的思想运用到公共行政领域的代表人物是托马斯·伍德罗·威尔逊。他于1887年在《政治学季刊》上发表《行政学研究》一文，主张政治与行政分离，第一次明确提出应该把行政管理当作一门独立的学科来进行研究，不仅使基于政府效率的管理主义取得了主导地位，而且使公共行政学从政治学中脱离开来，并获得独立的学科地位。

一、公共行政学成立的必要性

在公共行政学产生之前，公共行政一直被当作政治学的一个重要的研究领域。到了19世纪下半叶，随着经济与社会的快速发展，资本主义垄断的出现、政府职能的增多以及社会公共事务不断扩展的趋势日益明显。面对复杂的环境与事务，政府运作开始成为一个日益重要而且棘手的问题。在威尔逊看来，行政机关是政府的最显露的方面，是政府的操作者和执行者[1]。然而，直到今天，一些政治学者仍把精力放在国家性质、主权的本质和地位、人民的权力等制宪问题的研究上，而忽略了政府机构的实际运作。在威尔逊看

---

[1] Woodrow Wilson. The Study of Administration. Political Science Quarterly, 1887, 2(2), p.198.

来,这种政治哲学倾向正是黑格尔所说的"任何时代的哲学都只不过是用抽象思维所表现的那个时代的精神"而已。在较早的时代,政府结构问题是人们关注的焦点,也是最容易出现问题的领域,而行政管理方面几乎很少遇到麻烦问题。那时候,由于人们的经济与生活较为简单,社会事务也相对较为单一,政府的职能没有现代那么复杂。过去,政府从来没有想到过要征询人们的意见,人们往往受政府所驱使,并按照行政命令来行事。而现在则完全不一样,在公共事务日益增多的情况下,任何一种政府职责都变得异常复杂化。与之前公众只是被动听命于政府不同的是,如今人们却对政府进行指导,而政府对公众的意见也越来越重视[1]。随着公共事务管理的难度不断增加,政府的职能的数量也在不断增长,在公共事务的每个角落,都会有行政管理部门的身影。然而,政府在管理方面不断地碰到这样或那样的难题。正如威尔逊所言,我们的政府身材已经长大,机能已经得到发展,俨然一个身强力壮的小伙子,但在动作方面不仅没有变得灵巧,反而变得笨拙了。其所具有的生活技能随着其年龄和精力的增长已出现很大程度的不匹配[2]。政府面临的情况是"执行一部宪法要比制定一部宪法困难得多"[3]。因此,在威尔逊看来,要改变这种现状,必须建立一门行政科学,让政府能够减少闲杂事务,专心处理公务,加强和纯洁政府的组织机构,尽可能不走弯路,为政府的尽职尽责带来美誉[4]。由此可见,威尔逊建立的公共行政学是基于政府效率的考量,而政治正义则被认为是由政治结构来解决的,因此被排除在公共行政之外。

二、威尔逊的公共哲学:基于政府效率的行政集权化

威尔逊认为,从政治自由的角度,特别是从政治实践的艺术和才干的角度来看,美国拥有巨大的优势。然而,在行政管理方面美国与大洋彼岸的许多国家相比,处于一种特别不利的地位。威尔逊甚至认为,人民主权对于组

---

[1] Woodrow Wilson. The Study of Administration. Political Science Quarterly,1887,2(2),p.200.

[2] Woodrow Wilson. The Study of Administration. Political Science Quarterly,1887,2(2),p.203.

[3] Woodrow Wilson. The Study of Administration. Political Science Quarterly,1887,2(2),p.200.

[4] Woodrow Wilson. The Study of Administration. Political Science Quarterly,1887,2(2),p.201.

织科学化的行政管理起着严重的阻碍作用。正如威尔逊所言,君主国家组织行政管理相对于民主国家而言要容易得多。民主国家对民主政治体制的珍爱在某种程度上困扰着行政管理活动。我们对公共舆论十分重视,然而在公共舆论的统治下,如果要想使政府职能达到完美的平衡状态或者使当权者能够熟练地执行任务,并能够接受任何速成的训练,这些美好的愿望是难以实现的。也正是人民的统治这一事实本身让我们能够充分认识到,对这种人民统治的工作进行有效的组织是十分不易的[1]。

在威尔逊看来,一个单一的统治者有可能采纳某个简单的决策并且立即加以执行,这种单一的意见包含在单一的命令之中,使得政府具有极高的效率。然而,另一种统治者即全体民众却可能有诸多分歧,难以简单地在任何事情上取得一致性的意见,而只能通过协商与妥协的途径,调和不同的意见,并对计划进行反复的修改方能平息分歧。这不仅需要多年养成的持久的决心,而且需要有一整套修正方案的断断续续的命令,从而大大降低了政府的工作效率。因此,在威尔逊看来,"政府工作如同在道德领域一样,最困难的事情莫过于取得进步了。在过去,这种现象的原因在于,统治者尽管偶尔也有个别聪明人,但通常都是自私、无知而又胆怯的,或者是愚蠢的。而在今天,原因则在于,统治者是许多人,是人民,并不是我们可以进行对话的单一化的个体,他们是自私、无知、胆怯、固执或者是愚蠢的,尽管其中有数以百计的人是聪明的,但整体上依然呈现为胆怯、固执、无知和自私的特征"[2]。因此,这种作为统治者的全体人民的思想没有确定的发生地,改革者则被这些统治者的各种意见所困扰,从而无法提高政府效率。正如威尔逊所言:"在任何地方,当尊重舆论被当作政府的最高原则时,其实际改革必然是缓慢的,并且一切改革都必须是充满妥协的。因为在任何地方,只要存在着公共舆论,它就必然起统治作用。"[3]一个现代立宪政府在实行某项改革之前必须先教化他的公民,使他们认识到进行某种改革的必要性。然后,再说服他们愿意进行他所主张的那种改革。然而,对舆论而言,掌控它的人往往占据绝对的

---

[1] Woodrow Wilson. The Study of Administration. Political Science Quarterly,1887,2(2),p.207.

[2] Woodrow Wilson. The Study of Administration. Political Science Quarterly,1887,2(2),p.208.

[3] Woodrow Wilson. The Study of Administration. Political Science Quarterly,1887,2(2),p.208.

优势,要改变舆论导向则变得十分艰难。因此,政府在改革的过程中往往不能取得成功,从而造成效率低下的局面。

为了改变政府效率低下的状况,威尔逊强调行政权力集中化。威尔逊认为:"如果让众多的人能够平均分配一分,对权力进行分解,那么权力就不再明确而变得十分含糊。而如果存在十分含糊的权力,那就是不负责任的表现。但是,如果要想对权力进行有效的质询和监督,就必然让各部门的首脑和部门所属各机关的首脑拥有集中化的权力。"[1]在威尔逊看来,一个人要保持其职务,就必须取得公开而且真正的成功。与此同时,当他感觉到自己已被授予任意处置的巨大自由权力时,那么他的权力越大,他就越不可能滥用这种权力。"如果政府首脑拥有较少的权力,那么其职位就难以引人注意,且权力也会变得十分含糊,这就会导致其堕落以及不负责的行为的发生。"[2]

三、去政治化:政治与行政的分离

威尔逊强调公共行政应从政治领域分离开来,这就为公共行政的管理主义取向奠定了理论基础。在威尔逊看来,公共行政领域与政治领域那种冲突与混乱的现象具有较大的差异性,它是一种事务性的领域。在大多数问题上,它甚至与宪法研究所涉及的争议场面也相距甚远。行政管理作为政治生活的一个组成部分,这与机器是制造品的一部分以及企业办公室所采用的工作方法是社会生活的一部分是等量齐观的。然而,行政管理却要比纯粹技术细节这种单调内容要复杂得多。威尔逊认为:"行政管理研究的目的就在于让行政方法深深植根于稳定的原则之上,并从经验性实验的浪费和紊乱中得到有效的拯救。"[3]为此,威尔逊指出了政治与行政二者分开的理由:"虽然行政管理的任务是由政治加以确定的,但是行政管理的问题与政治问题有本质性的区别,政治如果对行政管理机构进行操纵无异于自找麻烦。"[4]

---

[1] Woodrow Wilson. The Study of Administration. Political Science Quarterly,1887,2(2),pp. 213-214.

[2] Woodrow Wilson. The Study of Administration. Political Science Quarterly,1887,2(2),p. 214.

[3] Woodrow Wilson. The Study of Administration. Political Science Quarterly,1887,2(2), p. 210.

[4] Woodrow Wilson. The Study of Administration. Political Science Quarterly,1887,2(2), p. 210.

在威尔逊看来,许多德国学者们也坚持政治与行政分开的观点。如布隆赤里就强调行政管理活动具有细微性和个别性,而政治则具有宏大性,其涉及的国家活动具有普遍性和重大性的特点。正是基于此,行政管理在很大程度上属于技术性的活动,是行政职员的职责范畴,而政治是政治家特有的活动范围。虽然政治需要行政管理为其提供帮助,否则政治活动就难以开展,但这并不意味着政治就能与行政管理画等号。另外,威尔逊还解释了政治与行政的区别不完全是"意志"与相应"行动"之间的区别,因为行政官员在执行任务时,应该存在其个人意志,他并非作为一种纯粹被动的工具而存在。

威尔逊认为,正是对行政和政治作了区分,因此公共行政学领域中使用比较方法是可靠的。在他看来,在公共行政中,人们不需要注意宪法和政治等方面的原因。正如他所描述的,"如果我看到一个面带杀气的人正敏捷地磨着一把刀子,我可以借用他磨刀的方法,而用不着借用他可能用刀子犯谋杀罪的动机。同样,如果我见到某个公共机关被一个完全的君主主义者管理得井井有条,我可以学习他管理事务的方法,而不需要改变我作为共和主义者之特质"[1]。

四、行政领域与企业领域的共通性

威尔逊认为,"行政领域也就是企业领域"[2]。作为新的公共行政研究一部分的行政管理按照企业式原则,应该被用来指导公共机构的管理。威尔逊建议我们私营部门的管理模式应该被公共行政所利用与参照,使政府在运作中能够最大化地提高效率。在威尔逊看来,企业中科学管理方面的研究以及工商组织管理的经验对公共行政而言是大有裨益的。

威尔逊所处的时代正是企业迅速扩大其管理优势和巨大的社会影响力的初期阶段,企业行政研究已经得到发展。为了迎接科学主义时代的到来,企业热衷于用技术提升机器与人的工作效率。在早期的企业组织模式中,机器被当作效率的标志而成为人类组织和生产的一种流行的模式。这种以机器来提高效率的管理模式很快就传入公共部门。威尔逊从当时的企业管理中得到了一个重要的启示,即通过一个控制等级体制的单一权力中心来提高

---

[1] Woodrow Wilson. The Study of Administration. Political Science Quarterly,1887,2(2),p.220.

[2] Woodrow Wilson. The Study of Administration. Political Science Quarterly,1887,2(2),p.209.

行政效率与增加行政责任。在威尔逊看来,政府权力需要有一个集中而整合的结构,公共行政的责任应该落实到一个权威,这样就能确保公共行政的可信度和有效运作。为了使行政机构以企业管理的方式来提高工作效率,就必须使行政活动与变幻无常的政治过程相分离,这样才能将公共行政作为一个真正的事务化的领域来进行管理。

第四节 作为传统管理主义组织框架的官僚制理论

马克斯·韦伯所构建的官僚制组织是一种高度理性化的组织,是与工业社会相适应的实施合法合理统治的组织形式。官僚制的产生深深地影响着公共行政领域,并为其他组织提供了参照模型。

一、官僚制产生的背景

在早期时候,存在着直接民主的行政管理。韦伯把它归结为两大特征:一是它最低限度地应用命令权力;二是在领导共同事务上所有人都具有相同的资格。他认为这种民主行政管理的适用范围是:在实际考虑手段和目的方面要有较高的训练;任务比较简单和稳定;参加者的社会地位差别不大;参加人员的数目有限;地区性的。瑞士和美国以及在俄国"村社"内的行政事务都属于此类。韦伯认为,直接民主的行政管理存在于共同体的领域,往往都是不稳定的[1]。随着社会的发展与经济上的分化,有产者们就会把行政管理的职能掌握在自己的手中,从而使民主行政管理向"名士豪绅"统治转化。因此,在韦伯看来,只要存在群众性的行政管理,民主的社会学意义上的概念被改变了[2]。

在公共行政领域,忠诚于政党、领导人、保护人、某个亲戚是早期的行政特点,它一般不是忠诚于制度本身,而是以个人关系为基础的。早期的行政有时在政治上是较敏感的,行政机关较为明显的是政治官员或统治阶级靠任命形式得到某种利益的工具。然而,它也常常是专制的,会造成许多不公正的现象。时代的进步以及行政管理任务在量上和质上的飞跃发展,对人们管

---

[1] [德]马克斯·韦伯著,林荣远译:《经济与社会》(下卷),商务印书馆1997年版,第272页。

[2] [德]马克斯·韦伯著,林荣远译:《经济与社会》(下卷),商务印书馆1997年版,第275页。

理的技能提出了更高的要求。依赖人的管理模式日益变得不堪重负而让位于组织化的管理模式,因此,一种新的统治结构便应运而生,这便是韦伯的以非人格化为基础的官僚制。

二、官僚制的原则

韦伯对社会统治类型的划分是建构官僚制理论的前提。在韦伯看来,人类任何一种社会的存在都需要一种命令——服从的关系模式来维系,这就是人类的社会秩序,这种秩序并非自生自发的。他认为,强制力虽然可能维持统治,但不是单单依靠强制力就能够让社会长久地稳定下去,真正的稳定持久的统治只有"合法性"的统治。韦伯认为,传统、领导人物的魅力和合法理性才是合法性的三个重要来源。在此基础上,韦伯提出了社会统治的三种类型:传统型、魅力型和法理型的统治。传统型主要基于对某些特定的人的服从;魅力型的统治实体是建立在具体的个人的不用理性和不用传统阐明理由的权威之上;法理型的统治主要服从于规则,而不是个人。韦伯对统治类型的划分体现在行政管理方面就是决策日益集中、机构日益规范、制度日益健全的发展趋势,从而推动了社会从传统走向合法合理。

韦伯认为,官僚制作为一种理想的行政组织形式,必须遵循以下六项原则:(1)存在着固定的、通过规则即法律或行政规则普遍安排有序的、机关的权限的原则;(2)存在着职务等级的和审级的原则,也就是说,有一个机构的上下级安排固定有序的体系,上级监督下级;(3)现代职务的执行是建立在文件(案卷)之上——档案保存着原始文件和草案——和建立在一个各种各样的常设官员和文书班子的基础之上的;(4)职务工作,至少是一切专门化的职务工作——这是现代职务工作的特点——一般是以深入的专业培训为前提的;(5)职位得到充分发展时,职务工作要求官员投入他的整个劳动力,尽管他在办公室里履行义务的工作时间标准可能有固定的界限;(6)官员职务的执行,是根据一般的、或多或少固定的、或多或少详尽说明的、可以学会的规则进行的。[1]

三、官僚制的效率化优势

官僚制的原则已经深深植根于社会之中,相对于早期公共行政而言,它

---

[1] [德]马克斯·韦伯著,林荣远译:《经济与社会》(下卷),商务印书馆1997年版,第278-281页。

确实代表了一种实质性的进步。韦伯的第一条原则指出权威来自法律和根据法律制定的规定。没有其他形式的权威应被遵循,这样就可以保证公共行政的秩序与稳定。在此基础上,第二条原则是等级制,它或许是韦伯思想中人们最熟悉的内容。严格的等级制度意味着,理性与法规的权威和权力是由组织中的个人在等级制中占据的职位而不是由任何个人维持的,这样可以保证权威与权力的合法化与理性化。按照等级制结构,可将特定职能授权给较低的层次,这意味着整个组织的权威可由任何官员来行使。第三条原则是对第二条原则的补充。它强调的是组织的存在是与其职员的私人生活相分离的,具有非人格化的特点。书面文件的保存是行政管理中不可或缺的,以前的案例则成为先例,可为后来的行政管理提供参考。组织在运用各种规定时,因为有保存的档案才能保持一致。第四条原则是,行政不是任何人都可以完成的事情,它是一种专业化的职业,为了能够提高行政的效率,其行政人员应当有全面系统的训练。第五条原则表明,官僚制的工作不像以前那样是一种次要的活动,如今它是一种全职职业。最后,公职管理遵循一般性的规定,它是一种可以学习的活动。这样不仅保证了公共行政有章可循,而且可以通过训练与学习来提高工作效率。

在韦伯看来,官僚制组织之所以如此盛行,在于它有超过任何其他形式的纯技术的优势。他认为,官僚制组织具有迅速、精确、明确、节约物资费用和人力、减少摩擦、严格服从、统一性、保密、持续性、精通档案的特点,与所有名誉职务的和合议的或者兼任职务的形式比较,严格官僚体制的,特别是集权体制的行政管理由训练有素的具体官员来进行,能达到最佳的效果。有偿的官僚体制的工作在涉及复杂的任务时,结果不仅往往比形式上无偿的名誉职务的工作更加便宜,而且变得更加精确[1]。因此,韦伯的官僚制理论强调的是一种以指挥—服从、集权—统一、分部—分层为特征的组织形态。官僚体制具有理性的特征,这种理性本身就意味着效率。官僚制这种集权化与追求效率的取向与威尔逊的公共行政思想是相契合的,它将政治正义从公共行政中排出,并最终为传统管理主义的确立提供了组织基础。

---

[1] [德]马克斯·韦伯著,林荣远译:《经济与社会》(下卷),商务印书馆1997年版,第296页。

第五节 作为传统管理主义方法论的科学管理理论

如果说政治-行政二分法为公共行政界定了特定的领域,官僚制为公共行政提供了组织框架,文官制度为公共行政提供了人事制度,那么作为科学管理理论的泰勒主义则为公共行政提供了方法论基础。泰勒把工人的作业行为作为分析对象,引进了动作分解、作业标准化、严格管理控制、分式协作等核心概念。

科学管理学派试图从管理活动中提炼出一些科学原理,并以此来指导管理实务者设计或者修改组织结构。当时许多管理研究者多少有些敬畏科学,尤其是在目睹了科学和技术在工业生产过程中产生的不可思议的影响之后。对许多学者来说,科学就是严谨、精确地收集和解释资料。而泰勒则认为科学就是遵循一种特定的哲学观和认识论。他曾在美国国会听证委员会上对"科学"一词作了解释,他认为:"把工人头脑中的已经存在但未加分类的知识集中起来,然后将这些知识简化为规章和习惯用语。这表明知识的分类和组织,尽管它可能得不到一些将其称为科学的人的同意。"[1]泰勒认为,最好的管理应建立在明确的原理、法则和规章之上,它就是一种真正的科学[2]。这种科学的基础是为了最大化地提高他们的效率,通过对个体劳动者的各种动作进行仔细研究,以找到科学的行动方法。此外,泰勒认为,"构成科学管理的不是任何一个因素,而是各种因素组成的整体,科学管理可以简单地概括为:它是科学,而不是单凭经验的方法;它是和谐,而不是嘈杂;它要求最大的产出,而不是受了限制的产出;它培养每个人发挥他的最大的效率和获得最多的财富"[3]。

在科学管理学派看来,这还意味着将科学管理原理扩展到所有的生产活动领域。因此,泰勒的科学不仅是一种技术或生产的机制,而且是一种社会生活哲学。从技术层面上讲,泰勒认为,任何时期最好的工匠都知道怎样最有效率地完成工作;他们从实践经验产生的民间智慧中得以确立一种最为有效的工作流程。对任何一项具体的工作来说,都存在着一种最好的方法,一种可以通过科学研究来发现并可以由他人来运用的方法。在《科学管理原

---

[1] Frederick Taylor. Scientific Management. New York: Harper & Row, 1923, p. 42.
[2] Frederick Taylor. Scientific Management. New York: Harper & Row, 1923, p. 7.
[3] Frederick Taylor. Scientific Management. New York: Harper & Row, 1923, p. 140.

理》一书中,泰勒提出了四项原理:(1)摒弃传统的依靠经验的办法,对一个工人的每个动作进行科学化的研究。(2)科学地挑选工人,并对其进行培训和教育,使之成长起来。然而,在过去是由工人任意挑选自己的工作,并根据其各自的能力进行自我培训。(3)与工人们进行密切的合作,从而保证一切工作都按已建立起来的科学原则去实施。(4)资方和工人们之间在工作和职责上几乎是均分的,资方把自己比工人更胜任的那部分工作承担下来;而在过去,几乎所有的工作和大部分的职责都推到了工人们的身上[1]。

与此同时,为了保证这种科学管理得以有效的实施,泰勒认为必须加强作业管理和控制。显而易见,泰勒所不断追求的标准化管理、作业分解、绩效报酬等措施都旨在提高管理的效率。在泰勒看来,科学方法就是以严谨的方式来调查、研究工作的各个环节,然后将研究发现的工作方法推广给所有的工人去运用,而以前这种工作方法只有少数人才能掌握。通过详细研究,泰勒发现即使是最单调的工作所需要的时间和动作,也可通过管理来极大地提高生产过程的效率。比如,为了表明每个工人的每一个动作都能简化到科学化的程度,泰勒研究了科学地使用铁铲。这种研究的假设是,对任何一流的铲工来说,保持每铲一定的铲量会使日铲量达到最高值。为了发现这种最有效的用铲方法,泰勒精心设计了一个实验。在实验中,对于同意参加实验的一流工人,要求他们不断改变每铲的铲量。调查结果发现,当这些工人以每铲大约21磅(约9.53千克)的重量工作时,他们能够达到日铲量最高的水平。显然,科学管理强调为了实现效率的最高值,管理者要对工作进行设计和实验,以发现最有效的技术,并利用这些技术的工作程序,以训练和监督工人运用这些技术。值得注意的是,泰勒并非只强调技术方面的标准化研究,他的《科学管理原理》还体现出对人的因素的重视。泰勒努力通过减少疲劳、科学的选择、使工人的能力适合工作的需要以及刺激性的奖励计划等来实现最大限度的个人发展和报酬。

泰勒的科学管理强调科学主义方法,这种哲学取向也是公共行政所迫切需要的。正如行政学大师沃尔多所言:"人们迫切需要用实证主义的客观方法来研究越来越复杂的现象,实际上这个过程已经开始,实证主义的进一步发展不仅在理论上是合乎逻辑的,而且在现实中是有必要的。"[2]泰勒的科

---

[1] Frederick Taylor. Scientific Management. New York: Harper & Row, 1923, p. 130.
[2] Dwight Waldo. The Administrative State. New York: Ronald Press, 1948, p. 57.

学管理理论为政府在公共行政中如何提高效率提供了参考。威廉·亨·莱芬韦尔是在机关办公室的管理工作中成功运用泰勒的科学管理原则的第一人。1916年10月,他还在《系统》杂志上发表了他的第一篇论文《我把"科学管理"应用于办公室的计划》。在此之后,他还在许多杂志上发表了有关办公室科学管理的文章,并撰写和出版了一系列这方面的著作。在他的办公室管理实践和许多著述中,莱芬韦尔对科学管理进行了广泛的宣传与推广,对欧美等国的影响较深。再如,在市政管理工作中,莫里斯·卢埃林·库克作为泰勒的亲密合作者也借鉴了科学管理原理。库克是科学管理的早期研究者之一,他曾由泰勒提名参加研究美国机械工程师学会的管理效率委员会,并在一年半的研究期间由泰勒本人付给他工资。1911年,当新当选的费城市市长进行改革并要求泰勒派人去协助时,库克又被泰勒派去担任了四年的费城公共工程局局长。他在担任费城公共工程局局长期间,树立了一个良好的市政管理榜样,建立了一些高效率的新的管理方法,在一些领域进行了大胆的创新,如工程转包、存货记录、人事选择、装备更新、财务计划、申诉处理、公共关系、作业标准化等[1]。

官僚制、政治-行政二分法,一方面要求通过层级控制来实现行政效率的提高,另一方面要求将行政作为一个单独的领域进行研究,其出发点也是提高行政效率,二者的价值理念与公共行政领域中引入科学管理原理的方法和技术的价值理念是相契合的。绩效报酬、严格控制、作业流程、分工、分类、标准化等理念亦是传统管理主义所追求的目标。这种科学实证主义的哲学理念不仅在1910年至1940年期间对公共行政起着支配性的作用,而且对当今盛行于西方国家的新公共管理运动亦有深远的影响。

第六节 公共行政原则时代对政府效率的推崇

威尔逊在19世纪末为公共行政学指明了研究的方向,当时公共行政还不足以成为一门科学。伦纳德·D.怀特在1926年出版了第一本公共行政学教材《公共行政研究导论》,这无疑是划时代的一件大事,这一著作使公共行政学成为一个单独的研究领域。怀特相信公共行政有普遍的适合于多种组织的原则。他第一次运用科学的方法对行政学问题进行了系统的研究,总结

---

[1] 丁煌:《西方行政学说史》,武汉大学出版社1999年版,第51页。

出公共行政的一些基本规律,首次将公共行政学理论系统化,并成为一门较为完整的学科体系。在怀特发表其著作的第二年,威洛比出版了公共行政的第二本教科书——《公共行政学原理》,他在书中指出,公共行政存在着整合各个具有相同功能的服务的一些科学原则[1]。要使政府改革取得成效,让行政部门能更有效率地运作,必须对公共行政原则予以确定和遵守,而这些原则来源于私营或企业组织的命令统一原则、层级节制原则与职能分工原则。在威洛比看来,公共行政管理者就是他们工作领域的专家,因为他们能够发现并学会怎样应用科学的原则。这时公共行政正式进入了一个公共行政原则的时代。

在强调公共行政原则的时代,公共行政学有了蓬勃的发展。当时美国政府雇员专业联合会以史无前例的速度发展着。公共行政学科研究的领域也在不断地扩大。高等院校的公共行政项目在十年内翻了两倍,政府开始越来越多地要求公共行政研究组织就公共行政问题提出咨询建议。

"洛克菲勒的慈善事业"无疑对公共行政日益增长的合法地位的建立起了关键作用。在1927年至1937年间,由洛克菲勒家族赞助的各种慈善组织汇聚了几百万美元捐赠给公共行政人员联合会和专注于公共服务的高等院校的公共行政项目。公共行政的声誉也因此达到了高峰。当时,在20世纪30年代和40年代,政府和工业部门向公共行政学科寻求了大量的管理方面的知识。因此,公共行政学科的焦点增加了,尽管其专业知识仍然是以公共行政原则的形式表现,但是没有人很认真地去思考公共行政学科的定向。在公共行政学者们看来,公共行政学科定向可以在任何地方。正是基于此,公共行政原则表现为一种普适应的法则,无论什么文化、功能、环境、使命或制度框架都能够起指导性的作用。

由于公共行政研究新焦点的不断出现,公共行政学没有一个明确的定位,许多大学在公共行政学的学科定位方面形成不了共识。1935年,在普林斯顿大学召开的会议中,公共行政交流机构的学者们对公共行政学能否作为单一学科体系持怀疑的态度。尽管如此,一些公共行政的学者们还是创立了公共行政学会,并在此基础上创办了公共行政学科领域的主要杂志——《公共行政评论》。其最终目的在于试图摆脱政治科学对公共行政的限制,从而

---

[1] W. F. Willoughby. Principles of Public Administration. Baltimore: The Johns Hopkins University Press, 1927, p. 86.

使公共行政成为一门独立的科学。正如有学者所言："美国公共行政学会的组建，意味着同这些利益团体历史性联合的结束，促进自身的分化，有利于建立以专业主义为基础的新联盟。"[1]

20世纪30年代中期以后，公共行政原则迎来它"正统性的美好时光"。1937年，卢瑟·H. 古立克(Luther H. Gulick)和林德尔·F. 厄威克(Lyndall F. Urwick)发表了《行政科学论文集》，为公共行政赢得了较高的声望。二人是罗斯福总统的知己，并经常为总统建议各种管理事宜，他们的论文集是给总统行政科学委员会的一个报告。

古立克与厄威克最重要的思想在于组织分工后的控制问题。在他们看来，公共组织需要一个唯一的直接的权威以监督组织的运作，命令统一原则说明人员只能隶属于一位指挥者，除此之外，公共部门应该有更大的权力集中模式。正如古立克所言："在改革的时期，政府应该加强行政机关的权力，并且具备协调、计划、人事、财务控制与研究的能力，而这些服务机构亦可构成任何组织的大脑与意志。"[2]在古立克与厄威克看来，为了实现权力集中模式的目标，公共行政原则是十分重要的。正如他们在《行政科学论文集》中所言，原则来自对人类组织研究的归纳，它们的存在是一般的论题，它们能够作为技术性问题来加以研究，并应该支配人类任何组织形式，而不论组织设立所根据的任何社会理论、政治或宪法以及人事的组成、企业的目的[3]。古立克和厄威克倡导计划(planning)、组织(organizing)、人事(staffing)、指挥(directing)、协调(coordinating)、报告(reporting)、预算(budgeting)七个公共行政原则，其字母缩写就是 POSDCORB。

总之，公共行政原则的时代经历了从怀特、威洛比再到古立克和厄威克的发展传承，虽然他们在行政原则上提出了不同的观点，但他们所谓的原则在本质上是一致的，即寻求各种组织通用的管理原则，这种管理原则强调以集权的方式来进行协调与控制，其最终的目标是提高政府效率。

---

[1] Darrell L. Pugh. ASPA's History: Prologue. Public Administration Review, 1985, 45 (4), p. 476.

[2] Luther Gulick. Notes on the Theory of Organization, In Luther Gulick, L. Urwick. Papers on the Science of Administration. New York: Institute of Public Administration, 1937, p. 13.

[3] [美]尼古拉斯·亨利著，张昕等译：《公共行政与公共事务》(第八版)，中国人民大学出版社2002年版，第55页。

第七节 传统管理主义的公共哲学：
政府效率优先于政治正义

如前所述，美国行政学鼻祖托马斯·伍德罗·威尔逊于1887年在《政治学季刊》上发表《行政学研究》一文，强调将政治与行政二者分离开来，首次提出应该把公共行政当作一门独立的学科来进行研究，从而为传统管理主义效率化目标指明了方向。政治-行政二分法为公共行政界定了特定的领域；官僚制为公共行政提供了组织框架；文官制度为公共行政提供了人事制度；科学管理理论的泰勒主义为公共行政提供了方法论基础；公共行政原则从理论与实践两个层面把传统管理主义推向一个新的高峰。

一、作为传统管理主义价值理念的政府效率

传统管理主义的价值理念在于提高政府效率。主要表现为以下几个方面：

第一，政府效率是公共行政的目标。在传统管理主义中，威尔逊的《行政学研究》无疑开创了效率价值理念的先河。可以毫不夸张地说，威尔逊创立行政学的初衷就是出于对效率的考虑。他认为："行政学研究的目标在于首先要弄清楚政府能够适当而且成功地承担的是什么任务，其次要弄清楚政府怎么才能够以尽可能高的效率和尽可能少的金钱或人力上的消耗来完成这些专门的任务。"[1]怀特也认为，公共行政是建立在管理的基础上，而不是建立在法律的基础上。政府的行政行为与其他任何社会组织，如商业、慈善、宗教或教育等组织的事务具有共通性，优良的管理是它们成功的主要因素。在怀特看来，任何一种管理活动都有其目标。而政府官员和雇员能够以最大化的效率来利用各种资源则是公共行政的目标[2]。

第二，政府效率是官僚制组织的核心价值。在韦伯模式里，官僚制代表着效率与理性，也就是说，专业化、秩序、理性和效率是官僚制的重要体现。韦伯对效率的倡导主要表现为通过控制和秩序来提高政府效率。首先，韦伯

---

[1] Woodrow Wilson. The Study of Administration. Political Science Quarterly, 1887, 2(2), p.197.

[2] 彭和平、竹立家等：《国外公共行政理论精选》，中共中央党校出版社1997年版，第45页。

强调合理的分工,即明确划分每一个组织成员的职责权限并以法规的形式严格固定这种分工。在官僚制组织中,一种高度明确的分工既存在于任务层次,也存在于管理层次。韦伯认为,为了提高组织的工作效率,以及让组织成员通过训练掌握专门的技能,必须让每一职位均有特定的权责范围,这是组织根据分工的要求所规定的。其次,韦伯认为官僚制组织作为一个特有的权力实体,是具有层级节制特征的。在韦伯看来,这种层级节制的权力体系旨在提高组织的工作效率,克服组织管理中的混乱现象,使得组织中的每一个成员都能够确切地知道把命令传达给何人,以及从何处取得命令。

第三,提高政府效率是文官制度改革的初衷。为了革除政党分肥制的弊端,提高政府效率,美国建立了以"价值中立"和功绩制为基础的文官制度。改革后的美国文官制度在提高政府效率方面体现为:一是实行专业化原则,公务员是公共部门中提供公共产品及服务的专门职业人员,需要处理公共事务的专业技能,并接受专门的职业培训;二是中立化原则,公务员在履行职权的过程中应保持价值中立,以同等标准为不同政治倾向的政府提供服务;三是实行考试录用原则,政府事务类的公务员一律通过公务员考试,择优录取后方能进入公务员队伍;四是不与选举的官员共进退,实行常任制原则,通过法律来保障公务员的身份地位与职业;五是功绩制原则,以公务员的工作业绩作为晋升、加薪与奖励的重要依据。

总之,传统管理主义追求的是一个运转协调有效的行政管理系统,它关注两个问题:一是为了保持特定的服务水平而尽可能少花钱;二是为了提供更多更好的服务而尽可能地最大化地利用资源。其实质是追求政府的效率价值。

二、政府效率优先于政治正义

传统管理主义并非只一味地追求政府效率,它对政治正义也并非完全不予理睬。在对待政治正义方面,传统管理主义在两个时期存在着不同的理论倾向:

第一阶段(19世纪80年代至20世纪30年代):在政府效率对于政治正义优先性的前提下,政府效率与政治正义是能够兼容的,即政府效率可以促进政治正义。这种观点在威尔逊的《行政学研究》中体现得较为明显。威尔逊认为公共行政是置身于政治领域之外的,虽然政治可以用来为公共行政确定任务,但操纵行政机构则不是政治应该干的事情。这就意味着政治作为政治正义的代表对公共行政起着规导性作用,而公共行政作为管理性的领域则有利于促进政治正义。威尔逊认为,在统治者服务被统治者的政府中,为促进公共福利的目的而将行政管理进行有效的组织,并且通过简便和效率的方式来完成公众意志所规定的任务[1]。在威尔逊看来,宪法是通过艰难的斗争所获得的,此后,美国已进入这样一个时期,即构建与宪法相适应的公共行政[2]。在他看来,美国要引进的是欧洲一些国家先进的行政管理机制,而非独裁的政治体制。这并不是矛盾的。正如威尔逊所言,我们不用筷子吃饭,却引进了大米。我们摒弃了国王和贵族,却从英国引进了全部的政治词汇[3]。因此,在他看来,在美国这样一个立宪民主国家中,须把先进的行政管理机制引入政府管理领域以提高政府效率,从而使公共行政领域达到去政治化的效果,实现政府效率的优先性。而政府效率的实现可以为政治领域中政治正义的实现起促进作用。

此外,韦伯在阐述其官僚制理论时认为,真正的效率与真正的民主是相一致的。他认为官僚制组织是现代群众民主不可避免的伴随现象,这是由它的典型原则——实施统治的抽象规则性所决定的。因为实现人和物的法律意义上的平等是这种规律性产生的重要前提。而这种法律平等形成的民主政治概念表现为:(1)为了让公民普遍能有机会担任官职,必须阻止封闭官员等级的形成;(2)为了让公众舆论保持极大的影响力,应最低限度地使用统治的暴力。这样一来,民主就不可避免地陷入由它——由于它反对绅士统治——产生的官僚体制化倾向的矛盾之中[4]。因此,在韦伯看来,基于政府效率的官僚制会对民主这种政治正义价值起着推动作用。

第二阶段(20世纪30年代至40年代):政府效率与政治正义是矛盾的,政府效率会妨碍政治正义。这种倾向主要存在于主张公共行政原则的学者之中。如古立克认为一些效率低下的公民会议、小地方政府等,虽然是民主政治所需要的,却影响了效率。因此,不能采取任何排除效率的方法,只有

---

[1] Woodrow Wilson. The Study of Administration. Political Science Quarterly,1887,2(2),p. 204.

[2] Woodrow Wilson. The Study of Administration. Political Science Quarterly,1887,2(2),p. 206.

[3] Woodrow Wilson. The Study of Administration. Political Science Quarterly,1887,2(2),p. 219.

[4] [德]马克斯·韦伯著,林荣远译:《经济与社会》(下卷),商务印书馆1997年版,第307页。

"在效率这个基本价值之上,行政科学才得以建立"[1]。"行政科学中,无论是公还是私,基本的善就是效率。"[2]古立克不同意将效率看作一个中立的概念,一个衡量社会绩效的公平客观的标准,而是认为效率是一种价值观念,一种可能会与其他价值观念相冲突,因而应该给予优先考虑的价值观念[3]。此外,威洛比也十分强调政府效率,在他看来,行政权力只应该授予行政首长,行政首长应该拥有适当的职权来执行赋予他的任务。这是使行政部门成为一个单一的、整合的行政机器的第一步。如果不这样做,就无法与行政权力运用的适当原则相一致。为了让经常有工作往来以及性质相似的团队进行紧密的结合,应整合行政部门内容相似的各个不同的机构。这种整合技术可以使得政府运转得更有效率、更为经济,并且可以避免权限冲突,简化行政。威洛比的思路在于:行政部门之所以能够更有效率地运作,原因在于对行政管理的科学原则的遵循,而分工原则、层级制权威原则和命令统一原则这些原则基本上也就是企业组织或者私人的原则[4]。可以看出,威洛比一味强调政府效率,而公民参与、民主与公平等政治正义价值则被抛在脑后。

由以上论述我们可以得出,第一个阶段主张政府效率与政治正义是能够兼容的,政府效率能够促进政治正义。威尔逊所要强调的是在美国这种立宪体制国家中,公共行政却出现了诸多问题,因此,公共行政要把政府效率置于一种优先考虑的地位,并以此来巩固政治正义。在第二个阶段中,公共行政原则学派古立克与威洛比都把政治正义看作政府效率的阻碍因素,因此他们都强调政府效率应是公共行政最基本的价值,公共行政组织应遵循效率至上的原则。总之,在传统管理主义高度发展的时期,基于政治正义的民主主义在理论与实践中被忽视,而基于政府效率的传统管理主义则取得了优先的地位。

---

[1] Luther Gulick. Science, Values, and Public Administration, In Luther Gulick, L. Urwick. Papers on the Science of Administration. New York: Institute of Public Administration, 1937, p.193.

[2] Luther Gulick. Science, Values, and Public Administration, In Luther Gulick, L. Urwick. Papers on the Science of Administration. New York: Institute of Public Administration, 1937, p.192.

[3] [美]罗伯特·B.登哈特著,扶松茂、丁力译:《公共组织理论》(第三版),中国人民大学出版社2003年版,第70页。

[4] [美]罗伯特·B.登哈特著,扶松茂、丁力译:《公共组织理论》(第三版),中国人民大学出版社2003年版,第64页。

第五章

美国公共行政中的技治主义：
行为主义时代管理主义之拓展

二战以后,随着科学技术迅猛发展,科学技术专家在社会生产和生活中的影响力日益提升,并陆续在大型机构甚至政府中担任职务,并要求在重大政治决策中拥有发言权和决定权。这种技治主义倾向导致了行为主义科学的兴起,并引起了以西蒙为首的行为主义学派对传统管理主义的重大的挑战,赋予了管理主义新的内容,从而实现了管理主义的有效伸展。本章主要介绍基于技治主义的行为主义科学产生的背景及西蒙对公共行政原则学派的挑战,并对作为行为主义行政学的西蒙理性决策模型进行系统的阐释。

第一节 作为技治主义的行为主义学派

一、技治主义产生的时代背景

技治主义(technocracy)一词源于希腊语 techne(技术)和 kratos(权力)。它是 1919 年前后才出现的英语新词,由 W. 史密斯首创。技治主义意味着科学技术专家在大型机构甚至政府担任职务,并要求在政治、社会等领域拥有决策权。技治主义一词有时也被翻译成技术统治、专家治国、专家统治、技术治国、专家政治等。1931 年至 1932 年,在美国纽约市出现了所谓的技治主运动。第二次世界大战以后,美国爆发了第三次科技革命。它涉及海洋技术、空间技术、生物技术、新材料技术、新能源技术和信息技术等诸多领域,是一场以生物工程、空间技术、电子计算机和原子能的发明和应用为主要标志的信息控制技术革命。丹尼尔·贝尔认为,"科学本身有一种处于统治地位的内在精神,它不同于其他主要社会集团(如企业、军界)的内在精神。这种内在精神将使科学家倾向于以一种不同于其他集团的政治方式行事"[1]。正是基于此,社会中出现了一个以技能为基础的、新的技术专家阶层。这个阶层的成员掌握着系统分析、线性规划、项目预算等新的决策方法,因此成为提出决策设计、进行决策分析的基本力量,而现在任何政治活动都必须依据这些设计和分析[2]。随着科学技术飞速发展,科学技术专家的影响力也在逐步增大。科学技术的权威性以及科学技术专家队伍的扩大,为专家进入政府和大型机构任职提供了便利,他们要求在重大的政府决策中拥有一定的话语权。与此同时,工业化社会的不断发展使许多知识领域日益变得专业化、复杂化、技术化,从而使一切组织行动越来越依赖于知识和计划的权威性。这样一来,社会技术化的发展使现实的社会转化为一个技术社会,而整个国家变成一个技术国家也源于国家的技术化发展的结果。因此,如果没有足够的科学技术知识,要对社会和国家面临的各种各样的复杂问题进行理性的界定并制定出合理的政策,就显然是不太可能完成的事情。在这种背景下,技治主义得到了迅速的发展。

二、作为技治主义的行为主义学派之发展

行为主义学派,于 1913 年产生于美国,它主张借用自然学的一些方法和手段,观察、分析和解释社会政治现象,特别是人类的政治行为及其过程的规律。

行为科学诞生于 20 世纪 20 年代末、30 年代初的霍桑试验,其创始人是美国哈佛大学著名的管理学家梅奥。古典管理理论把人假设为经济人,而霍桑试验的研究结果肯定了工人并非呈被动的、孤立的个体,并对传统经济人的假设进行了否定,认为接受试验的他们的行为并非只受工资的刺激,待遇

---

[1] [美]丹尼尔·贝尔著,彭强译:《后工业社会:简明本》,科学普及出版社 1985 年版,第 105 页。

[2] [美]丹尼尔·贝尔著,彭强译:《后工业社会:简明本》,科学普及出版社 1985 年版,第 108 页。

和工作条件与工作中的人际关系相比不再是影响生产效率的最重要因素。正是基于此,梅奥认为:工人不是"经济人",他们的行为并非只受工资的刺激,实际上他们是"社会人";企业中同时存在着正式组织与非正式组织;提高工作的满意度是新的领导能力的体现。这就是著名的人际关系理论。

传统的古典管理理论把对事和物的管理视为管理对象的重点所在,该理论注重材料标准化、工具标准化与生产操作标准化,并要求实现有效的职责分工以建立合理化的组织结构。然而,古典管理理论的严重不足之处在于:把个人视作毫无情感的机器,忽视个人的目标与需求,认为人是缺乏创造性和主动性的。与之相反的是,行为科学强调人的因素在组织中的重要作用,并认为一切的组织目标都需要人来实现,一切产品的生产都要靠人去做,一切事情都要靠人去完成。

到了19世纪30年代,自然科学中的实证主义研究方法被引入政治现象领域,行为主义与当时盛行的技治主义结合起来,在"社会有机体论""进化论"等理论的影响下,对政治现象和政治系统展开研究,取得了明显的成效。很多政治学家认为,早期在政治运动以及政府制度研究方面的缺失在于其科学性与严谨性远远达不到化学与物理学等自然学科的程度。正是基于此,他们寻求一种科学的研究方法来加强政治现象与规律的研究,而逻辑实证主义则迎合了这种需要,它能够通过对人的外显行为的观察而客观地确定人类行为的规律性,这类似于化学与物理学。"正如可以通过观察分子结构的运动来形成有关自然生活的科学理论一样,有人认为也可以通过观察人类的外显行为来形成有关社会生活的科学理论。"[1]

然而,对行为主义科学化形成的最大障碍莫过于人类的价值观念。因为人类的行为受价值观念支配,价值观念渗透到人类的行为中,并不像分子运动没有明确的行为意图。这就要求人们对事实和价值作出合理的区分,只有这样才能够不戴着有色眼镜来进行观察,进而保证研究过程的客观性与真实性。

为了保证对人类行为研究的客观性,研究者必须遵循以下具体的科学研究程序:一是提出相关问题;二是依据问题变量之间的关联性以及特点对假设进行预置;三是通过制定、执行研究计划报告来对预先的假设进行检验;四

---

[1] [美]罗伯特·B. 登哈特著,扶松茂、丁力译:《公共组织理论》(第三版),中国人民大学出版社2003年版,第77页。

是整理成果,提炼观点,使之系统化与理论化。通过这种严谨的研究程序,科学家才能对试验所验证的结果的客观性有一个信服的解释。因此,理想的经验性研究表现为:证实研究以及研究方法本身的客观性取决于在相同的条件下任何科学家进行相同的试验会得出相同的结果[1]。

三、行为主义向公共行政学的导入

第二次世界大战以后,行为主义对公共行政产生了重大的影响,它改变了公共行政理论的研究路径。一些旨在寻找人类行为规律的科学家认为,这些规律性本身不依赖于人类行为存在的家庭、工作场所或国家的环境而存在。因此,组织研究者开始主张公共组织与私人组织的组织行政是一样的。这种观点无论是在过去还是在现在都有强烈的吸引力。在行为主义者看来,无论你是通用汽车公司的首席执行官还是国务院的国务卿,基本的行政过程如领导和权威、动机与决策都是十分相似的。正如西蒙所言:"在公共行政实践中,大小组织之间的差异通常远大于公共和私营组织之间的差异。"[2]这种思想对公共行政研究的影响十分深远,促使公共行政把政治学、企业管理学、社会学、心理学等不同学科的研究成果整合起来。从企业管理中汲取了组织效率和决策的方法,从社会学中借鉴了结构-功能研究方法,从社会心理学中汲取了认知模式和行为科学方法。这样,公共行政学家在采用了行为科学的观点之后,开始强调事实而不是价值,强调方法而不是目标,从而摒弃了早期公共行政中强调价值观念的研究,同时也建立了一种新的公共行政学模式,即行为主义行政学。其主要代表人物就是赫伯特·A.西蒙。

第二节　行为主义行政学的发展:
西蒙的理性决策模型

一、西蒙对早期公共行政的挑战

正当早期公共行政特别是公共行政原则学派如日中天之时,西蒙对其提

---

　　[1] [美]罗伯特·B.登哈特著,扶松茂、丁力译:《公共组织理论》(第三版),中国人民大学出版社2003年版,第77-78页。

　　[2] Herbert A. Simon, Donald W. Smithburg, and Victor A. Thompson. Public Administration. New York: Alfred A. Knopf, 1950, p. 8.

出了挑战,并认为古立克、厄威克等人所建立的公共行政原则不是管理理性的最终表达,而只能被称为"俗语",并且存在与其他的俗语一样的缺点。西蒙集中批评了如下几个原则,即专业化、命令统一、控制幅度,以及目标取向、过程取向、顾客取向和区位取向的组织。在西蒙看来,这些原则本身及原则之间是矛盾冲突的。如控制幅度原则,传统管理主义认为如果命令能够有效地得到沟通和贯彻,官僚"控制幅度"必须狭窄。控制幅度意味着一位公共行政官员只能适当控制有限数目的下属,当超过一定数目后,命令沟通被断章取义的可能性就会增多,控制就会越来越无效并且松散,一个遵循狭窄控制幅度原则的组织就会呈现金字塔型的组织结构。然而,西蒙在公共行政的文献里同样也论证了另一个原则,即如果行政组织要最大化有效沟通和减少歪曲,那么应该有尽可能少的层级,也就是要求行政组织扁平化。这个原则背后的逻辑是,越少的人在官僚制里自上或自下传递信息,那么信息到达指定地方相对来讲就越不可能受到改变或曲解。但问题就在于,两个原则本身是互相矛盾的,比如统一指挥与专业化原则相互矛盾。西蒙认为一旦真的出现了不同的命令,组织成员为解决这个难题而转向了正式权威链,那么只有体现在权力等级中的各类专业分工才能影响其决策,这就暴露了公共行政原则的弊端。因此,西蒙认为:"行政学研究正在遭受表面化、过分简化和缺乏现实的侵害。这一研究仅局限于权威结构机制,没有涉及其他一些影响组织行为的同样重要的模型,也排除了对决策功能的实际配置这一令人厌烦的研究。它只满足于谈论权威、集权、控制幅度、功能等概念,而不愿意探讨这些术语的操作性定义。"[1]

西蒙界定何谓"正确"或"好"行政的意义,主要是基于效率标准。在给定资源条件下,效率标准意味着取得最大结果的选择[2]。运用效率标准,西蒙批判性地考察了传统上认可的行政原则,并说明这些原则不一定正确,提高专业化水平并不必然提高效率。只有在给定有效资源条件改善绩效的专业化水平时,才有助于效率提高。

---

[1] Herbert A. Simon. The Proverbs of Administration [J]. Public Administration Review,1946,6(1), p.63.

[2] Herbert A. Simon. Administrative Behavior: A study of Decision-Making Processes in Administration Organization, 2nd ed. New York: Free Press,1957,p.179.

二、事实与价值相区别的方法论基础

西蒙在其《行政行为：行政组织中的决策过程研究》一书中指出，科学研究的任务是检验事实命题。这些命题要么来自对外显行为的观察，要么来自这些观察的逻辑推理。因而，科学家的客观性是至高无上的。正是基于此，科学家必须为可能得出的结论谨慎地确立一个事实基础。科学家的价值观和被观察的行动者的价值观都不应该进入研究领域和理论建构过程。西蒙认为这是可以做到的，因为事实和价值在逻辑上能够区分。"事实命题就是对可观察的世界以及这个世界的实际运作方式的描述。"[1]而价值是哲学上的一个重要问题，它所表达的是应然性问题以及自己对客观事实的主观偏好。在西蒙看来，"事实命题可以通过检验来判断其真伪，即判断我们所研究的世界发生了什么，抑或没发生什么"[2]。西蒙认为，决策包括事实命题，就其有关事物未来状态的说明而言，决策是描述性的。这种描述在严格的经验意义上也是有真伪可言。不仅如此，决策还有某种规范性，它们都是选定一种未来状态作为最佳者，并让行为直接指向选好的方案。简言之，决策既有事实成分，又有（价值）伦理成分。因此，决策正确与否的问题，则会转化为"应当""好""最可取"之类伦理术语是否具有单纯的经验意义的问题了[3]。对此，西蒙主张，（价值）伦理术语是不能完全转化为事实术语的。

为此，西蒙提出了自己的观点：为决定一个命题是否正确，我们或者必须把它直接同经验、同事实相比较，或者必须断定它是从另一个能与经验相比较的命题，通过逻辑推理而导出。但是，用任何推理过程也无法从伦理命题推出事实命题来，而且，伦理命题强调的是"应当如何"，是一种规范命题，而不是事实命题。因此，我们检验伦理命题的正确性是无法从经验中进行理性推导的[4]。因此，西蒙奉行了逻辑实证主义的原则，强调在科学研究过程中，把事实与价值（伦理）严格地区分开来。

---

[1] Herbert A. Simon. Administrative Behavior: A study of Decision-Making Processes in Administration Organization, 2nd ed. New York: Free Press, 1957, p. 45.

[2] Herbert A. Simon. Administrative Behavior: A study of Decision-Making Processes in Administration Organization, 2nd ed. New York: Free Press, 1957, pp. 45-46.

[3] Herbert A. Simon. Administrative Behavior: A study of Decision-Making Processes in Administration Organization, 2nd ed. New York: Free Press, 1957, p. 46.

[4] Herbert A. Simon. Administrative Behavior: A study of Decision-Making Processes in Administration Organization, 2nd ed. New York: Free Press, 1957, p. 46.

三、理性决策模型

(一) 理性的内涵

理性是西蒙决策理论的基础。西蒙认为,就对付复杂问题而言,人类个体的能力相当有限。人类个体的理性有一定的限度,他们认为在认识周围的世界之时有必要联合成一个团体或组织,以克服理性限度的缺陷。在西蒙看来,组织对个人的影响主要体现为两大方面:一是组织和制度能让群体内的每一个成员稳定地预见其他成员在特定环境条件下的行为。这类稳定预见,是对社会群体行动后果进行理智思考的一个必不可少的前提。二是组织和制度向群体成员提供了一般性的刺激行动的过渡目标。

在西蒙看来,人类理性在制度环境中塑造出来,也在制度环境中发挥作用。正是在这个环境中,人类理性获得了高层目标和高层次的整合。对于一个具有民主文化的国家来说,立法机关是这些制度的主要设计者和仲裁者。管理组织同家庭之类更古老的传统组织相比,也许不能强求它的价值同后者所拥有的人类基本价值一样重要。然而,随着人们在经济上相互依赖性的增长,人们对必不可少的官方机构依赖性的增长,正式组织正在迅速占据前所未有的突出地位。

西蒙认为,"理性的个体是,而且必须是一个被组织化和制度化的个人"[1]。个人的决策不仅必须是他本人心理过程的产物,而且必须体现更广泛的考虑,这就是组织起来的群体弥补个体理性不足的功能。西蒙对理性的定义与哲学意义上的理性——关注像正义、公平和自由这些作为构建人类社会基础要素的宏大叙事相比,其含义要狭窄得多。称某一特定的组织具有理性的特征是运用理性决策模型的一种话语,这意味着这一组织要追求最大化的效率,而非要去追求道德上和政治上的合理目标。这样一来,理性的行为就是有助于组织目标实现的行为,理性就等同于效率。

(二) 行政人假设

西蒙认为,个体具有理性计算个人利益得失的行为特性,然而,建立在金钱与地位诱惑基础上的个人的价值观念可能会被组织的价值观念取代。这样一来,组织内的个人判断必然会被组织的决策过程代替。一旦发生这种现

---

[1] Herbert A. Simon. Administrative Behavior: A study of Decision-Making Processes in Administration Organization, 2nd ed. New York: Free Press, 1957, p.102.

象,更制度化、更现代化的"行政人"就会立即取代传统的"经济人"。

西蒙认为,"行政人"是与"经济人"截然不同的概念,"行政人"具有两个非常重要的特征:(1)"行政人"追求"满意度"而不是"最大化",所以他不必首先确定事实上有多少种行为选择方案,也不必审查每一个可能的备选方案,就可以作出决策。(2)因为"行政人"认为世界是"虚无的",也不在乎"各种事物之间的联系"(这对思考和行动来说是多么费劲),所以他们仅凭相对简单的经验(这些经验并未超越其思考能力)就开始作出决定[1]。

在西蒙看来,虽然"行政人"不能达到"经济人"的理想状态,但是他能够在现有的条件下达到他所能达到的满意状态。对于组织化和制度化的行政人而言,其最明显的特性在于组织的影响力不仅使他做一些具体的事,而且使他习惯于同他人协作以完成组织的目标和任务。因此,我们可以得出以下几点:第一,虽然"行政人"只具有"有限理想",但他仍然必须寻求理性的组织行动;第二,"行政人"与"经济人"的基本计算理性仍然是一样的,即尽可能地追求效用最大化;第三,为了消除人类非理性的负面影响,组织要将其理性标准——通过用组织的决策逻辑前提代替个人的决策前提,或者用按规则做出的决策和标准的操作程序来规范个人的行为——强加于个人[2]。

(三)决策与政策制定

当代西方行为主义学派政治学者的重要方法论主张之一,就是提出新的概念工具去从事研究,同时他们已经在事实上应用概念工具从事研究。决策是其中之一,其他的诸如"系统""权力""群体""精英"等都是。而所谓"分析单位"也是针对这种概念工具。在政治学研究中,上述概念已经为许多人所接受和采用,但是在行政学研究中,上述概念并非全部都能适用。

西蒙的贡献在于将决策引入公共行政领域。虽然西蒙认为《行政行为:行政组织中的决策过程研究》一书是对组织决策的研究,但他后来更直截了当地提出他早期著作中一些明确表明了的东西,即决策是行政的核心。在西蒙看来,决策本质上就是管理。在以往政治-行政二分法的影响下,决策研究只关注组织的最高层如何制定大量的政策。因此,传统管理主义只关注"执行"或"做"的层面,而对于"决策"的层面漠不关心。然而,

---

[1] [美]罗伯特·B.登哈特著,扶松茂、丁力译:《公共组织理论》(第三版),中国人民大学出版社2003年版,第88页。

[2] 同[1]。

现实工作中任何实际活动都必然会包含决策与执行两个层面,但行政学者一般不认为应对行政理论中的决策程序与执行程序给予同等的重视。导致这种情况是由于人们普遍认为决策是与政策相关联的,而行政学无需关注决策。然而,实际上决策程序并非仅仅局限于对行政组织的目标做出决定,"决策"与"做"在行政组织中是经常存在的,二者具有极强的关联性。西蒙认为最高层的决策只是指导整个行政系统各个层级进行决策的开始。不管是行政首长制定一个新计划,还是操作人员具体执行命令,决策的基本过程是相同的。

此外,西蒙认为实现行政组织目标的具体层面的工作由组织最基层的操作人员来完成,比如说,火灾由救火队员而非救火队长扑灭。然而,那样职务处于操作人员之上的非操作人员在实现组织目标方面并非可有可无,而且影响可能更大。例如,打仗虽然是由士兵打的,但是指挥官对于一场战事的影响比士兵更大。这种非操作的行政人员在实现一个组织目标上的作用大小,取决于其对最下级操作人员的决策影响程度[1]。因此,理解了决策过程就意味着理解了组织行政。

行政组织中的多数人要去完成某项工作,必须设计出一整套的工作步骤,这就是行政程序,而这种行政程序也就是决策程序。在西蒙看来,组织中任何层级的决策过程都包括三个阶段:一是情报活动,即审视决策环境,把握决策时机;二是方案设计,即发现或者设计备选的行动方案;三是决策选择,即选择最有可能成功的备选方案。在现实生活中,这三个决策阶段并不是截然分开的。只是为了进行决策分析,才将这三个阶段看作一个完整决策过程中的三个基本要素。

(四)决策有限理性模型

西蒙在《行政行为:行政组织中的决策过程研究》一书中介绍了达到完全理性的要素:(1)在决策之前,全面寻找备选行为;(2)考察每一可能抉择所导致的全部复杂后果;(3)具备一套价值体系,作为从全部备选行为中选定其一的选择准则。

然而,人类的实际行为往往不具备完全理性的特质,这主要表现为三大方面:(1)根据完全理性的要求,行为主体能够完全预见和知晓每种选择后果方面的知识。然而,在现实中,对后果方面的知识的了解往往是零散不全

---

[1] 丁煌:《西方行政学说史》,武汉大学出版社1999年版,第179页。

的。(2)人们不可能完整地预见后果的价值。(3)由于方案的有限性,行为主体不可能对所有方案进行比较并从中选择最优方案。但对真实行为而言,人们只能想到全部可能行为方案中的很少几个。

正是基于上述原因,西蒙对完全理性模式进行了激烈的批判,在此基础上提出了自己的决策有限理性模型理论:(1)决策者在进行决策之前不可能掌握所有的相关信息。根据完全理性的要求,行为主体可以对每种抉择后果的知识具有完全的预见性。而在现实中,这是不可能做到的;至于使他得以从对当前状况的了解去推想未来后果的那些规律和法则,他也是所知甚微的。(2)正如预感的快乐同现实的快感可能有差距一样,人们对决策方案后果的预见也很难与实际相符。因此,在评价方案的精确性和一致性时,人们往往受到个人能力的限制。(3)人的基本生理限制以及由此而引起的动机限制、认知限制往往会影响决策的合理性。因此,现实生活中的人们不可能做到完全理性,而只能做到有限理性。(4)决策者在试图对问题的客观模式进行构建的时候,往往带有一种主观性,并按照这种主观性进行行动,从而导致了对问题认识的偏颇。当决策者获取信息时,他们有时对信息加以选择并重视,有时则放弃与忽略信息。(5)个人的价值观、性格与爱好等也会影响决策方案的选择。决策者进行个体的决策选择时往往会被其爱好、性格、情感、价值观等进行左右,甚至某些因素还会导致行为个体的非理性决策。

正是受以上各种主客观因素的限制,西蒙认为,完全的理性决策行为在现实中不存在。人类行为往往既不是古典经济学家所提倡的"完全理性"行为,也并非弗洛伊德所讲的"非理性"行为,而是在"完全理性"与"非理性"之间的"有限理性"行为。因此,组织化与制度化个体只能是一种有限理性的人,而非完全理性的人。正是基于此,西蒙主张"经济人"应该被基于"有限理性"基础之上的"行政人"所代替。在他看来,经济人与心理人二者的结合体构成了"行政人"的基础。心理人有他自己个人的动机与目的,因而在组织决策方面就可能有合理或不合理的行为;而经济人则具有完全理性的能力,能够实现目标选择的最优化。西蒙认为,行政人则不同于心理人与经济人,他宁愿追求满意而不是最佳的决策选择,因此,行政人在决策过程中具有"有限理性"。

第三节　行为主义行政学对管理主义的
贡献及自身的不足

一、行为主义行政学对管理主义的贡献

虽然西蒙对传统管理主义提出了严峻的挑战,然而,建立在技治主义基础上的行为主义行政学理论并没有脱离管理主义范式的本体论(公共行政的目的与任务)基础,它所挑战的只是传统管理主义的认识论基础(公共行政的方法与途径)。

从本体论来看,西蒙的行为主义界定何谓"正确"或"好"的公共行政仍然是以效率标准作为其基本工具,这与传统管理主义追求政府效率至上的目标一致。然而,从达到政府效率目标的手段与方法来看,二者有截然不同的看法。传统管理主义对政府效率的认识主要有以下三点:一是强调政治与行政的分离,以便于把行政作为一个单独的领域进行研究,这样便规定了公共行政基于效率的工具主义取向;二是官僚制组织提高政府效率的手段主要是管理的非人格化、有效分工与层级节制;三是通过在政府管理实践中总结出一套公共行政原则来指导公共行政,以实现政府效率的提高;四是实现政府公务员的常任制与中立化,并通过功绩制原则来实现政府效率的提高。

西蒙的行为主义行政学对传统管理主义的政府效率观进行了解构。首先,西蒙批判了传统管理主义赖以建构的理论基础:政治-行政二分法。他认为,从政府机关的实际情况来看,政治(决定政策)与行政(执行政策)相互关联,密不可分。在行政领域不仅仅存在着执行,而且往往存在着决策。西蒙从价值与事实相分离的角度看待决策与执行问题。正是由于政治与行政二者的不可分性,使旨在提高政府效率而把行政当作一种事务性领域的传统管理主义受到了空前的挑战。

其次,西蒙的决策理论模型对传统管理主义的效率观进行了挑战。传统管理主义的组织形态是官僚制,它依靠层级节制与合理分工原则来提高政府效率。然而,西蒙认为,官僚制所依赖的权威、专业分工、控制幅度等原则并不能够达到提高政府效率的目的,而且它们之间往往相互冲突。在西蒙看来,人类的个体所能达到的理性有限,他们必须联合起来成为一个组织,从而

克服理性的不足。因此,理性的个体是一个被组织化和制度化的个人。

总之,以西蒙为代表的行为主义行政学对传统管理主义进行了系统、深刻的批判,进而提出基于行政人假设的理性决策模型的概念。首先,西蒙紧紧围绕着逻辑实证主义的路径,将行政行为中事实和价值分离开来,以建构一种综合性的行政理论框架。其次,西蒙有效地摆脱了政治学和公共行政学的紧密联系,而倾向建构一个一般的研究方法。这使西方公共行政学开始迈进了一个新的时代,促使研究者对手段而不是目的倾入越来越多的关注,从而使人们更加关注行政技术而非行政原则。最后,西蒙开拓了公共行政学的研究视野,将企业管理学、政治学、社会学、心理学等学科的研究方法引入公共行政学当中,从而使公共行政学研究的领域更加宽广。

二、作为封闭系统模型的理性决策模型之批判

西蒙的理性决策模型强调理性选择,尤其是对有限理性的关注,使其研究理论脱离了传统管理主义的狭隘研究视野。然而,在许多学者看来,理性决策模型也不是一种完美的组织理论,它只是一种封闭系统的静态分析,而没有考虑到影响其组织的外部环境因素,因而不能够真正解释现实组织的运作规律。

詹姆斯·汤普森在其《行动中的组织》一书中提出了对复杂组织的两种研究方法,即封闭系统研究法和开放系统研究法。前者强调完成目标的效率,并以实用的方式利用组织资源,通过各种控制机制来减少环境对组织的影响。按照汤普森的逻辑,官僚制模型与西蒙的理性决策模型都属于封闭系统研究的范畴。在汤普森看来,与封闭系统相比,开放系统研究法强调人们不可能完全认识到所有影响组织的各种变量因素,也不可能预见和控制这些变量因素的影响。因此,复杂组织是相互依赖的诸多部分组成的一个有机的统一整体,每个部分都对组织这个整体的形成创造了条件,同时也从组织整体中获取自身发展的因素,从而使组织整体与更大的环境系统相互依存[1]。在汤普森看来,组织系统通过不断演进与发展来维持其内部的稳定与平稳。在组织系统中,非正式组织研究以及组织与环境之间关系的研究十分重要。

为了把开放系统与封闭系统整合起来,汤普森强调在组织内部应划分为三大层次,即技术层次、管理层次与制度层次。在汤普森看来,每一个组织都

---

[1] James Thompson. Organizations in Action. New York: McGraw-Hill,1967, p. 6.

应包括这三大层次。其中,"技术层级的组织只注重组织实际任务的有效执行;管理层级的组织只注重协调组织的技术群体与服务对象之间的关系,为技术层级完成任务提供必需的资源;制度层级的组织只注重处理其作为一个制度结构实体性组织与外部社会系统之间的关系"[1]。

对比西蒙的理性决策模型与汤普森的封闭系统与开放系统整合模型的研究,我们可以看出,西蒙的理性决策模型只是解决了汤普森研究模型中的前两个层次,即只注重组织内部的研究,而没有看到组织内部的层级制度与外部社会系统即环境之间的关联性。因此,西蒙的理性决策模型只是静态地对组织内部进行研究,而没有对组织外部环境之动态变化给予关注,其理论与传统管理主义一样,不可避免地有其内在的缺陷。

---

[1] James Thompson. Organizations in Action. New York: McGraw-Hill, 1967, pp. 10–11.

第六章

技治统治的危机：民主主义的反击

20世纪60年代末，美国的技治主义统治出现了严重的危机。它强调用客观主义和实证主义的方法来研究公共行政，这样一来，技治主义对效率的过分追求往往导致见物不见人、重物不重人的倾向，从而使自由、民主等政治正义价值丧失殆尽。此外，随着经济和技术的迅速发展，美国在政治、经济和社会等方面也相继出现了许多问题，由于政府处理不善，公共行政出现了合法化危机。本章主要介绍20世纪60年代美国公共行政的现实与知识危机，阐释新公共行政运动对技治主义统治的反击，在此基础上评价新公共行政学的贡献及不足之处。

第一节 美国公共行政之危机

把公共行政作为一门"纯科学"的工具主义倾向在某种程度上为公共行政的现代化提供了技术支持，并使公共部门的效率有了较大的提高。然而，钟摆过多地摆向管理主义，而忽视公共行政中的公正、正义、公平等民主价值，只会使公共行政缺乏合法性而走向极端，成为"盲动的理论"。这在20世纪60年代的美国社会表现得淋漓尽致。

一、现实的危机

20世纪50年代，美国处在一个政治稳定、经济快速增长的时期。然而，到了60年代,美国开始步入一个动荡的时代,并引发了一系列的政治、经济和社会危机。诸如黑人民权运动、学生运动、越南战争等一系列的危机事件对美国政府管理提出了严峻的挑战。

(一)黑人民权运动

20世纪50年代的美国虽然在黑人种族平等方面有了较大的进步,但黑人的经济和社会地位由于受北部事实上的种族歧视以及南部种族隔离制度残余的影响而没有根本性的改观。在经济状况方面,虽然黑人的收入较之以前有了一定的改善,然而,与白人的收入相比还存在着较大差距。1959年美国人收入统计显示,黑人收入的中间值为2 254美元,白人收入的中间值为4 377美元,黑人收入几乎只有白人收入的一半。在教育方面,黑人平均只有8.2年教育,而白人则达到10.9年[1]。在就业方面,黑人家庭的子女由于父辈的贫困而得不到很好的教育机会,他们往往备受歧视而难以找到合适的工作。在失业率方面,黑人也要比白人高出不少。这种极为不平等的现象导致了许多黑人的不满,因为它和自由、平等、民主的观念背道而驰。于是,黑人通过各种非暴力斗争的形式不断地争取平等的权利,并在一些地区、一些领域取得了一些进展。然而,这种斗争形式在全国范围造成重大影响的是"自由乘车"运动。这要归功于最杰出的黑人领袖马丁·路德·金牧师,但引发这次运动的却是一位普通的黑人妇女——罗莎·帕克斯夫人。她从裁缝店下班后坐公交车回家,因拒绝为一个白人男子让座而遭到警察逮捕,其理由是"擅占白人座位"。此外,她还被法院判处监禁14天或罚金14美元。为了争取公平正义,帕克斯夫人提出上诉,而裁缝店不但不同情她,反而将她解雇。此事激起黑人极大的愤慨,引发了一场世人瞩目的黑人民权运动。当日晚上,有约5 000名黑人聚会,一致通过抵制公共汽车的决议,并成立"蒙哥马利改进协会"来领导斗争。马丁·路德·金任协会的总指挥。当时有4.2万名黑人男女每天走路上班,拒绝乘坐公共汽车。经过长达一年多的"自由乘车"运动,最终最高法院在1956年12月判决在公共汽车上的种族隔离为非法。蒙哥马利抵制公共汽车事件成为民权运动的先声,此后,全国的黑人运动风起云涌。如在1960年的"占座"运动、1961年的"自由乘客"运动以及1962年的南部黑人选举权运动、1963年的"向首都进军"运动、1968年的

---

[1] 沈汉、黄凤祝:《反叛的一代——20世纪60年代西方学生运动》,甘肃人民出版社2002年版,第51页。

抗议马丁·路德·金被暗杀运动等,把民权运动不断推向高潮。

经过黑人的抗争,民权运动取得了丰硕的成果。到1961年有200个城市取消了种族隔离,1962年9月州际运输中的种族隔离被禁止,国会也通过了一系列的民权法案以取消种族隔离,保障黑人的选举权等公民权利[1]。由于非暴力主义运动所取得的进展有限,或对其所取得的法律成果转变为现实成果时间太长越来越丧失信心或失望,一部分黑人便转向暴力主义。1964年7月18日,纽约市1名下班的警察杀死了1名黑人青年。这一事件触发了哈莱姆区的黑人暴动,并波及纽约市的其他地区。1965年8月在洛杉矶瓦茨区,黑人与警察发生了激烈的暴力冲突。1967年,黑人城市造反走向了高潮,波及128个大城市[2]。

(二)新左派运动

美国20世纪60年代出现了以青年学生为主体的新左派运动,它扫荡了50年代形成的沉闷的政治空气,掀起了社会抗议的浪潮,并对美国社会的正统思想和政治制度提出了有力的挑战。

1960年,受南方黑人静坐示威的影响,作为新左派运动的主要代表"学生争取民主社会同盟"开始卷入了民权运动。当时,该同盟的主席罗伯特·哈伯主张民权问题是学生运动的首要目标。1962年6月,学生争取民主社会同盟在密歇根州的休伦港召开全国代表大会,并通过著名的《休伦港宣言》,标志着新左派组织正式成立。宣言痛斥了美国社会存在的严重弊端,并要求政府进行改革。自此,新左派运动走上了一条激进的道路。

对新左派从改良主义走向激进道路有重大影响的事件是1965年开始的大规模反战运动。早在1964年,学生争取民主社会同盟的许多支部都在关注越南战争问题,并在5月2日参加了反战示威游行。当时这个运动是由青年社会主义同盟、青年社会主义联盟、进步劳工党和学生争取民主社会同盟发起的,它们利用其喉舌《自由学生》杂志对美国政府的越南政策进行了猛烈的抨击。受"5月2日"运动的影响,学生争取民主社会同盟全国委员会在1964年12月的会议上决定:1965年4月17日向华盛顿发起反战进军。4月17日,共有250 000人参加的反战队伍进行了否定美国外交政策和反对

---

[1] 吴金平:《自由之路——弗·道格拉斯与美国黑人解放运动》,中国社会科学出版社2000年版,第297页。

[2] 刘绪贻、韩铁、李存训:《美国通史:第6卷 战后美国史 1945—2000》,人民出版社2002年版,第315页。

干涉越南的政治示威。它表明新左派已作为一支不可小觑的政治力量出现在美国社会的舞台之上。此后,学生争取民主社会同盟的成员迅速增加[1]。

在学生争取民主社会同盟的大力支持下,各团体迅速组成"越南日委员会",并于1965年10月15日至16日发动了几千万人参加的全国性反战运动,要求美国立即从越南撤出,承认越南民族解放阵线,并弹劾总统约翰逊。反战抵制活动于1967年走向高潮。4月15日,30万人在纽约举行反战进军。175名学生在中央公园当众烧掉征兵卡。10月21日,约10万反战学生向五角大楼进军,并与政府派出的军队进行对抗。

1968年3月,学生争取民主社会同盟全国委员会列克星敦会议决定:从反战转向黑人问题。马丁·路德·金被刺事件发生后,全国100多个城市爆发了大规模黑人运动,这使学生争取民主社会同盟的激进分子得出了必须以暴力对付暴力的结论。

(三)妇女运动

在二战以后的美国,妇女在收入方面与男子相比不仅存在很大的差距,而且有差距拉大的迹象。如1965年妇女中位收入为男子中位收入的30%。此外,由于战后早婚、早育、多子女以及中产阶级家庭大量迁往市郊,那些本来有可能受高等教育的中产阶级家庭出身的妇女,因受到婚姻和家务的拖累而无法上大学,致使20世纪50年代美国在校大学生中的女生比例大幅度降低。1960年,在高等院校担任教职的妇女比例,也从1930年的27%,下降到1960年的22%[2]。

1963年,随着女权运动的领袖贝蒂·弗里《女性的奥秘》一书的出版,妇女维权意识得到唤醒,妇女运动也随之进入高潮。1967年,全国妇女组织第一次全国代表大会通过《权利法案》,要求美国国会通过平等权利宪法修正案,政府应保证妇女平等就业机会,保证妇女享有和男人同等受教育的权利等。在全国妇女组织的领导下,许多美国妇女通过罢课、罢工、法院诉讼等形式展开斗争。1971年,美国成立了多党派的全国妇女政治党团会议,进一步扩大妇女参政范围,提出了"妇女们!决策而不煮咖啡"的口号。全国妇女组织和全国妇女政治党团会议在现有制度内部展开的斗争,得到了比较广泛的

---

[1] 刘绪贻、韩铁、李存训:《美国通史:第6卷 战后美国史 1945—2000》,人民出版社2002年版,第328页。

[2] 刘绪贻、韩铁、李存训:《美国通史:第6卷 战后美国史 1945—2000》,人民出版社2002年版,第335页。

支持。60年代末期,女权运动因反对全国选美庆典的活动而吸引了社会的广泛注意,并以进军、静坐、抵制和游行等方式支持妇女平等权利运动的经济和社会目标。

此外,校园枪击事件、暗杀事件、能源危机以及后来的"水门事件"等一系列事件的发生使美国在二十世纪六七十年代变得动荡不安,从而对公共行政提出了严峻的挑战。弗雷德里克森认为,在一定程度上美国早期工业化的过度发展似乎是导致这些危机的原因,又像是我们社会和政府并未很好解决问题所致。政府不断支持的城市化导致城市危机;在大城市中心地区存在少数民族隔离的现实在某些程度上是导致种族危机的原因;我们发现负担过重的福利制度、难以接受的失业水平是中心城市现实生活状况以及相关的公共服务不断恶化的产物;健康护理、交通、环境与能源等方面的一系列危机因素都影响着公共行政[1]。可见,20世纪60年代的美国处于从工业社会向后工业社会转型的阶段,作为传统管理主义的官僚制组织在应付这些政治、经济、社会问题时显得力不从心,受到了前所未有的挑战。

二、知识的危机

(一)方法论的危机

20世纪40年代,由于受行为主义的影响,行政学研究强调对自然科学的技术手段的应用,并主张价值与事实相分离,推进公共行政走向科学化与技术化。行为主义的科学化取向为公共行政提供了逻辑实证主义的方法论基础,其最重要的特征在于:强调价值中立,将应然和实然分离开来;强调经验科学,对社会现象的研究基于自然科学的方法论;强调寻求通则,实现规律性知识的超越时空性;强调预测控制,使社会与自然能够为人所掌控;机器隐喻,把整体看成是一架机器,并可随意拆分开来研究;主张简约主义,认为所有复杂的现象都可以简化为若干组成部分进行思考。这种主张公私不分,主张效率至上,主张价值中立,建立在逻辑实证主义基础之上的公共行政学,忽视了公共行政的公共性质,混淆了公共行政和私人行政的不同,其公共行政研究及其理论重视技术理性,往往没有对公共行政的目的和基本价值进行反省,长此以往,公共行政则会沦为"牧民之术"[2]。由此可见,西蒙关注手段

---

[1] H. George Frederickson. New Public Administration, Tuscaloosa: University of Alabama Press, 1980, p. 4.

[2] 张成福:《重建公共行政的公共理论》,《中国人民大学学报》,2007年第4期。

而不是目的,关注行政技巧而不是政治原则,其目的是想建立一种有别于政治科学和公共行政的普通行政学。然而,西蒙并没有意识到,当一种终极性价值被工具性价值替代之时,手段则会变成目的,公共行政的目标则发生了置换[1]。这表现为有的学者把政治价值作为公共行政学的干扰因素,如卢瑟·古立克认为:"效率是行政价值尺度上的最高准则,不管我们是在科学的意义上还是在大众的意义上使用这一术语,它都使行政与政治价值尺度的某些因素发生明显的冲突。但是,公共行政学和政治学都是政治科学的分支,因此,我们最终被迫根据政治价值尺度和社会秩序调节纯粹的效率概念。"[2]

这种把公共行政的目标视为效率至上的工具理性取向受到了许多学者的批评,如达尔(Robert A. Dahl)在《公共行政学的三个问题》一文中说道:"与私人行政相比,公共行政研究必定有着更广泛的关注,这就不可避免地使公共行政问题陷入首要考虑的困境中。"[3]沃尔多也认为,在建构公共行政学的过程中,除了对效率的极大关注之外,其他的考虑被日益忽视了。正如他所言:"那些研究公共行政的政治学家对传统的观念即好政府就是具有道德人特性的政府偏离得过了头,以至于陷入另一个极端,即政府与道德毫不相干,适当的制度和专业人才可以决定一切。"[4]为此,沃尔多认为公共行政研究应将价值作为学科的指导思想,而不应该回避价值研究。

(二) 官僚制理论的危机

1. 官僚制对民主的侵蚀

官僚制强调理性至上、等级制与专业至上,从而使官僚制与民主制发生了激烈的冲突。官僚制政府在某种程度上过于强调专业分工与层级节制,特别是对信息资源的过度垄断,在很大程度上妨碍了公民参与公共事务。在韦伯看来,任何官僚组织为了增强专业上的优越地位,都力求对知识和意图进

---

[1] [美]罗伯特·K.默顿:《官僚制结构和人格》,载彭和平、竹立家等编译:《国外公共行政理论精选》,中共中央党校出版社1997年版,第98－99页。

[2] Luther Gulick. Science, Values, and Public Administration, in Luther Gulick, L. Urwick. Papers on the Science of Administration. New York: Institute of Public Administration, 1937, pp. 192-193.

[3] Robert A. Dahl. The Science of Public Administration: Three Problems. Public Administration Review, 1947, 7(1), pp. 2-3.

[4] Dwight Waldo. The Administrative State. New York: Ronald Press, 1948, p. 23.

行保密,职业机密在很大程度上就是官僚制的独特发明[1]。由于官僚的权力主要基于理性、专业性及信息的垄断,因此,社会愈来愈强烈地依赖官僚制组织提供的公共产品和服务,从而使官僚制往往以社会主人的姿态而自居。作为公共利益代表机关的议会也同样不能够对政府进行有效的控制与监督。与那些受过专门训练并熟悉日常管理事务的官员们相比,政治议员往往处于"外行"的地位,这使得职业化的官僚利用这种优势地位,将组织机构利益与个人利益置于公共利益之上。

此外,官僚制强调指挥统一、层级节制,这样就会使行政命令呈自上而下流动形式。然而,现实的状况有时恰恰与此相反,行政信息也存在着自下而上的流动形式。其结果是,服务对象只能够提供一些信息,而不能下达命令。因此,服务对象不能够要求官僚们改变其行政行为。而一个具有效能的服务行动计划迫切需要服务对象主动地参与其中,而非被动接受计划。行政官僚所掌握的信息量越大,公民则越容易被排除在计划之外。因此,公共产品和服务往往不是根据公民的需要来提供,公民逐渐变成政府的臣民。一方面,公民对公共事务的参与度在不断减少,另一方面,政府的行政国家色彩越来越浓厚,再加之官僚制的非人格化,这无形中使公民个人与政府之间的距离越来越大,人与人之间的关系也变得越来越淡漠。正如罗森布鲁姆等人所言:"问题不单是与公共机构难以打交道,而是存在这样的风险,即人与人交往的无情,产生疏离感以及个人感到无力控制其环境,有时这种感觉被称为'社会失范'。"[2]

2. 官僚制对人的主观能动性的压制

韦伯官僚制理论所强调"层级化"与"工具化"会使现代社会中的人过于遵从组织的纪律和权威,在纪律与权威中逐渐丧失了自我。这就造成了个人的"价值理性"完全服从于体制的"工具理性"的局面。人民在政治上以及经济上的主动精神遭到了官僚制的摧毁。官僚制所代表的形式理性,抑制私营经济动机,它们不断压缩个人自由的存在空间,逐渐浸入实质理性的范

---

[1] [澳]欧文·E. 休斯著,彭和平等译:《公共管理导论》(第二版),中国人民大学出版社2001年版,第48页。
[2] [美]戴维·H. 罗森布鲁姆、罗伯特·S. 克拉夫丘克、德博拉·戈德曼·罗森布鲁姆著,张成福等译:《公共行政学:管理、政治和法律的途径》(第五版),中国人民大学出版社2002年版,第480-481页。

域[1]。人们服从官僚组织的命令和决定，因为他们认为这些命令和决定具有合法性。合法性建立在这样的信念基础上，即它们是理性的，反映了训练有素的专业知识而不是非理性的偶发念头，同时也受到法律或官方指令的管制。在理想型的官僚体制中，不可能出现个人偏见的、反复无常的或独断的命令或决定[2]。

3. 官僚制会导致政府效率低下

韦伯所认为的官僚制具有高效率的特点与实践有出入，特别是官僚制在人事制度的实践中所产生的形式主义、体制僵化简单，远远超过了韦伯所设想的情形，使官僚组织的效率变得十分低下。官僚制十分注重等级制的原则，在组织内部设定了大量的等级，每个等级之下又分设许多子级，从而造成层级节制的组织体系，这不仅使信息传递的效率低下，而且组织层级过多，政策在执行过程中也容易变形。此外，规则原本作为手段而存在，但在官僚制组织中却演变成为目的本身，从而造成了本末倒置的现象。罗伯特·K.莫顿（Robert K. Merton）认为固守规则会导致效率降低。在他看来，对规则的固守本来只是作为一种手段而已，然而在实际过程中则变成了目的，从而出现人们所熟悉的"目标位移"现象[3]。

第二节 新公共行政运动之抗争

一、新公共行政学的理论基础

二十世纪六七十年代，新左派运动和反文化运动的发展以及政治学领域产生的"政治学新革命"，成为新公共行政得以兴起的学术背景和重要的理论依据。麦克斯怀特（O. C. Mcswite）曾指出，明诺布鲁克会议，使得公共行政学术传统开始变得动摇了。这为与之前不一样的公共行政的出现提供了条

---

[1] 苏东：《论管理理性的困境与启示》，经济管理出版社2000年版，第108页。

[2] [美]戴维·H.罗森布鲁姆、罗伯特·S.克拉夫丘克、德博拉·戈德曼·罗森布鲁姆著，张成福等译：《公共行政学：管理、政治和法律的途径》（第五版），中国人民大学出版社2002年版，第158页。

[3] Robert K. Merton. Social Theory and Social Structure. 3rd ed. New York: Free Press, 1968, p. 260.

件[1]。然而,对新公共行政学有直接重要影响的莫过于现象学与后行为主义政治学,它们直接成为新公共行政学的理论基础。

(一)现象学

现象学来源于胡塞尔的《欧洲科学的危机与超验现象学》(以下简称《危机》)。胡塞尔所称的现象不是事物对人类理性的作用,而是人类理性本身。在他看来,没有经过人类理性的现象是不存在的。胡塞尔在《危机》一书中所探讨的危机不是科学本身的危机,而是哲学的危机。胡塞尔的科学观是与实证主义相对立的。在他看来,实证主义科学观并非一个完美无缺的概念。相反,实证主义存在着巨大的缺陷。实证主义强调事实,并认为科学无须对价值问题作出回应,诸如什么是理性,什么不是理性等论题统统超出了事实本身的范畴。因此,实证主义试图拒斥所有与主体有关的问题。胡塞尔认为,主观领域中的东西以及客观领域中的东西都应纳入科学研究的范围。也就是说,科学的研究对象应为全部存有者。因此,科学研究对象的一个重要的方面就是有关意义、理性和价值的问题。在胡塞尔看来,对纯粹的客观事实的研究只是科学的任务之一,而非全部。实证主义看不到依赖于由主体所建立的理论的客观事实,看不到由主体授予客体的意义,看不到主体与客体之间的统一关系。因而,从科学观来看,实证主义既片面又错误。人的理性建立理论本身,归根结底是人的理性确定存有者的意义,即人的理性确定什么是事实,什么不是事实[2]。胡塞尔认为,理性赋予一切事物、目的和价值以最终的意义,给予一切被认作"存有者"的东西。这也就是说,理性刻画了自有哲学以来的真理——"自在的真理"——这个词和其相关的词"存有者"之间的规范的关系[3]。

在胡塞尔看来,科学不能等同于现代物理学,它只是一个历史的概念。然而,自19世纪以来,由于在实证科学上不断成功以及形而上学遭到严重挫折,人们相信真正的科学就是实证科学。胡塞尔认为这种实证主义泛滥的现象产生了严重的后果。首先,拒斥形而上学是实证主义的重要特征,其所倡

---

[1] [美]O.C.麦克斯怀特著,吴琼译:《公共行政的合法性——一种话语分析》,中国人民大学出版社2002年版,第177页。

[2] [德]埃德蒙德·胡塞尔著,张庆熊译:《欧洲科学危机与超验现象学》,上海译文出版社1988年版,译者前言第8页。

[3] [德]埃德蒙德·胡塞尔著,张庆熊译:《欧洲科学危机与超验现象学》,上海译文出版社1988年版,第13-14页。

导的科学必然也会导致拒斥事实科学本身。但是理性和事实是不能分割的，哲学的统一体中事实科学具有重要的意义。其次，科学研究的最内在的动力在于抛弃普遍科学的哲学的观念。最后，抛弃理性的、普遍的哲学的理念必然导致人性危机。

胡塞尔认为由于实证主义排除价值研究，加之存在主义背弃了理性主义，从而引发了欧洲的人性危机。胡塞尔批判实证主义的科学观本身具有重大缺陷。实证主义强调理性的方法只适用于自然界，因此，它在原则上排斥了人类在面临生死攸关的时代时所应回答的一个十分重要的问题：人生的意义何在？虽然实证主义在某种程度上仍然具有理性主义的特质，但这种理性主义只局限于自然科学领域，因而具有一定的狭隘性。存在主义虽然也关心人生的意义等问题，然而它在研究人生的意义时所使用的是非理性主义的方法。而胡塞尔的现象学反对实证主义，用一种完全的理性主义来反对残缺不全的理性主义[1]。

由此可见，现象学是对实证主义的一种超越，它强调对人的外显行为背后的哲学根源进行深入研究。这种方法为公共行政学所接纳，以其作为批判武器对长期处于统治地位的具有实证主义倾向的传统管理主义及行为主义行政学进行抨击，并强调主体与客体、事实与价值的不可分性。受现象学影响，公共行政学者希望能够在对世界进行理解之时加入主观的价值。在胡塞尔看来，人具有无限的能动性与反省能力，而不再成为客观的工具。

最早将现象学运用到公共行政研究中的是新公共行政学派科哈特的"协和模型"，之后哈蒙的"行动理论"也对新公共行政作出了重要的贡献。科哈特在论述现象学对新公共行政学的意义时，指出现象学会引导人们关注三个问题：一是社会问题的性质是什么？二是公共行政在解决经济、社会、政治问题时应担当一个怎样的角色？三是公共行政如何才能在专业人员和顾客之间建立一个沟通的渠道？[2]

哈蒙认为，人性是自主的，而非被动的；是社会性的，而非原子论的。因此，人本身就是一种与环境之间的对等互动关系的结果。在哈蒙看来，人所

---

[1] [德]埃德蒙德·胡塞尔著，张庆熊译：《欧洲科学危机与超验现象学》，上海译文出版社1988年版，译者前言第11页。

[2] Larry Kirkhart. Toward a Theory of Public Administration, in Frank Marini. Toward a New Public Administration: The Minnowbrook Perspective. New York: Chandler Publishing Company, 1971, pp. 159-160.

认识的世界之所以是真实的,取决于使它成为真实的各种行动,而人在行动之前,又首先将环境想象成一种独立于行政人员认知之外的存在。与此同时,哈蒙十分明确地指出行政和行为之间的区别,主张社会科学的焦点应是有意向性的行动,而不是单纯的外显行为[1]。在哈蒙看来,组织的研究者应注意组织成员如何理解其世界,如何辨别是非,以及如何反省自己和别人的行动。

此外,哈蒙强调,在自主的社会行动者构成的社会中,公共行政理论必须处理人类行动的实质和过程的关系。如人类行动的价值,应该从行动本身去发现,而不应该从由行动产生的结果来衡量。哈蒙主张公共行政理论必须用新的观点来处理个人价值和群体价值的关系。在他看来,二者的关系应该是以相互性为基础的"协和"关系,协和关系应是指导面对面关系的基本规范性前提。

(二)后行为主义政治学

后行为主义政治学是在反思和批判行为主义政治学理论与方法的基础上产生的主张将传统政治学理论和方法与现代政治学理论与方法,将经验、事实、数据与历史、哲学、理论结合起来观察、分析和解释社会政治现象的各种政治学理论与方法的总称[2]。其代表人物主要有伊斯顿、卡瑞尔、桑道斯、格雷厄姆、普莱福德等。

20世纪40年代和50年代,在西方政治学界兴起了一股行为主义研究的热潮。行为主义强调引入定量研究的方法,主张把事实与价值进行分离,从根本上对传统政治哲学强调价值哲学的取向进行了否定,要求从科学化的角度来研究政治学。行为主义导入政治学领域,形成了行为主义政治科学。公共行政学研究在这一时期也受到了行为主义研究方法的直接影响。然而,当60年代临近结束时,行为主义的潮流受到了新的挑战。这一新挑战在60年代中期和末期标志着美国生活中知识界的骚动和政治、经济、社会危机的不断加深。总的来说,新的挑战来自被称为新左派和反文化这两种现象。在学术界,一批由青年政治学者组成的"新政治科学核心小组",质疑了现存的政治学理论。1969年,新任美国政治学会会长伊斯顿发表题为《政治学的新革命》的就职演说,旨在批判美国的行为主义,并指出美国的政治中正在进行一

---

[1] Michael M. Harmon. Action Theory for Public Administration. New York: Longman, 1981, p. 45.

[2] 施雪华:《政治科学原理》,中山大学出版社2001年版,第46页。

场新的革命。伊斯顿对行为主义的批判在美国政治学界引起了轩然大波,罗伯特·达尔、乔治·格雷厄姆等许多政治学家也开始积极响应伊斯顿的观点,在这种背景下,后行为主义政治学诞生了。

后行为主义政治学以现象学认识论作为其立论基础,认为人们在认识社会的过程中必然会涉及意识形态与价值观念。在后行为主义政治学看来,行为主义的"价值去除"只不过是想遮蔽其保守主义倾向。后行为主义政治学强调个人或集体应对正义、民主、自由等价值给予更多的关注;并强调在严重不平等与紧张、骚乱的时代,保持学术上的超然而对价值问题不闻不问是不负责任的表现。正是基于此,后行为主义政治学认为应对规范研究方法给予足够重视,并确立其在政治学研究中的核心地位。行为主义政治学所奉行的是"宁可错误,也不可含混不清"的箴言,而后行为主义政治学则主张"宁可含混不清,也不可于事无补"。后行为主义政治学认为规范性的内容要比纯粹的定量化的分析方法与技术更为重要,政治要向着应用性的目标前进,这就需要将基础理论与实际应用二者结合起来,并将价值与科学化的方法进行有机结合,唯有如此,才能真正解决现实的社会问题。可见,后行为主义政治学并非完全否定行为主义政治学,而是对行为主义政治学进行了修正。

后行为主义政治学的发展导致人们对传统管理主义进行反思,使人们开始注重公平与民主的价值,关注事实与价值、政治与行政的关联,倡导民主主义的行政模式,重视行政伦理和人性研究。可以说,新公共行政学是随着"新政治学运动"的产生而产生的。

二、新公共行政运动的产生与发展

1967年,美国雪城大学马克斯韦尔公民与公共事务学院教授沃尔多认为,在他所参加的美国政治和社会科学学会举办的"公共行政理论与实践"研讨会中,会议因没有达到预期的效果而遭到批评。批评者一致认为会议存在如下问题:(1)对美国城市的种族歧视、越南战争、贫富差距及公职人员的伦理道德等问题没有进行有效的探讨;(2)会议比较保守,只涉及60年代之前的理论观点,而没有大胆地提出新的理论观点;(3)对专家的组织能力过于信任,对官僚制组织质疑较少;(4)对社会和组织的变化没有充分的认识;(5)没有对公民的需求予以充分的关注,以及没有对民选官员以外的回应性问题;(6)对政府的行政行为持过分乐观的观点。之所以当时的观点存在保守倾向的一个因素,是因为与会专家的年龄层次整体偏老。

此外，沃尔多认为，公共行政在研究上出现了"代沟"问题。因此，沃尔多萌发了召开由60年代后进入公共行政领域的青年学者参加会议的念头，该会议的目的是让这些青年学者去讨论和鉴别公共行政学所应该研究的问题，以及公共行政学如何应对70年代的挑战。为此，在沃尔多的帮助下，会议于1968年9月3日至7日，在纽约雪城大学的明诺布鲁克（Minnowbrook）会议中心举行。当时由几所大学公共行政系和研究所共同推荐，共有公共行政领域学者与实务人员33人参加了会议，其中有12个人针对公共行政学的主要领域提交了论文。会议回顾了公共行政学的发展历程，就当今动荡不安的社会中的规范性理论、政策制定、适应能力与组织发展等问题做了广泛而深入的讨论，并探讨了美国公共行政未来发展的方向。明诺布鲁克会议主要的议题是：（1）社会公平；（2）国内公共行政；（3）作为一项道德事业的公共行政；（4）公共行政的民主基础；（5）公共行政的相关性[1]。会议召开后取得了较为理想的结果，不仅对美国当时的现实问题进行了反思，而且表明新公共行政学派得以产生。会议的成果收录于马里尼所编的《迈向新公共行政：明诺布鲁克的观点》。在该书的结论中，马里尼把明诺布鲁克会议的观点进行了总结和归纳，主要有如下几个方面的主题：后逻辑实证主义的观点；走向"关联性的"公共行政研究；建立新的组织形态；适应动荡不安的时代环境；"以服务对象为导向"的公共行政。

新公共行政学派在第一次明诺布鲁克会议之后，又分别在1988年及2008年召开了第二次和第三次明诺布鲁克会议。虽然在会议议题上有所调整，但都强调规范性研究的重要性，并对公平、民主、平等等规范价值的关注始终没有改变。

第三节 政治正义的优先性：新公共行政学的理论观点

如前所述，新公共行政学对公共行政逻辑实证主义的研究取向进行了有力的挑战，并用全新的规范化视角对公共行政的过去与未来进行审视，从而使新公共行政学摆脱基于政府效率的传统管理主义与行为主义行政学的束缚，并成长为一个强调政治正义之优先地位的新的理论研究模式。具体而

---

[1] [美]乔治·弗雷德里克森，宋敏：《明诺布鲁克：反思与观察》，《行政论坛》，2010年第1期。

言,新公共行政学对于政治正义优先性的强调体现在如下几个方面。

一、批判工具理性,重塑公共哲学

建立在逻辑实证主义基础之上的传统管理主义强调把政治与行政严格地分开,认为"公共"与"私营"组织管理方面的共通性,赋予公共行政工具理性特征与职业主义取向,并将公共行政的目标和首要任务视为政府效率。然而,这种工具理性取向的过度发展会使公共行政由于丧失公共性与民主政治的特质,从而演变成只对量化方法与管理技术给予重视,而对正义、民主、自由、公正等规范价值置之不理,最终会造成公共行政的危机。正如杜威(J. Dewey)所言:"公共行政的公共性似乎已消失,这的确令人疑惑。我们对政府、官员以及他们的活动了解得十分透彻。立法者尽情地制定法律,政府官员们花费很大的精力执行这些法律,法院的法官要尽其所能处理堆积如山的各种诉讼案件。然而,这些官员应该代表的公共性在哪儿呢。"[1]此外,沃尔多早在1948年就指出,"公共部门与私营部门的通则性忽略了公共行政的根本——民主政治理念的公共本质"[2]。

对公共行政的公共性缺失批判得更透彻的要数新公共行政学的代表人物弗雷德里克森。他认为,公共行政中公共性的逐渐丧失是行政国家的首要缺陷,公共和公共责任对于人们而言已经变得越来越陌生[3]。在弗雷德里克森看来,公共是一个涵盖范围很广的前政府概念,其所体现的领域是方方面面的,如志愿团体、邻里、教堂等,并由此分解出众多公共组织。政府是体现公共性的一个重要部门,然而,传统管理主义以及行为主义行政学十分狭窄地把这一领域界定为政府行政,其结果是把公共行政理解为只是从事预算、人事等管理事务,其最终的目标是提高政府效率。要真正理解公共行政,对公共进行有效的探讨是有必要的。为此,弗雷德里克森梳理了关于"公共"的五种不同的观点:公共是公民;公共是顾客(服务提供的观点);公共是被代表者(立法的观点);公共是理性选择者(公共选择的观点);公共是利益集

---

[1] J. Dewey. The Public and Its Problems. Chicago: Swallow Press, 1954, pp. 116 - 117.

[2] Dwight Waldo. The Administrative State. New York: Ronald Press, 1948, p. 159.

[3] [美]乔治·弗雷德里克森著,张成福等译:《公共行政的精神》,中国人民大学出版社2003年版,第4页。

团(多元主义的观点)〔1〕。在弗雷德里克森看来,这些对公共的解释都是有缺陷的,为此,他提出了自己关于公共的观点。他认为公共行政的公共理论包括以下构成要件:(1)宪法。宪法是公共行政的公共性的根基。分权制衡、程序性正当的法律程序、权利法案中的公民权利、代议制政府原则、人民主权原则,以及联邦宪法和州宪法中的许多规定,均是公共性的基础之所在〔2〕。美国政府的根本目的就是为所有公民确保美国的立国价值,使民主制度成为这一目的的手段,而不使民主成为目的本身,宪法则起着对政治正义价值的保障作用。(2)品德崇高的公民。在弗雷德里克森看来,公民精神的理念在公共行政的公共性中得到了强化。换言之,一个好政府必须有一群它所代表的好公民,得到强化了的公民精神应该成为一种公共行政的前提条件。(3)对集体和非集体的公共的回应。公共性在于对集体的和非集体的公共利益诉求的倾听与回应,并将其进行制度化。(4)乐善好施与爱心。即公共性必须建立在竭力争取使公民过着安全、体面和幸福的生活的基础上。

二、批判效率至上,倡导社会公平

在美国公共行政发展的早期,托马斯·伍德罗·威尔逊强调公共行政是能够把企业的效率理论与民主政府理论有效地结合在一起的。在他看来,一个有效率的政府不仅对公平等规范价值没有侵害,而且有助于更好地维护民主价值。然而,随着公共行政理论的发展,传统管理主义强调对人与人之间互动的控制是通过组织的规制来实现的,这实际上就是客观化与非人格化的理性效率。这样一来,人与人之间的互动则变成了纯粹的工具般的相互操作,个人只是被动地服从于组织的各种规章制度,只是为了达成组织目标而一味追求效率的最大化,从而使个人成为组织中具有非人格化特征的螺丝钉。特别是在公共行政原则的时代,效率作为首要的善被推崇到极致,公共行政组织成员与服务对象之间的距离则日渐加大,组织丧失了应负的社会责任,从而使正义、公平、民主、自由等规范价值受到侵蚀。正是基于此,新公共行政学派认为应强调社会公平至上,以弥补效率标准的不足。弗雷德里克森认为,传统的公共行政学注重对政府较少投入的经济问题,还有在一定的资

---

〔1〕 [美]乔治·弗雷德里克森著,张成福等译:《公共行政的精神》,中国人民大学出版社2003年版,第28页。

〔2〕 [美]乔治·弗雷德里克森著,张成福等译:《公共行政的精神》,中国人民大学出版社2003年版,第39页。

源上能够尽可能提供更多或更好的服务的效率问题。而新公共行政学与传统公共行政学不同的是,它关注公共服务是否增进了社会公平问题[1]。

在弗雷德里克森看来,公平强调人与人之间存在一种公道、正当和公正的习惯或精神[2]。显然,这种解释与罗尔斯的政治正义观一脉相承。另外,弗雷德里克森还对"社会公平"进行了诠释:社会公平强调公共管理者在决策和组织推进过程中的责任和义务;社会公平注重政府提供服务的均等性;社会公平并非以满足行政组织自身需要为目标,而是强调要积极回应公众的诉求;社会公平强调公共管理的变革;在公共行政的教学与研究中,为解决相关的现实问题,社会公平还强调更加注重其与其他学科的交叉[3]。

此后,弗雷德里克森在后来出版的《公共行政的精神》一书中又提出了社会公平的复合理论,他认为这种复合理论包括:(1)公平的价值。它虽然源于"份额的公平",但又有不同之处,它强调依个人需求的不同而给予不同的回应。(2)机会的公平。它包括预期的机会公平与手段的机会公平。(3)公平的领域。对公平领域的界定可宽可窄,受分配和诉求制约。(4)集团公平。即要求群体或次级群体之间的公平。(5)分部化的公平。它主张对同种类的人进行同等对待,对各类的不同人则不同对待。(6)单纯的个人公平。即一对一的个人公平关系[4]。

三、重建规范研究,强调价值理性

建立在政治-行政二分法基础之上的传统管理主义使公共行政研究的视野局限于行政原则以及组织、人事、预算等所谓的价值中性的行政机关事务,对政策制定等与政治具有较强关联性的问题则较少关注,把公共行政与社会现实人为地隔离开来,从而在面临社会问题与危机事件时不能够做到妥善有效的处理。托德·拉波特(Todd Laporte)认为,当代公共行政学仍然在传统的分析框架中徘徊,无法拯救政治-行政二分法的危机,且分析模式或者实质

---

[1] H. George Frederickson. New Public Administration. Tuscaloosa: University of Alabama Press, 1980, p. 6.

[2] H. George Frederickson. New Public Administration. Tuscaloosa: University of Alabama Press, 1980, p. 38.

[3] H. George Frederickson. New Public Administration. Tuscaloosa: University of Alabama Press, 1980, p. 6.

[4] [美]乔治·弗雷德里克森著,张成福等译:《公共行政的精神》,中国人民大学出版社2003年版,第106-108页。

性问题难以提供同意或不同意的话语根基。如果公共行政的教学和科研仍然停留在过去的分析框架之中，或者对现有制度的问题没有作出及时的回答，行政视野与政治领导会被此类行为所限制，严谨知识的发展也会因此而受到阻碍[1]。

正是基于此，新公共行政学致力于突破传统公共行政学的思维模式，并认为：(1) 行政包含于政治之中，而非政治之外。当时威尔逊之所以把二者分开是因为当时美国公共行政受政治的影响很大，人民主权甚至对公共行政起着阻碍的作用，所以把政治与行政分开完全出于学科发展的需要。而如今对效率的追求导致公共行政走入另一个极端，即完全不顾现实社会发展的需要，把公共行政置于政治或政策制定之外。如对于政策问题，国会、总统或者其他政治机构只是提供原则性的目标，而由行政机关及其工作人员制定详细的政策方案，政策方案的落实也需要行政机关进行人力、物力、财力的调配。与传统管理主义不同的是，新公共行政学明确指出行政从属于政治并受其影响。正如弗雷德里克森所言："公共行政包含在政治之中。因此，公共行政的有效性取决于对政治和政治过程了解的程度，以及在政治背景下管理公共部门的能力。"[2]在弗雷德里克森看来，"政治是公共行政运作的环境背景"[3]。政治的表现形式多种多样，如利益集团政治、媒体政治、政党政治、官僚政治、董事会政治和公司政治等等，每种形式都以不同的方式影响着公共行政。新公共行政学派认为，在民主社会中，为了提高行政机关及其人员的自觉意识，应采取积极的态度来认识行政人员的决策地位，即为了使政策更加有效地解决社会问题，应以主动的态度设计政策议程，尽职尽责执行政策，善用自由裁量权发展公共政策[4]。(2) 公共行政学应适应现实的社会诉求，对规范价值作出应有的承诺。在新公共行政学看来，公共行政应跳出传统管理主义的狭隘视野，以开放性的视角来应对美国社会中存在的各种问题的挑战，并对各种现实问题开出根治的药方。为此，新公共行政学认为应把公共政策的制

---

[1] Laporte, Todd, "The Recovery of Relevance in the Study of Public Organization", in Toward a New Public Administration: The Minnowbrook Perspective, Edited by Frank Marini, San Francisco: Chandler, 1971, p. 21.

[2] [美]乔治·弗雷德里克森著，张成福等译：《公共行政的精神》，中国人民大学出版社2003年版，第50页。

[3] [美]乔治·弗雷德里克森著，张成福等译：《公共行政的精神》，中国人民大学出版社2003年版，第50页。

[4] 丁煌：《西方行政学说史》，武汉大学出版社1999年版，第314页。

定、评估、执行等研究作为未来公共行政研究的发展方向。新公共行政学派认为,纯粹的价值中立不可能存在于学术研究之中,这是由于每一个学者都会或多或少地在其学术思想之中加入自己的价值判断。不仅如此,纯粹的价值原则还对公共行政学的研究产生了误导,它使公共行政学研究者远离了社会生活。为此,新公共行政学强调应将价值理性放在优先考虑的地位,在价值判断时充分运用专业的知识和技能。因此,在新公共行政学派看来,公共行政的研究不应只限定于技术理性方面,它应足够地重视政治与伦理价值。新公共行政学派认为价值研究是公共行政的核心,并推崇"后逻辑实证论"哲学流派的实证方法。那种一方面将政策执行视为行政过程中价值中立的单纯技术,另一方面将政策制定过程和政府政治视为价值表达的做法,是永远做不到的。无论是谁,如果研究行政问题,不可能完全规避价值问题;从事行政实务的任何人,无论他是否承认,其在工作中都在进行着价值的分配[1]。此外,登哈特也指出,新公共行政学者极力让自己成为变革的倡导者,让政策制定者能够倾听自己的主张。由此可见,在它的发展方向上,新公共行政运动带有明显的规范性倾向。尽管其研究可能具有实证性的根据,但是在新公共行政学者的眼光中,规范性的结论不但是无法避免的,而且也是不可或缺的[2]。

四、注重公民精神,倡导公民参与

新公共行政学派认为,公共行政应该对公民精神进行有效承诺,这与公共行政的精神是一致的。公民精神作为一种信念与承诺,是公民在面对"公共"时所产生的。公民精神意味着公民崇高的公共品德与素养,意味着公民对"公共"的责任与义务,意味着公民对"公共"的尊重、关爱与热心[3]。在弗雷德里克森看来,"品德崇高的公民"理论是公民精神的基础。此外,哈特认为,品德崇高的公民应具备四大特征:(1)公民能够具备对立国的重要文件的理解能力,能够对那些促进公民利益以及和宪法相一致的公共政策拥有足够的判断力,这就是"实践道德哲学"。(2)品德崇高的公民的第二个特征

---

〔1〕 [美]乔治·弗雷德里克森著,张成福等译:《公共行政的精神》,中国人民大学出版社2003年版,第142页。

〔2〕 [美]罗伯特·B.登哈特著,扶松茂、丁力译:《公共组织理论》(第三版),中国人民大学出版社2003年版,第120页。

〔3〕 党秀云:《公民精神与公共行政》,《中国行政管理》,2005年第8期。

是信念。公民对本国政体的价值有足够的信心,并坚信这种价值的真实性和正确性。人们不仅要理解美国政体的价值,而且还要相信这些价值,没有商量余地地接受这些价值。(3)公民能够承担起个人的道德责任。(4)品德崇高的公民应具备良好的操守。公民操守的第一个方面是容忍。

弗雷德里克森认为古罗马的高公民精神与高行政管理模式是最理想的,无论罗马在共和国时期还是在帝国时期,罗马文官都是一个管理国家事务的气势恢宏的职业群体,罗马公民的社会地位也为文明程度较高的西方世界所推崇。而美国则在20世纪初的改革中,对政治中立和职业主义倍加推崇,为了追求行政效率,牺牲了公民参与和社会回应。"在20世纪末临近的时候,美国人发现他们处在一个十分糟糕的公共服务世界中,因为不仅联邦党人的低公民精神的观点最终占据了优势地位,而且联邦党人的反对者的低行政管理的观点也取得了胜利。"[1]

新公共行政学派为了改变美国目前缺乏公民精神的现状,十分重视公共参与的作用,并认为这种参与既包括当事人在机关事务运作上的参与,也包括在组织决策过程中下级组织成员的参与。第一种参与和在20世纪60年代中期提倡的公民参与的努力颇为一致。这种参与甚至与更激进的强调"人民的权力"的诉求息息相关。在新公共行政学派看来,过去美国强调公共行政参与的努力只是试图去笼络当事人团体,而不是实际决策过程中的真正参与。因此,新公共行政学提出建立另外一种更开放的组织结构,这种组织结构具有更开放的边界,并以面对面的沟通和相互效率为特征。然而,要实现此种意义上的参与则需要开放的沟通,通过权力的功能性分配来实现平等。这就对官僚制的层级体制结构提出了挑战,并冀希于较少层级和更多合作的管理体系。

第二种参与是指组织决策过程中下级组织成员的参与,这在人际关系学派中体现得较为明显。新公共行政学派认为,这种民主的参与不仅使公共组织中具有平等地位的公务人员之间形成有效的良性互动,而且能够实现组织决策的民主化与科学化。

五、强调公共行政的伦理因素

行政伦理研究始于20世纪40年代,然而,由于政治-行政二分、价值中

---

[1] [美]乔治·弗雷德里克森著,张成福等译:《公共行政的精神》,中国人民大学出版社2003年版,第185页。

立等原则的盛行,公共行政在寻求效率时只关心技术问题和科学问题,将行政部门的活动局限于执行范围,从而完全回避了价值和道德问题。然而,20世纪60年代以后,随着政府部门的迅速膨胀,政府官员的浪费、欺诈和权力滥用问题十分突出,政府腐败对行政伦理提出了严峻的挑战。因此,新公共行政学派对行政伦理给予了极大的重视。在新公共行政学派看来,确立行政伦理是公共行政研究的重要课题,而这种伦理价值应该是具体的,是植根于政治价值、宪法理论、社会文化和社会基本思想之中的。公共行政的目标是要确保官僚们对美国人民的价值具有回应性。为此,沃尔多强调,公共行政既是一种意识形态,又是一种伦理道德,因此,行政理论离不开价值观和道德学说。弗雷德里克森认为,政治与政策的价值是同伦理问题联系在一起的,没有任何一个政府能够免于腐败和不道德的问题,问题只是程度轻重而已。建立在企业化模式的基础之上的政府部门充斥着具有私益倾向的政府官员,随之而来的是不断增加的腐败和不道德行为[1]。为了解决这种现状,弗雷德里克森提出了未来的行政伦理研究的六项任务,主要有:(1)对伦理问题发生的环境、职业以及文化方面的研究应给予足够的重视;(2)应对不同环境、文化对道德标准和行为的影响进行比较研究;(3)应该对传统道德的规约方法与现代道德的规约方法进行比较研究;(4)应对测量教育和训练对行为产生的实际效果进行系统深入的研究;(5)关注民营化如何对政府腐败和道德产生影响方面的研究;(6)注重自由裁量权的减少如何影响行政绩效和行政伦理方面的研究。

---

〔1〕 [美]乔治·弗雷德里克森著,张成福等译:《公共行政的精神》,中国人民大学出版社2003年版,第158页。

第七章

后现代性对现代性的挑战（一）：新公共管理中管理主义与民主主义范式之融合

20世纪80年代以后,随着科学、文化教育、生产、管理等诸多领域经历了一系列的重大变革,美国开始步入后现代社会。在公共行政领域,意味着传统的与工业社会相适应的以官僚制为核心的传统管理主义不再适合美国后现代社会发展的需要,时代呼唤着新的公共行政模式的出现,这种模式不仅要克服传统管理主义过于追求政府效率的工具理性取向的弊端,而且要防止过于追求政治正义的价值理性取向而使公共行政缺乏应有的活力,从而实现管理主义与民主主义的有效融合。新公共管理就是在这种情况下诞生的。

第一节 哲学视野中的现代性与后现代性

要对作为后现代公共行政的新公共管理有一个透彻的了解,首先要对现代性与后现代性有一个清晰的认识。本节拟对现代性与后现代性的内涵进行阐释,并对两者的关系作一探讨。

一、现代性的内涵与特征

从词源学上看,"现代"(modern)一词来自拉丁文中的"modo",意指"刚才"。对于现代性(modernity)一词的最早出处,不同的学者有不同的说法。美国学者马泰·卡林内斯库认为这个术语早在17世纪的英国已经开始流行了。《牛津英语词典》于1672年首次记录了现代性一词。法语中相应的modernité一词的出现要比英语晚得多。波德莱尔在其《现代生活的画家》一文中有一句关于现代性的名言:"现代性是短暂的、易逝的、偶然的,它是艺术的一半,艺术的另一半是永恒和不变的。"[1]在他看来,现代性代表着对当下的、易逝的事物、灵感、情感的把握,是与永恒不变的事物相对的一个概念。当时,现代性被当作与艺术有密切联系的一个词语。随着时代的变迁,人们对现代性的理解则远远超出了艺术角度的理解。在各种对现代性概念的争论中,最典型的有三种:第一,吉登斯将现代性视为工业文明社会的缩略语,它包括从世界观(对人与世界的关系的观点)、政治制度(民主国家与民主)到经济制度(工业生产与市场经济)的一整套架构。吉登斯主要以制度的视角来解释现代性,因而,他对现代性的诠释是后封建时代在欧洲所建立,并在20世纪逐渐成为对世界历史具有重大影响力的行为制度与模式。从这个层面来看,"资本主义"与"工业化的世界"几乎等同于现代性[2]。在吉登斯看来,现代性意味着与传统的断裂,并在这种断裂后建立起来的一种后传统的秩序。第二,哈贝马斯将现代性看成一种"未竟之事业",它试图建构一种全新的社会知识与时代,从而实现对中世纪业已分崩离析的模式与标准的有效替代。其中"主体性"构成现代性的基本原则,而"自由"构成现代性的时代特征。第三,福柯认为现代性并非一个历史或时间的概念,现代性是一种态度,具体表现为一种行为和举止的方式,也就是一种思想和感觉的方式,一种由特定人民所作的志愿的选择[3]。

通过上述对现代性的概念分析,笔者认为,现代性是指从文艺复兴特别是启蒙运动以来的西方历史、文化与社会形态,它主要表现为三大特征:(1)现代性是一种世俗化过程。中世纪人在精神上依附于上帝,并以上帝的意志为意志,从而丧失了理性与自由。而现代性的世俗化过程本质上就是宗教的控制力的衰落与对世俗生活的肯定的过程。西方文艺复兴运动反对中世神学理论,强调重新实现人性的回归。启蒙运动更是旗帜鲜明地反对宗

---

[1] 马泰·卡林内斯库著,顾爱彬、李瑞华译:《现代性的五副面孔:现代主义、先锋派、颓废、媚俗艺术、后现代主义》,商务印书馆2002年版,第55页。

[2] 陈嘉明:《现代性与后现代性十五讲》,北京大学出版社2006年版,第4页。

[3] 汪晖、陈燕谷:《文化与公共性》,生活·读书·新知三联书店1998年版,第430页。

教神学,主张张扬人的个性,并主张由宗教崇拜向世俗主义的转变。在这种情境下,教会的控制和影响从社会和文化的各个领域中逐渐地退出。韦伯把这种世俗化的过程称为"祛魅"过程。这样就使宗教成为实实在在的宗教,从而使宗教在完全世俗化中与世界达成和解。因此,黑格尔认为:"现代性的本质就是世俗化的基督性。"[1](2) 现代性表现为理性。现代性哲学十分强调理性。相对于神学世界依靠上帝的权威,世俗世界同样需要认识原则的根据、道德法则的根据,并确立它的权威,这就是理性。在康德看来,理性是价值与认识的源泉,理性是现代性的基本构成要素,启蒙发生的前提就是理性的运用,而现代性的产生则是以启蒙为先决条件的。黑格尔通过精神现象学的方式来对意识、自我意识再到理性的发展进行逐步的推导,从而得出了人类精神意识的最高成就就是理性的有效证明这一结论。韦伯认为,全面理性化的过程就是资本主义现代化的实质,这种理性化是与资本主义精神相等同的。(3) 自由是现代性的根本价值。自由无疑强调对个人权利的保护,这表现为两个方面:一是对个人自身而言,个人的自由、财产等权利属于一种"自然权利",是高于社会与国家的存在。二是对个人与外部国家的关系而言,国家不得侵犯、干涉个人权利正是基于对个人权利捍卫的结果。康德所指的自由是一种先验的道德自由。在他看来,道德之所以能够自由,是作为道德主体的人具有自由意志的结果。与康德先验自由不同的是,黑格尔的自由观具有现实化的色彩,在他看来,"只有在个人属于伦理的现实时,他们主观上所规定的自由权利才能得以实现"[2]。

二、后现代性的内涵

20世纪60年代之后,后现代在西方开始崭露头角,并迅速成为一种流行的话语和普遍化的社会思潮。尤其是到了70年代,法国的后现代思想家们对启蒙时代所产生的理性主义以及建立在人本主义基础之上的现代性进行了猛烈的批判,并形成了各种后现代思想学说。其主要表现为以下几种:(1) 社会动因说。此种解释认为后现代思潮源于20世纪60年代的社会政治背景,1968年法国的5月风暴,美国的反对越南战争的游行示威,以及反对种族主义、帝国主义、性别歧视等社会运动的兴起,使得许多激进化的知识分

---

[1] 贺照田:《西方现代性的曲折与展开》,吉林人民出版社2002年版,第98页。
[2] [德]黑格尔著,范扬、张企泰译:《法哲学原理》,商务印书馆1961年版,第172页。

子和社会活动家相信,一个同现代社会与文化决裂的新的历史时代已经产生,这就是后现代社会。大多数后现代思想家源于这种思想背景,如福柯、利奥塔、鲍德里亚、詹姆逊、哈维等。(2)后工业化或信息社会说。后工业社会这一概念在丹尼尔·贝尔的《后工业社会的来临》一书中得到了全面的阐述。贝尔认为这一社会的一个重要的特征在于将理论知识置于首要的位置,社会的轴心原则正日益建立于这类知识的基础之上,并取代了资本与劳动,从而使社会形态发生了根本性的变革。就像当年以制造业为基础的工业社会取代了以土地为基础的农业社会一样,现在,以服务业为基础的新社会,亦即后工业社会或信息社会正在形成,它逐渐取代着工业社会。(3)消费社会说。该学说认为后现代社会具有一种"消费社会"的生活方式,这种生活方式主要表现为一种盛行的消费文化状态,即:购物成了一种休闲,知识成了一种电视游戏;人们喝可乐、吃汉堡,游玩乐园;信用卡使人们能够超前消费,网络购物使人们能够超时空消费。这种消费文化成为支配着社会的公认的、全新的社会状况。消费主义的一个重要特征在于它将所有东西都当成相同的消费类别,包括真理、意义与知识。(4)文化反叛说。该学说主要体现于丹尼尔·贝尔的《资本主义文化矛盾》一书。在贝尔看来,由于西方现代文化的价值体系已分崩离析,文化、宗教与工作的意义都已然丧失殆尽,整个文化处于严重的危机之中,因此,形塑现代时期(包括它的人类行为与社会的关系,尤其是经济交换的关系)长达200年之久的观念已经结束,并且作为一种文化运动,曾经支配西方的符号表达长达125年之久的现代主义也已经完成。贝尔认为,后现代文化是对传统的激烈抨击,表现为享乐主义、无道德标准、反资产阶级、反叛传统的价值和文化等各种冲动的扩张,特别是享乐主义已经取代了资本主义文化的正当性[1]。(5)叙事危机说。利奥塔认为以现代性为标志的如"解放叙事""辩证法""人类的自由"等"元叙事"正在经受合法化的危机。在利奥塔看来,这些元叙事是以整体性的话语形式出现的形而上学预设,凡是符合这种预设的则被称为具有合法性。然而,后现代追求差异性、多元性的思想体系,必然会对现代性的单一化的游戏规则提出挑战,从而使现代性面临危机。

---

[1] 陈嘉明:《现代性与后现代性十五讲》,北京大学出版社2006年版,第120页。

三、后现代性对现代性的挑战

20世纪70年代以后,现代性在发展过程中遇到了前所未有的危机,如:个人在现代官僚化、高度集权化的政治世界里丧失了自由;工具主义理性导致目的的迷失;西方"个人主义"面临着意义丧失与道德沦丧危机;等等。正是在这种情境下,现代性遭到了后现代性的强烈批判。

(一)理性与主体中心的解构

作为现代性的理性概念属于个体理性的范畴,即评判与论述理性的作用与功能主要基于个体的意识和判断。这种个体理性主要表现为从认识的发生过程的角度来论述理性比感性更能够把握事物的本质。此外,理性能够建构道德法则,并形成主体的道德意识,并以此来规范和约束个人的道德行为。

理性与主体性是密不可分的,理性从某种意义上是以主体为中心的理性。从认识论来看,它赋予主体以主动性,认识的根据并不在于主观认识与客观对象的符合,而在于认识主体本身所具有的概念工具。从价值论来看,理性赋予主体以人格的尊严和价值。从道德论来看,理性赋予主体以强烈的道德意识与自律。

然而,这种理性与主体中心的概念受到后现代性的强烈批判,这主要表现为:(1)理性主义把整个世界变成了一个形而上学式的、虚幻的理性世界。尼采认为理性世界造成对现实的人类的生活与生命的压制,在他看来,理性犹如一个暴君,它造成了一种新的专制。霍克海默认为理性主义具有很强的形而上学的特性,是"从理性中推出之前来自启示的那些东西:人类生活的意义和永恒原则"[1]。工具理性一词后来成为西方哲学的人文主义思潮尤其是法兰克福学派思想批判的一个主要工具。(2)工具理性的主导倾向。工具理性一词发端于韦伯,他认为工具理性行为与价值理性行为的根本区别在于,工具理性行为强调争取获得实际的成效,重视预期的目的,而价值理性行为则纯粹出自某种信念与价值判断,包括义务、尊严、美、宗教训示、孝顺等。在他看来,现代社会中工具理性占据主导地位的倾向,使整个世界充满着现实性的悲观。对利益的功利性追求成了现代性社会的主导,而启蒙思想所强调的民主、自由等价值理念则被无情地抛弃。(3)理性和合理性观念的

---

[1] [美]詹姆斯·施密特编,徐向东、卢华萍译:《启蒙运动与现代性:18世纪与20世纪的对话》,上海人民出版社2005年版,第371页。

机械性与静态性。在后现代主义看来,倡导理性,等于赞同机械胜于自然,静态的成品胜于动态的过程,呆滞的有序胜于动态的无序。

在后现代主义看来,理性最大的缺陷在于其对普遍主义的原则以先验性的眼光进行设定,理性强调一元性原则,排斥所谓的"异端",并以一种"普遍性"的品格自封。这种一元性的话语为后现代性所不能相容。后现代主义认为事物各有其特殊性,应当对具体的情况作具体的分析。由于不同的认识有其不同的基础,因此后现代主义假定,所有的认识范式都是平等的,它们有着各自的逻辑,普遍理性因此是不存在的。理性最应当被批判之处,在于它没有为文化特性和个人特性提供应有的空间。此外,后现代主义认为理性为了取得效率、统治和强权,就减少了不确定性、偶然性和民主的范围。因此,放弃理性也就意味着摆脱强权、科层、效率、权威等现代性偏见,从而实现其他的各种多元化范式的彻底解放。

(二)批判合理性范式的单一性

后现代主义对理性进行批判的结果,是破除了理性的主导地位,使理性的他者(如意志、生命等非理性的东西)摆脱了附属化的地位,并在多元化的世界中拥有一席之地。作为一种范式的合理化转变,为后现代主义获得一种全新的"游戏规则"提供了重要的理论根基。

从历史的角度来看,合理性范式主要有:(1)黑格尔的理性主义。在黑格尔看来,理性是世界的灵魂,它构成世界的内在"最固有、最深邃的本性"[1]。黑格尔认为,理性意味着世界的内在规律,合乎规律性也就等于合乎思想的规定,而这种思想表现为概念的基本形态,因此事物的合乎理性就表现为合乎概念的规定。(2)实用主义的合理性。实用主义认为判定某一思想或概念的真的标准在于它产生的效果情况。在实用主义看来,凡是能够产生预期效果的思想与行为,就是合理的。这种合理性的观念用一种后发的经验结果来作为检验思想与行为的合理性标准,而与理性主义用先验的思想规定作为合理性的依据正好相反。(3)"语言游戏"的合理性模式。维特根斯坦是这种合理性模式的早期代表,他从游戏的角度来解释语言的性质,把讲语言看作一种类似游戏的活动,它构成生活形式的一部分,这种语言游戏是文化习俗与生活习惯的产物。这种合理性模式强调任何游戏都是按照一

---

[1] [德]黑格尔著,梁志学译:《哲学全书·第一部分·逻辑学》,人民出版社2002年版,第69页。

定的规则来进行,包括语言的正确用法也是要遵守语言的规则。按照这种哲学,任何的文化与行为,从游戏的角度来看,它们的合理性就在于形成某种规则,并且这些规则能够起着指示牌的作用,引导人们的行动,形成一种习惯。这种习惯所引导的是"遵从规则的东西是在日常生活中造成的"[1]。(4) 普特南的合理性模式。普特南的合理性模式与维特根斯坦的合理性模式不同,这种模式主张以某种既有的价值来决定事实、生活世界的合理性与否,而不是由生活世界本身来决定其中事情的合理性。在普特南看来,由于事实与价值的不可分离性,真理概念本身并不是一个终极性的东西,就其内容而言,它依赖于我们理性上的可接受性标准,并且从这一可接受性标准中获得生命。而这些可接受性标准则依赖于我们的价值,并以我们的价值为先决条件。因此,合理性理论又以我们关于"善"的理论为前提[2]。

然而,真正能作为后现代语言游戏的是维特根斯坦的语言游戏模式,它提供了一种多元的合理化模式,并反对先验的合理性秩序。利奥塔吸收并运用了维特根斯坦的语言游戏说,并用其来反对现代性立足于"元叙事"之上的合法性观念,并根据其建立他的合法性理论。在利奥塔看来,合法性来自类似语言游戏的约定性规则,它是由参与者以某种约定的方式产生的,各种不同的游戏有各种不同的规则。遵守不同的游戏规则,就会出现文化与社会的多元性与异质性的思想。因此,后现代性的目标是要揭开理性形而上学的神秘面纱,它反对理性设计所具有的类似于神意安排的特征,并从生活习俗本身来提供合理性的基础,最终得到一种后现代文化的多元论观点。

(三) 解释学对认识论的批判

西方哲学在近代实现了从中世纪对本体论的关注转向近代对认识论的关注。随着哲学认识论的转向,近现代的知识观具有客观性、必然性、普遍性和确定性等特征,在后现代主义者看来,这种知识观是一种基于理性主义的绝对论。这种绝对论在康德与黑格尔那里表现得十分明显。康德提出以客观性为最终标准来区分意见、信念与知识,他的知识论的关键是要认证纯粹知性概念如何能使经验知识满足知识的客观有效性与普遍必然性的标准。

后现代性批判作为现代性标志的"元叙事",即一种普遍的、作为判定其

---

[1] [英]维特根斯坦著,汤潮、范光棣译:《哲学研究》,生活·读书·新知三联书店1992年版,第119页。

[2] [美]希拉里·普特南著,童世骏、李光程译:《理性、真理与历史》,上海译文出版社2005年版,第239页。

他话语之标准的绝对话语。这种话语强调其确立的命题是普遍的、绝对的真理,并以它作为判定其他命题的真实或谬误的标准。因此,其结果会造成一元化的思维模式,从而排斥多元的、差异化的思维模式。现代知识观是建立在科学主义基础之上的,它强调用自然科学方法论来进行研究,而后现代性主张用人文主义的方法来把握事件的意义及蕴含的价值。以狄尔泰、海德格尔以及后来的伽达默尔为代表的"解释学"就属于人文主义思潮的产物。解释学发展出一种比较完整的解释理论,将解释的对象视为某种文本。解释者处于某种既定的语境里,在特定的历史与文化背景之下进行自己的理解与阐释。在解释学看来,文本的意义是开放的,随着解释语境的变化,它也处于一个不断生成的过程中。因此,解释学的意识是一种多元意义的开放性解释的意识。解释学在后现代主义者那里得到进一步的发展,福柯认为解释的生命在于相信存在的仅仅是解释,每一个被解释物都已经是一个解释。德里达也把所解释的对象看作一种文本,并从符号学的角度将文本所记录的符号看作是延异性的,它们保留着差别的痕迹。利奥塔以探求悖谬推理作为其知识论的目标。这种推理以"规则的异质标准"和"对歧见的探求"为目标。在利奥塔看来,少数派话语往往会遭到"元叙事"之类的总体性话语的压制[1]。因此,利奥塔主张向总体性开战,尊重并开发各种歧见差异[2]。

四、后现代性向公共行政领域的导入

在美国,20世纪70年代以后,后现代性对现代性的批判不仅涉及哲学领域,而且对公共行政领域的影响颇深。这主要源于现代性语境中以官僚制为基础的传统管理主义出现了合法化危机,现实的公共行政需要一种全新的理论模式来替代传统管理主义模式。在这种情境下,后现代公共行政理论应运而生。

在谈及后现代公共行政理论的过程中,不可避免要涉及两本书,即福克斯(Charles J. Fox)以及米勒(Hugh T. Miller)的《后现代公共行政——话语指向》与法默尔(D. J. Farmer)的《公共行政的语言:官僚制、现代性与后现代性》。其中,米勒的后现代理论分析了美国公共行政的传统理论模式及其各种后起的替代性模式的局限和问题,并指出制度主义不过是在强化传统政

---

〔1〕 陈嘉明:《现代性与后现代性十五讲》,北京大学出版社2006年版,第330页。
〔2〕 [法]让-弗朗索瓦·利奥塔著,岛子译:《后现代状况:关于知识的报告》,湖南美术出版社1996年版,第211页。

治-行政二分法,而社群主义在后现代语境下又是一个不可能的理想,它们都无法带领现代公共行政走出理论的困境。米勒以一种符号学的视角对后现代进行了解析,他认为现实不过是历史的、社会的符号所建构的产物,后现代社会中的符号的能指与所指之间的脱节造成了超现实的出现,后现代文化最典型的特征就是大文化或高雅文化的日益衰落以及亚文化的逐渐兴起,而此种后现代意识的碎片化与关注于超现实的媒体形象的新部落主义使传统的官僚制面临着强烈的挑战,时代召唤着一种理论范式承接后现代的现实,并提出与民主公共行政相一致的理论模式,这便是米勒的话语理论。

米勒引用了公共能量场作为话语理论的核心概念,并指出它是社会话语的场所,由各种话语性的、民主的、灵活的社会形态构成[1]。在米勒看来,公共能量场现实运作必须遵循以下规则:(1)真诚;(2)切合情景的意向性;(3)自主参与;(4)具有实质意义的贡献[2]。每个人都有假定的参与对话的权利,并且参与资格是可自由地获得的。总之,在米勒看来,协商民主、交往理性、话语政治、场域理论不仅解构了传统管理主义模式中的政治-行政二分法、科层制,而且实现了后现代话语理论的全新建构。

法默尔在其《公共行政的语言:官僚制、现代性和后现代性》一书中系统解构了传统管理主义模式的绝对基础、单一视觉、等级结构。他以维特根斯坦的"语言游戏说"为理论基础,并认为公共行政理论从某种角度上说,就是一种语言。在他看来,作为一种认识和改变官僚体制力量的后现代主义从以下几个方面对传统管理主义模式进行了批判:(1)对特殊主义的批判。法默尔认为,传统管理主义使得在专业分工原则下公共行政领域的学科的自主性与专门化日益增强,从而产生了特殊主义。20世纪初美国的现代公共行政理论正是在这种特殊主义的影响下,只局限于关注政府的功能问题,局限于通过一种狭隘、僵化的分析性方法来划分公共生活和私人生活,局限于美国的论域,在传输创新举措方面难以通过不同社会的考察来实现[3]。(2)对科学主义的批判。法默尔认为,如果按照科学的程序得出实证主义的思想或科学的理念,那么往往认为它们可以为真理提供更大保证,因而它们往往就享

---

[1] [美]查尔斯·J.福克斯,休·T.米勒著,楚艳红、曹沁颖、吴巧林译:《后现代公共行政——话语指向》,中国人民大学出版社2003年版,第12页。

[2] [美]查尔斯·J.福克斯,休·T.米勒著,楚艳红、曹沁颖、吴巧林译:《后现代公共行政——话语指向》,中国人民大学出版社2003年版,第118页。

[3] 丁煌:《西方行政学理论概要》,中国人民大学出版社2005年版,第299页。

有特权[1]。因此,科学主义是建立在价值与事实分离的基础之上的。然而,公共行政不仅要注重事实,而且更要注重价值判断,这是科学主义无法做到的。(3)对技术主义的批判。在法默尔看来,尽管技术主义在公共行政中产生过巨大的收益,然而技术主义对伦理道德问题视而不见,这就会导致公共行政的合法性危机。(4)对企业逻辑的批判。传统管理主义及新公共管理中存在着严重的泰勒主义倾向,这种企业逻辑并非治疗公共行政痼疾的良药,它有可能产生权钱交易等腐败现象。

对管理主义进行解构之后,法默尔提出了引导我们对公共行政理论重建的四个值得关注的方面。第一,在后现代,想象不再局限于艺术,它对于培育有能力的新理论将会有工具意义;第二,解构将被用来给一些构成现代公共行政理论的叙事"去除外衣",尽管解构不可能提供正确解释,但是解构将继续扩大公共行政的语言;第三,去领地化要求去除给我们的认识所施加的种种假定藩篱和准则,要求从其他思想流派中吸取思想;第四,变样是通过反行政的概念加以描述的,通过使用诸如开放性和多样性这样一些特征,法默尔向我们描述了行政管理者怎样才会善于开发和使用反行政的概念[2]。

通过对两种后现代公共行政理论的阐释,我们不难发现,二者都从哲学意义的后现代性理论中汲取了许多批判的观点,如法默尔借鉴了维特根斯坦的语言游戏理论及解释学,米勒则吸收了胡塞尔的现象学理论。二者都对传统管理主义模式进行了强烈的批判,批判的焦点在于传统管理主义模式的工具理性、实证主义或科学主义等方面。虽然后现代公共行政理论的批判不乏合理性与深刻性,然而,二者重批判而轻理论建构的取向为学者们所诟病,这也许是所有后现代理论的通病。不仅如此,即便在非常薄弱的理论建构方面,后现代公共行政理论的理想主义色彩也是十分深厚的。如米勒提出了公共能量场理论,在公共能量场当中,既可以制定和修订公共政策,也可以上演社会话语。这种设计只是解决公众与政府对话以及政策制定的可欲性问题,在实际操作过程中,公共能量场能否真正促进公众参与,并制定出反映民意的公共政策,则是值得商榷的。不仅如此,在公众意见的表达过程中,公众是否真能遵循公共能量场中的规则,或者公众的意见是否能够真正做到科学性,这些都是值得质疑的。

---

〔1〕 D. J. Farmer. The Language of Public Administration: Bureaucracy, Modernity, and Postmodernity. Tuscaloosa: University of Alabama Press,1995,p. 71.

〔2〕 丁煌:《西方行政学理论概要》,中国人民大学出版社2005年版,第306页。

法默尔的后现代理论对企业逻辑、技术主义与科学主义等方面的批判是入木三分的,然而,法默尔的后现代公共行政理论似乎一直陶醉在其后现代哲学理论当中,在很大程度上忽略了官僚制批判的主题。他只强调继续扩大公共行政的语言,去领域化,对公共行政进行建构方面明显不足,没有提出一个完整的后现代公共行政模式。因此,这种后现代公共行政理论没有真正地解决现实的公共行政问题,而只是对人的思想具有一定的启发作用。

总之,无论是法默尔的语言理论,还是米勒的话语理论,虽然其对传统管理主义的批判十分有见地,但在很大程度上只是为公共行政设定了一个伟大的理想,其所解决的是后现代公共行政的可欲性问题,而对于公共行政的可行性问题没有提出切实有效的解决方案,难以为公共行政实践提供有效的指导。

第二节 作为后现代公共行政的新公共管理

新公共管理作为一种后现代公共行政理论是有理由的。首先,新公共管理强调公共服务提供主体的多元化。这就打破了传统管理主义模式只由官僚制组织作为单一化的主体提供公共服务的事实。这与后现代性强调的多元化特质是相一致的。其次,新公共管理对工具理性进行了批判,并强调价值理性与工具理性二者的相互整合,这也符合后现性对工具理性批判的要求。最后,新公共管理打破了公共部门的主体性,使公共部门处于服务者的地位,而公民则成了顾客。这种特质与后现代性中的解构主体中心的特征是一脉相承的。

一、后现代性语境中的美国新公共管理

20世纪80年代至今,随着全球化、信息化以及国际竞争的进一步加剧,以及要求增强政府效能、解决财政赤字、改善国内公共服务呼声的此起彼伏,西方各国在面临内外挑战的困境中相继掀起了政府改革的浪潮。美国也不例外,自卡特政府起,美国就从来没有停止过行政改革的步伐,克林顿政府更是强调构建"少花钱、多办事"的政府,并高举"重塑政府运动"的大旗,致力于塑造一个更具服务品质和效率的"企业家"型政府。

具体而言,"新公共管理"运动在美国的兴起有如下几点时代背景:

1. 政府干预政策引起公众的不满。20世纪30年代以来,美国采取的是

凯恩斯主义的政府干预政策,政府承担了大量的社会经济职能,其结果造成政府财政负担越来越重,财政出现了严重的赤字。如1978年,美国各州受财政赤字的困扰,各城市成千上万名雇员遭到了解雇,联邦赤字高达3 500亿美元〔1〕。不仅如此,20世纪60年代末已出现了滞胀的端倪,到1974—1975年间,则发展成为泛滥于整个美国资本主义世界的滞胀危机。人们对于一个由新政时期演化而来的干预型政府表示怀疑,认为财政压力及社会矛盾只有通过政府改革才能得到有效的解决。此外,随着时代的发展与进步,美国公众对民主有着更高的要求,主要表现为:一是政治家接受公民的利益表达,但官僚阶层则是公众利益的具体实现者。因此,公民应对官僚与政治家进行控制。虽然公民制约政治家能够通过选举来解决,但对官僚而言,公民则难以进行直接的约束。二是公民要直接参与公共服务的供给过程。以前,政府官僚垄断了公民服务的供给过程,实现了政治家的相关决策,但也存在行政效率低下,服务质量不高及不能满足公民的多样性需求等特点。三是政府决策被特殊利益集团控制是公民要求解决的问题。在现实中,势力强的利益集团往往能够操纵政府的决策,形成丧失中立性的公共政策。四是存在于美国民主机制运作过程中的深层次矛盾无法得到有效解决。这种矛盾体现为:政府官员满足自我利益与实现公共利益的角色要求的矛盾;政府官员满足特殊利益集团与维护公共利益之间的矛盾;公民无限索取的行为与维护个人的合法权益之间的矛盾〔2〕。因此,不进行必要的制度设计以及提供必要的物质技术条件,这样的民主则难以长存。

2. 以韦伯的官僚制为基础的行政体制受到严峻的挑战。韦伯的官僚制是适应工业时代发展的需要而普遍盛行的行政模式。这种官僚主义模式在两次世界大战和美国经济大萧条的严重危机时期运转得十分有效。然而,随着美国进入后现代社会,官僚制日益暴露出它的弊端。首先,官僚制组织的制度泛滥、程序烦琐,造成行政效率低下。韦伯的官僚制强调用规章制度对国家公职人员进行约束,以防止贪污腐化、以权谋私等现象的发生,因此,官僚制这种由管理权限集中、注重过程与程序、整齐划一的管理制度以及约束性规制管理所衍生出的人事管理必然会存在着效率低下、缺乏弹性、程序繁

---

〔1〕 [美]戴维·奥斯本、特德·盖布勒著,周敦仁等译:《改革政府:企业家精神如何改革着公共部门》,上海译文出版社2006年版,第1页。

〔2〕 陈振明:《政府再造——西方"新公共管理运动"述评》,中国人民大学出版社2003年版,第79页。

琐等弊端。据美国农业部估计,有关联邦部门内部的人力资源管理指导档案、判例法、人事法规、文件、规章等资料,其总的重量可达 1 088 磅(约 493.51 千克)[1]。此外,1991 年,弗吉尼亚州水晶城的海军人事办公室,在清理各种各样的人事表格时,发现这些表格能够堆成一座高达 3 100 英尺(约 944.88 米)的"山峰"[2]。其次,公务员的非政治化饱受质疑。19 世纪以来,一直被美国公务员奉为圭臬的"政治中立"对于治疗美国"政党分肥制"顽疾发挥了重要的作用。然而,现实中公务员不仅执行政策,而且扮演着政策制定者的角色。与过去相比,公务员参与政策制定的机会明显增多。事务官特别是高级文官与政务官相比,在信息和执行政策、人数规模、任期、时间、专业知识等方面具有较大的优势。事务官拥有许多现实的参与政策的机会,事务官在决策方面对政务官产生了重要的影响。如参与行政法规的制定是美国政府官员参与政治的主要途径。国会每年通过的法案仅约数百个,但每年就有高达近 5 000 个的行政法规由各部门所制定[3]。再次,官僚制难以适应当代市场经济发展的要求。市场经济体制的建立和完善,使市场竞争的原则日益深入人心,并不以人的意志为转移地扩大到社会的其他生活领域。反映在公共领域,就要引入竞争机制,让私营部门、非政府部门与政府部门就公共服务供给展开竞争,从而打破政府垄断公共服务供给的局面。然而,由于官僚制所遵循的是层级节制、统一指挥的原则,因缺乏相互竞争的机制而导致官僚制部门缺乏活力与效率。最后,政务官对事务官进行严格控制的理念和做法已经过时。在传统官僚制模式中,政务官与事务官之间的关系是主人和仆从、发号施令者与执行命令者之间的关系。事务官在严密的控制之下,不能充分地发挥自己的能动性与创造性,不能有效地满足公众不断变化的公共服务诉求。

3. 企业改革的成功对公共行政起了重要的示范作用。经过改革,美国企业的私营部门大大增强了创造性与灵活性,能够迅速、及时地回应顾客的诉求,从而达到科学化的管理与高效率的目标。由于政府不存在利润增长的

---

〔1〕 吴志华:《美国公务员制度的改革与转型》,上海交通大学出版社 2006 年版,第65页。

〔2〕 Al Gore. From Red Tape to Results: Creating a Government that Works Better and Costs Less, in the Report of the National Performance Review Washington, D. C. : U. S. Gorernment Printing Office,1993.

〔3〕 [美]B. 盖伊·彼得斯著,吴爱明、夏宏图译:《政府未来的治理模式》,中国人民大学出版社 2001 年版,第7页。

压力与动力,政府出现了机构臃肿、程序烦琐和效率低下等问题。为此,要改变政府部门的现状,必须引入企业的竞争机制。奥斯本、盖布勒在其《改革政府:企业家精神如何改革着公共部门》一书中描述了运用私营企业竞争的好处,即竞争机制的引入使得组织变得更有活力。当存在竞争时,质高价低的服务提供者能够生存,而质次价高的服务提供者逐渐被淘汰。这种竞争机制使得优质服务者的队伍能够不断壮大[1]。因此,私营部门的成功经验正成为公共部门学习的榜样。休斯认为,政府没有像企业一样进行改革,仍然维持着低效率的公共服务状态,它的信用将会遇到挑战[2]。因此,公共部门在私营部门的示范下,为提高政府效率,变得更富有创造性,均在效仿企业化的改革之路。

4. 社会问题与政府不可治理性的领域增多。随着美国工业化和科技化的发展,在社会进步的同时,也引发了许多社会问题,如种族歧视问题、犯罪问题、交通问题、教育问题、社会治安问题、环境恶化问题、人口膨胀问题、失业问题、都市化问题等。政府所面临的公共问题的多元性、复杂性、动荡性,加大了政府对于公共事务的治理难度。与此同时,传统以官僚制为基础的管理方式在应对日益复杂的社会问题之时,已变得越来越力不从心,再加上美国政府存在贪污腐化、效率低下、官僚作风盛行等诸多现象,使政府"最后的依靠"的形象受到了严重的侵蚀,从而产生了严重的"信任鸿沟"与庞大的"信任赤字"。公民对政府的不满情绪日益高涨,这就导致美国政府出现了"合法性危机"。"民意测验表明,1992年之前,美国布什政府的支持率已下降到29%这一50年来历届总统的最低点,美国人民以63%对33%认为美国正处于衰落之中,只有14%的人对政府基本上还持信任态度,而持基本上或完全不信任态度的人却占85%。"[3]

二、美国新公共管理:企业家政府的理论与实践

(一)美国企业家政府理论

企业家政府理论的创立者是长期以来担任共和党和民主党主要政府领

---

〔1〕 [美]戴维·奥斯本、特德·盖布勒著,周敦仁等译:《改革政府:企业家精神如何改革着公共部门》,上海译文出版社2006年版,第49页。

〔2〕 [澳]欧文·E.休斯著,彭和平等译:《公共管理导论》(第二版),中国人民大学出版社2001年版,第17页。

〔3〕 刘绪贻、韩铁、李存训:《美国通史:第6卷 战后美国史 1945—2000》,人民出版社2002年版,第543页。

导人和候选人顾问的戴维·奥斯本和盖布勒集团总裁特德·盖布勒。他们在1992年出版的《改革政府：企业家精神如何改革着公共部门》（以下简称《改革政府》）一书中，从新的角度对政府的本质及其存在的必要性进行了新的解读，还简洁而形象地刻画了企业家政府的本质与特征。《改革政府》一书中提出了企业家政府建构的十大原则：（1）起催化作用的政府——掌舵而不是划桨。起催化作用的政府把提供服务、执行任务的"划桨"职能和制定政策规则的"掌舵"职能进行严格的区分。为了完成目标，尽可能使用税收激励、补助、代金券、合同等公共组织之外的不同方法，选择其中最能满足灵活性、责任、效能、效率和平等等需求的方式。（2）社区拥有的政府——授权而不是服务。把服务控制权从官僚手里夺过来，并将其交给社区，这是社区拥有的政府的实质。为了解决社区自身的问题，应减少其依附性，并对社区进行授权和拨款，使之能够更富创造性地解决问题，提供更多的关爱以及更多的承诺。（3）竞争性政府——在公共服务供给中注入竞争机制。在绩效和价格的基础上，服务提供者对业务展开竞争是竞争性政府的要求。除了政策职能和规则制定之外，在促使公共组织提高质量方面，竞争是不二选择。（4）有使命感的政府——转变规则导向型组织。有使命感的政府要求各个机构明确各自使命，从根本上简化诸如采购、人事和预算等行政制度，废除大量内部规章制度，进行内部放松管制，在法律的范围内让管理者自由寻找完成使命的最好方式。（5）结果导向型政府——按效果而不是按投入拨款。结果导向型政府奖励那些达到或超过目标的机构，制定组织目标、公共机构的绩效，将责任从投入转移至结果或产出。（6）顾客驱使的政府——满足顾客而不是官僚制度的需要。一般公众、排队更换驾照的人们或学生家长应被顾客驱使的政府视为顾客，即服务对象。制定顾客服务标准并提供保证，在聆听顾客的心声时可利用焦点小组调查等方式，大力提倡由顾客来选择服务提供者。通过重新设计组织，加之这些投入和激励，从而为顾客提供最大的价值。（7）企业化政府——挣钱而不是花钱。精力集中在花钱上面不是企业化政府的唯一目标，企业化政府还要求得到投资回报；鼓励管理者在花钱的同时也关注挣钱，可以通过创新基金等激励、使用共同收益和企业基金手段来实现。（8）预知型政府——预防而不是治疗。预知型政府追求的不是提供解决问题的服务，而是预防问题。政府要构建更好的预见能力可以通过未来愿景、使用战略规划及其他手段来加以实现。为了延长决策者的时间跨度，转变对其有影响的激励机制，政府可以重新设计奖励制度、会计制度和预算制度。(9)分权的政府——从等级制到参与和协作。鼓励那些直接面对顾客的政府更好地利用自己的决策,通过组织或体制,分权的政府将权力进行下放。通过建立劳资伙伴关系、使用团队以及组织等级扁平化等方式来对雇员进行授权。(10)市场导向型政府——通过市场力量进行变革。尽可能减少使用服务提供或命令-控制的规制等行政机制,重构私营市场则是市场导向型政府通常用来解决问题的方式。为了让私营组织和个人能够有效地解决社会问题,要开发运作如税收刺激、绿色税收和财富税等财政激励手段[1]。

(二)美国企业家政府的实践

当代美国政府改革可分为两大阶段,即1980到1992年私有化改革阶段与1992年至今的重塑政府阶段。为了突出重点,本书只对第二阶段作详细的阐述。

就在奥斯本与盖布勒的《改革政府》一书出版的第二年,美国政府发表了《戈尔报告》。该报告指出美国政府效率低下的原因不在于政府雇员的无能与懒惰,而在于政府的各种规制与繁文缛节扼杀了政府雇员的创造性精神。要改变这种现状,最有效的办法在于放权规制、抛弃各种繁文缛节,从而能够建立政府雇员对结果负责的新体制。美国政府的绩效问题再也不能靠施加官僚性规则的途径来解决了,办法只有一个:放松规制。1993年,克林顿政府出台了政府改革的纲领性文件:《从重视过程到重视结果:创造一个花钱少、工作好的政府》。与此同时,组建成立并由副总统戈尔亲自负责的联邦改革机构"国家绩效评估委员会",直接向克林顿汇报绩效考核状况,从而使企业家政府理论付诸实践。具体而言,此次政府改革体现为如下几个方面:

1. 放松政府规制。克林顿政府在放松规制方面采取了如下措施:(1)废除不必要的规制。克林顿总统于1993年9月11日签署了第12861号行政命令,要求废除联邦政府内部规制的1/2。1993年9月30日,又签署了第12866号行政令,严格审查要求出台的新规制。克林顿政府在各部及行政部门共创立了135个重塑实验室,在每一个部及行政部门都建立了重塑小组,并授权重塑实验室进行自主创新。(2)预算改革。美国联邦政府为了推行以绩效为本的预算体制,颁布了一系列的法律与法规,包括《联邦会计准

---

[1] [美]戴维·奥斯本、彼德·普拉斯特里克著,谭功荣、刘霞译:《摒弃官僚制:政府再造的五项战略》,中国人民大学出版社2002年版,第344-346页。

则》《首席财政官法》《现金管理改革法》《联邦管理者阳光法》等。州与地方层次预算体制改革步伐较快,改革的目标是建立以绩效为基础的预算制度。这种预算制度主张政府必须以公民的诉求与偏好为导向,而非以政府的规制与规则为依归。到1998年为止,美国共有31个州通过立法的方式推行以绩效为基础的预算制度。(3)采购体制改革。美国采购体制改革的总体目标为:提高采购质量;缩短采购时间,放权部门决策;在不否认竞争招标与理性审视的前提下,尽可能多地利用承包商过去的绩效信息。国会于1994年通过了《联邦采购精简化法案》,该法案扩大了一般商业性采购,并简化了10万美元以下的采购合同程序要求。该法案主张,2 500美元以下的购买可以免除规制。能源部及国家航空航天局等20个行政部门自愿参与考虑承包商以前绩效的示范项目。此外,1993年克林顿总统签署了一份备忘录,指出在1997年之前要尽一切可能在整个联邦政府内建立有效的电子化采购体制。(4)美国文官制度的改革。美国的文官体制在20世纪90年代没有取得实质性进展。"文官制度的改革特点是:建议多、实施少;雷声大,雨点小。1995年克林顿政府向国会提交了旨在放松规制的《文官改革法案》,但被国会断然否决。"[1]

2. 建立顾客导向的服务模式。克林顿政府强调公务员是负有责任的"企业经理和管理人员",作为政府税收的"纳税人"的公众则是"顾客"或"客户",其可以享受政府服务的回报,因此,政府部门和公务员应牢固树立顾客意识,努力为顾客提供高效、优质的服务[2]。1993年9月,克林顿总统签署了《设立顾客服务标准》的第12862号行政命令,责令联邦政府部门实施顾客服务标准的制定,要求政府部门为顾客提供选择公共服务的资源和选择服务供给的手段。1998年美国建立了"联邦质量学院",作为培养公务员增强"顾客服务意识"、提高服务质量的机构。

3. 推行公共福利改革,收缩政府社会职能。1996年8月,克林顿总统签署实施了福利改革法案,对美国近60年来的福利政策进行了一次根本性变革,其内容主要有:(1)结束了把领取现金补助作为联邦政府权利资格项目的做法。把改革前按收入水准达到一定资格可以要求领取联邦政府现金补助转变为由各州自行决定领取现金补助。(2)领取现金补助不能连续超过

---

[1] 陈振明:《政府再造——西方"新公共管理运动"述评》,中国人民大学出版社2003年版,第95页。

[2] 卓越:《国外政府改革与发展前沿》,福建人民出版社2007年版,第23页。

五年。如果自愿失业,不愿参加工作,则领取现金补助不能连续超过两年。(3)联邦政府要求各州必须把是否参加工作作为能否领取福利的一个先决条件,即在2002年之前至少有1/2的享受到福利者参加过某种形式的工作或工作培训,至少以工作或培训来换取福利[1]。

4. 公共服务输出的市场化。据统计,美国政府在1992年花费2 100亿美元购买承包商所提供的公共服务,这个数额占联邦开支的近1/6。宇航局与环保署几乎所有的工作都由承包商来提供。1993年受能源部领导的合同雇员高达14.5万人,而能源部正式职工仅有2万人。政府合同出租的信息可以从联邦永久性公务员的工资规模的变化中找到线索[2]。联邦政府合同出租主要集中于公共工程领域,而州和地方政府单位合同出租的公共服务范围则相当大,诸如公园管理与经营、监狱管理、医院、税收、精神保健、污水处理、工作培训、交通设施、数据管理等都包括其中。总之,通过各种形式的合同出租,美国各级政府在财源与技术力量方面有效地改善了公共服务供给,从而使得政府运营成本大大降低,提高了行政效能。

5. 分权改革。克林顿政府在分权改革方面的举措主要有两个方面:(1)放松对州与地方政府的规制。提倡通过减税限制政府行为,把政府的责任转移到个人、家庭和志愿者组织中。1993年9月,克林顿签署命令,鼓励州与地方政府的行政部门拒绝没有资助的托管,并公开规制评论程序,以利公众审查。1993年10月26日签署的第12875号行政令,敦促联邦政府部门不要给予地方没有资助的托管项目。行政部门与立法共同推进州与地方管理联邦资助项目的灵活性,以整笔补助取代分类补助,提高地方资金支配的效率。(2)直接授权给社区。由于社区发展、工作训练、家庭服务、社区诊所等公共服务可以填补立法过程和政府服务的不足,在增强社区的力量方面,克林顿政府采取了一系列的措施。社区事业委员会于1993年在联邦政府的主导下设立,目的是增强私营部门的创新性以及社区的凝聚、协调与整合能力。住房和城市发展部、农业部执行授权区域立法的条款,旨在为社区争取联邦基金和其他方面的补助。作为事业区的社区设立了95个,作为授权区的社

---

[1] 陈振明:《政府再造——西方"新公共管理运动"述评》,中国人民大学出版社2003年版,第85页。

[2] 陈振明:《政府再造——西方"新公共管理运动"述评》,中国人民大学出版社2003年版,第88页。

区设立了 90 个[1]。这样,社区组织以市场经济为依托,以政府的资助为条件,就可以保证公民所需公共服务的质量。

第三节 新公共管理中管理主义与民主主义范式之融合

作为美国公共行政发展主导范式的管理主义经历了进步改革、公共行政原则学派、行为主义行政学的发展之后,经济、效率、效能等管理主义价值得到了极大的发展。然而,到了 20 世纪 80 年代,由于受到后现代社会的挑战,以官僚制为基础的传统管理主义模式不仅面临着效率低下等管理主义问题,而且面临着合法化危机等民主主义问题。正是在这种背景下,作为美国后现代公共行政的新公共管理模式应运而生,它不仅使管理主义价值得到新的发展,而且实现了对民主主义的有效吸收,从而实现了管理主义与民主主义价值之间的合理融合。

一、新公共管理中管理主义的伸张

总体看来,新公共管理与传统管理主义、行为主义行政学一样,属于管理主义的范畴。传统管理主义与行为主义行政学的效率、经济价值是在封闭状态下的官僚制组织中实现的,它只是一种组织内部僵化的静态衡量标准,必然要被新公共管理全新的效率、效果与效能的价值理念替代。具体而言,作为美国新公共管理模式的企业家政府理论的管理主义价值理念表现在以下几个方面。

(一)引入竞争机制来促进效率的提高

传统的官僚制组织采取垄断化的方式进行管理,依靠官僚组织合理的分工和层级节制的权力体系来保证效率。当进步党人接受由政府官僚机构提供的服务时,他们也就接受了垄断。然而,政府的实践过程在效率与活力方面不如企业,在新公共管理理论看来,缺乏竞争机制是政府缺乏效率的主要原因。奥斯本认为,全国各级政府自 1978 年美国发生抗税运动以来,为了实现成本的降低,开始引入竞争机制。这些竞争机制在现实中表现为:公对私的竞争、私对私的竞争以及公对公的竞争。

---

[1] 陈振明:《政府再造——西方"新公共管理运动"述评》,中国人民大学出版社 2003 年版,第 101 页。

奥斯本认为提高效率是竞争最明显的好处，这主要表现为：(1) 竞争能够产生投入少、产出多的效果。纽约市立大学管理系主任 E. S. 萨瓦斯对纽约州从事垃圾收集工作的私营部门与公共部门的服务进行了比较，结果发现，公共部门收集每吨垃圾花费高达 49 美元，私营承包商仅花费约 17 美元，前者比后者高出近 2 倍。为此，他得出了一个结论："结果非常明显，无可辩驳。受合同约束的私营企业同样有效，同样负责，而且比政府机构的效率高得多。"[1]此外，詹姆斯·威尔逊在他的著作《美国官僚政治：政府机构的行为及其动因》一书中指出，在公共服务供给费用方面，公共机构在大多数情况下要比私营企业低得多。但在同一个市场上，如果公共和私营组织展开竞争（例如，保健和供电业），在规模上相仿，那么，它们的成本和质量大致相同[2]。然而，如果没有竞争的话，私营服务提供者的效率与公共部门相比没有本质区别。奥斯本列举了马萨诸塞州的私营公司提供汽车保险的例子。由于该州的管理委员会对服务的价值实行强制性的规定，其结果，保险公司缺乏降低成本、提高效率与制止欺骗的动力，从而造成该州的平均保险费率、索赔率和汽车失窃率三项指标均为全国最高。(2) 竞争迫使公营的（或私营的）垄断组织对顾客的需要作出反应。在奥斯本看来，垄断组织由于缺乏竞争，因此没有为顾客服务的动力。如 20 世纪 70 年代的美国邮政管理局是美国最大的民用垄断组织，它一方面不断提高邮资价格，另一方面不愿意提供当日投递业务与隔夜快件业务。到了 1988 年，该局只有 30% 的时间达到它自己的三级投递标准，从而丢失了全部三级邮件的 3.5%—15% 的投递业务。可见，完全投入竞争的组织需要不断地进行创新和争取到千百万忠诚的顾客，除了讨好自己的顾客外，别无选择。(3) 竞争奖励革新，而垄断扼杀革新。竞争有利于实现物竞天择的局面。正如萨瓦斯所言："尽管环境发生了重大变化，大自然仍通过物种变异不断进行试验，使物种进化、适应和生存。某些试验结果表明比原先的模式能更好地适应新环境，最终取而代之。"[3]同样，公共部门如果不能够引入竞争机制，就会妨碍"自然选择"，从而失去创

---

[1] [美]戴维·奥斯本、特德·盖布勒著，周敦仁等译：《改革政府：企业家精神如何改革着公共部门》，上海译文出版社 2006 年版，第 47 页。

[2] [美]戴维·奥斯本、特德·盖布勒著，周敦仁等译：《改革政府：企业家精神如何改革着公共部门》，上海译文出版社 2006 年版，第 47 页。

[3] [美]戴维·奥斯本、特德·盖布勒著，周敦仁等译：《改革政府：企业家精神如何改革着公共部门》，上海译文出版社 2006 年版，第 49 页。

新的动力,一定会被社会与民众指责。但当私营服务组织投入真正的竞争时,情况就不一样了。竞争迫使一些组织的服务质量得到提高,服务价格得以下降,从而使政府的效率也大大提高。(4)竞争能够有效提升公营组织雇员的自尊心与士气,从而提升政府效率。许多人认为,公营组织雇员不得不进行竞争时,他们肯定会因害怕失去保障而反对危及他们垄断地位的任何威胁。然而,奥斯本认为,如果在他们的工作保障不成问题的前提下,一旦公营组织的雇员发现自己处于竞争状态,他们会乐于接受竞争。曾在密歇根州商务部工作的约翰·克利夫兰指出,人们还是有做好工作的愿望的。他说:"当人们进入竞争状态后工作会更加辛苦,但更加令人振奋。他们有可能被迫竞争,但是他们发现竞争给他们的回报要多得多。他们在什么时候工作出色是不难知道的。世界知道这一点,因为他们正在同别人的竞争中获胜。"[1]可见,竞争能够提升组织人员的士气,从而使效率得到极大提升。

(二)强调放松规制,建立有使命感的组织来促进效率

韦伯的官僚制强调规范组织及其成员的管理行为需要制定一整套规则和程序,并认为以规章制度约束国家公职人员,不仅可以防止其以权谋私,而且会产生效率和稳定性。应该承认,规章制度的完善是必需的,但随着社会的不断发展,法律和制度规定也在不断增加,不仅没有抑制住政府官员的寻租行为,而且常常会导致公务员办事效率低下。奥斯本认为,在进步党人时代,当改革家们为控制特威德"老板"和他的密友而斗争时,这种倾向被大为升级。进步党人规定了繁文缛节,是为了对5%不诚实的人进行控制,却打击了其余95%的人的士气[2]。时至今日,一旦出现某些问题,政客们往往制定许多新的规章来应对……当然,我们建立各种规章制度是为了防止坏事的发生。然而,同样一些好的事情往往也会受到这些规章制度的影响。政府的办事效率会因为规章和繁文缛节而变得十分低下。公务员们不可能对瞬息万变的环境作出快速反应,从而浪费大量的时间和精力。如"美国政府改革之前有一部805页的《联邦人事法》,另外还有关于如何推行这些法律的1 300

---

〔1〕[美]戴维·奥斯本、特德·盖布勒著,周敦仁等译:《改革政府:企业家精神如何改革着公共部门》,上海译文出版社2006年版,第50页。

〔2〕[美]戴维·奥斯本、特德·盖布勒著,周敦仁等译:《改革政府:企业家精神如何改革着公共部门》,上海译文出版社2006年版,第72页。

多页的条例,就连《联邦人事手册》也有1 000余页"[1],这使得美国人事行政工作效率十分低下。另外,20世纪80年代,当联邦航空管理局急需招募、训练和调动空中交通管制员时,文官制度的程序使其无法实现。当空中交通管制员需要最简单的一些设备时,采购程序却花费了9个月到1年的时间。在奥斯本看来,为了防止政府这艘航船生锈腐蚀,需要一两层油漆,这些油漆对于政府来说就是一些规章。如果没有油漆的保护,航船的金属就会暴露在空气当中。问题是大多数政府的规章过多,相当于将航船涂上了几十层油漆,这会使得航船变得十分笨重[2]。企业家政府理论则针对官僚制中存在的过度规制的状况进行了解构,它要求改变照章办事的传统,去除繁文缛节,清除政府管理实质以外的其他附着物。在此之后,政府还要确立自己的使命,并围绕这一使命进行建构。正如一艘刮掉了附着物的航船还不是一艘正在驶往其目的地的航船。政府中企业家式的官员们运用若干基本的战略,去建立有使命感的组织,以提高政府效率。奥斯本认为,使命并不注重政府部门的分管界限,而是注重组织的中心任务。为此,奥斯本还列举了一个成功的例子:乔治·拉蒂默担任圣保罗市市长时,该市处理计划和发展事务的组织有五个:港口管理局、住房与复兴管理局、城市计划办公室、社区发展办公室和计划委员会。这五个机构根据不同的方向分管事务。后来,拉蒂默通过改组,留下了三个机构。每个机构集中力量去实现一项特定的使命,而每个机构在争取实现这项使命时特别富有效果[3]。总之,企业家政府理论认为,要改变政府因过度规制而导致低效率的现实,必须放松规制,并建构使命导向的组织结构,才能真正提高政府效率。

(三)以结果为导向来提高效率

传统的官僚制组织由于没有竞争和追求利润方面的压力,只注重投入而不计产出,并认为减少投入是官僚制组织实现经济与效率价值的途径。奥斯本认为,正因为官僚主义政府不衡量效果,也就很少取得效果。如政府在公共教育上花的钱越来越多,但是考试分数差和退学率几乎没有改观。政府在

---

〔1〕 陈振明:《政府再造——西方"新公共管理运动"述评》,中国人民大学出版社2003年版,第91页。

〔2〕 [美]戴维·奥斯本、特德·盖布勒著,周敦仁等译:《改革政府:企业家精神如何改革着公共部门》,上海译文出版社2006年版,第76页。

〔3〕 [美]戴维·奥斯本、特德·盖布勒著,周敦仁等译:《改革政府:企业家精神如何改革着公共部门》,上海译文出版社2006年版,第90页。

为接受救济的人举办职业训练上花的钱越来越多，但是福利救济开支却不断增加。政府在警察和监狱上花的钱越来越多，但是犯罪率继续在上升。

新公共管理对这种经济效率观嗤之以鼻，并主张将后果战略引入政府管理之中。如企业家政府理论的代表人物奥斯本提出了实现后果战略的三大途径。(1) 企业化管理。这种途径就是迫使公共服务提供组织像商业企业那样运作，必须有一个财政底线，最好是在竞争的市场中发挥作用。在奥斯本看来，企业化管理成为实施后果战略最强有力的一种途径，因为它所产生的竞争是一种自动的、持续不断的过程。(2) 有序竞争。企业化管理并非适用于所有的公共组织，在这种情况下，另一种次佳选择就是"有序竞争"，即戈德史密斯在印第安纳波利斯所使用的方法。这种方法所产生的后果不如市场环境下企业化管理途径的结果那么自动，却更为有力。有序竞争要求政府服务潜在的提供者（私营公司和公共机构）以绩效为基础展开合同竞争。(3) 绩效管理。当企业化管理和有序竞争都不适合时，第三种选择就是绩效管理。绩效管理采用绩效测量、绩效标准、奖励和惩罚等途径来激励公共组织[1]。在奥斯本看来，这三种途径能够保证公共部门绩效的有效提升。"如约翰·克利夫兰把全面质量管理（绩效管理的一种）运用到密歇根现代化服务处时，他的第一项计划便使该处服务每位顾客所花的时间，从七个半月缩减到三个月以下。威斯康星州的麦迪逊市在采用全面质量管理后，全市从垃圾收集到机动车辆修理的各项工作节省了数百万美元。"[2]

二、管理主义对民主主义的吸纳

为了改变传统管理主义机械、僵化的效率、经济价值理念，作为美国新公共管理运动的企业家政府理论强调引入民主主义因素，从而实现了由公共部门主体中心主义转向客体中心主义、权力中心主义转向服务中心主义、个体利益中心主义转向公共利益中心主义的三大转变。在企业家政府理论看来，这种对公民和公共组织中公务人员的人性关怀是价值理性的重要表现，也是治疗传统管理主义过于强调技术理性与经济理性等工具理性痼疾的一剂良药。具体而言，企业家政府理论中的民主主义价值主要有如下几个方面。

---

〔1〕［美］戴维·奥斯本、彼德·普拉斯特里克著，谭功荣、刘霞译：《摒弃官僚制：政府再造的五项战略》，中国人民大学出版社 2002 年版，第 133 页。

〔2〕［美］戴维·奥斯本、特德·盖布勒著，周敦仁等译：《改革政府：企业家精神如何改革着公共部门》，上海译文出版社 2006 年版，第 114 页。

（一）强调政府对公众的回应性

公共行政学家格罗弗·斯塔林认为政府回应意指政府对民众关于政策变革诉求的接纳以及对民众要求作出的迅速反应,从而采取积极措施使问题得以解决。鲁尔克(Francis E. Rourke)认为,回应性是指体系"促进官僚的决定与社区或者声称代表民众的官员的偏好相一致的程度"[1]。如果公共组织被界定为试图表达社会价值的机构,那么其成员就承担着尽其所能审视、理解和解释公共价值的责任。除此之外,有人认为公共组织成员还有责任去帮助公众了解自己的需求,找出通常被隐藏起来的重要的需求,并表达自己满足这些需求的愿望。因此,回应性的内涵不仅仅对公共陈述的价值做了简单的回应,它还在某种程度上包含了将问题带向审视、辩论和解决过程的领导作用。企业家政府理论作为美国公共行政的新兴模式,其根本特征在于改变政府管理过程中的主体中心主义,确立管理过程中的客体中心主义。这样一来,政府将公众的满意度置于中心的地位,政府所追求的效率与秩序的目标也被纳入公众的满意度之中,之前官僚制组织自我判断、自我评价的功能则被公众的判断和评价代替。正是基于此,处于"服务型政府"背景中的政府对于民众的回应机制必须进行新的功能定位,并对回应流程进行重新再造,以满足民众的利益和适应政府治理的需要。为此,政府在进行回应性的过程中往往表现为公共部门的机构与人员在激发、预测和充分掌握社会良性需求以及民众意见的前提下,对民众的合理诉求及时作出反应,并给予诚恳的回复和有效的处理。因此,与以往的官僚制相比,企业家政府所要求的回应机制具有与公民交流的互动性、回应的主动性、回复效果的可考核性、反馈的及时有效性等特征。

（二）公共服务机构主体的多元化,公民选择公共服务机构的自由化

与传统管理主义模式中政府部门作为唯一的垄断化服务提供主体不同的是,企业化政府理论打破了由政府进行统一配置资源的做法,从而使公共服务提供主体实现多元化。这样一来,不仅迫使提供公共服务的部门为了赢得顾客而进行竞争,而且给予公众选择公共服务的自由与权利。通过废除政府的垄断性保护以及引入市场调节的价格机制,作为提供公共服务主体的政府机构始终处于一种竞争压力之中,从而迫使其有了提高效率与效能的动

---

[1] Francis E. Rourke. Bureaucracy, Politics, and Public Policy. Boston: Little, Brown, 1969, p. 3.

力。此外，引入市场机制使竞争形式也呈现出多样化的趋势，包括公共组织与非政府组织之间的竞争、公与私之间的竞争、公共组织之间的竞争等。公私间的竞争如合同出租制就得到了广泛的应用。合同出租制被视为保持既定服务水平前提下缩小政府规模的重要途径，不仅节约了开支、降低了成本，而且让公民自由地选择公共服务机构，为公民（顾客）提供了"以脚投票"的机会，这本身就体现了民主主义价值。

（三）顾客导向

传统管理主义模式的管理与服务倾向于方便政府而非公众，在该模式下会产生"主体中心主义"和"机构导向的政府"，作为服务对象的公众自然会对这种模式产生不满。奥斯本认为，官僚政治的傲慢为公众所厌恶，在同政府打交道的过程中，受到政府的尊重是公众所期望的，政府应该把公众当作顾客一样尊重[1]。为公民提供服务是民主政府的本质特征，政府官员应成为"人民公仆"，然而，公众与政府之间的关系发生了本末倒置，许多政府部门往往觉得高人一等，对于谁是服务对象的问题，仍然弄不清楚。不仅如此，其常常高高在上，服务水平往往十分低劣，在实际工作中还时常表现出盛气凌人的态度。

企业家政府理论强调，要打破传统管理主义的上述弊端，对于公共服务机构和管理者而言，他们应该改变过去的傲慢态度，成为有责任心的"企业家"，将服务对象真正视为顾客。政府根据顾客的需求为公众提供公共服务是其社会职责之所在。以顾客需求为导向的服务型模式取代过去的管制型模式是企业家式政府能够为公民提供高效率公共服务的前提与基础。奥斯本主张，有企业家精神的政府在听取顾客的意见时可采取重点群体调查、顾客调查等方法。政府已开始向顾客提供治安服务、娱乐设施、学校等选择。而且政府开始让顾客坐到驾驶的座位上，让顾客选择服务提供者，从而尽可能将各种资源直接交到顾客手里[2]。在奥斯本看来，受顾客驱使的政府，有如下几个方面的优点：一是顾客驱使的制度创造更多公平的机会；二是顾客驱使的制度授权顾客作出选择；三是因为政府使供需相适应，顾客驱使的制度浪费较少；四是顾客驱使的制度使公众拥有较大的选择服务的自由度；五

---

[1]〔美〕戴维·奥斯本、特德·盖布勒著，周敦仁等译：《改革政府：企业家精神如何改革着公共部门》，上海译文出版社2006年版，第120页。

[2]〔美〕戴维·奥斯本、特德·盖布勒著，周敦仁等译：《改革政府：企业家精神如何改革着公共部门》，上海译文出版社2006年版，第121页。

是顾客驱使的制度促进更多的革新;六是顾客驱使的制度使选择提供者的决定不受政治影响;七是顾客驱使的制度将对顾客负有责任作为服务提供者的根本要求[1]。可见,企业家政府强调顾客导向,这会为公共行政注入了自由、平等和公平等民主主义价值。

(四)政府内部分权与政府公共服务社会化

1. 政府内部分权

奥斯本认为,在50年前,不同的地方之间的交流很缓慢,当时的信息技术还呈原始状态,权力集中的机构是必要的。人们只能选择官僚制这种组织来提高行政效率。而现今的信息化世界使得偏僻地区之间的通信立时可达,指挥系统信息的下情上达和上情下达已经容不得有须臾的等待。这时,就需要公共部门进行内部分权。所谓内部分权就是将公共部门的权力层层下放给基层,让那些以前长期只是被动执行上级决策的管理者充分享有决策权和参与权。政府通过分权或授权,遵循责、职、权三者相互配套原则,从而使分管某一方面行政事务的基层组织以及工作人员对于其所管理的行政事务拥有某种程度的决策权,并承担相应的行政责任。奥斯本认为,分权机构的优越性主要体现在如下四个方面:一是分权机构产生更高的生产率、更强的责任感、更高的士气;二是集权的机构与分权的机构相比创新精神不足;三是集权的机构与分权的机构相比缺乏效率;四是集权的机构与分权的机构相比缺乏灵活性,对于情况和顾客需求的变化,分权的机构能迅速地作出反应[2]。

2. 政府公共服务社会化

随着美国由工业社会走向后现代社会,公众需求呈现多元化发展趋势。政府作为一个垄断化的公共服务提供者日益暴露出其自身的缺陷与不足,政府不得不改变原有的统一化、标准化的单一公共服务模式而必须与非政府组织、企业、社区以及公民一起共同对公共事务进行治理。因此,美国政府的公共服务更多地倾向于社会化模式,即利用社会力量来为公民提供公共服务。政府通过权力下放和引入竞争机制使下级政府以及私营组织、非营利组织也参与到公共服务中,这样政府就大大减轻了财政负担,公共服务质量也显著提高。如"美国的菲尼克斯市、明尼阿波利斯市、堪萨斯市、纽瓦克市等城市,

---

〔1〕[美]戴维·奥斯本、特德·盖布勒著,周敦仁等译:《改革政府:企业家精神如何改革着公共部门》,上海译文出版社2006年版,第131-134页。

〔2〕[美]戴维·奥斯本、特德·盖布勒著,周敦仁等译:《改革政府:企业家精神如何改革着公共部门》,上海译文出版社2006年版,第187-188页。

当地的政府不断地同私营部门进行竞争"[1],其结果使得提供公共服务的成本费用降低35%—95%。公共服务社会化在实践中主要采取以下形式:(1)以私补公,打破政府对于公共服务的垄断地位;(2)政府部门与私营企业之间建立良好的伙伴关系;(3)政府业务合同出租,即把政府的管理公共事务的职能推向市场;(4)公共服务社区化[2]。

(五)公众参与

公众参与主要是指政府要给予其服务的对象以更多的权利,并以参与或民主的方式将社会服务与管理的权限下放给诸如家庭、社区、志愿者组织等社会的基本单元,从而激发它们的活力与创造精神。这本身就是民主主义的一种体现。

公众参与公共事务决策和管理的好处体现在如下三个方面:一是有利于督促政府不断地改善公共服务质量。公众往往是最为关注和了解公共服务的主体。因此,当公共服务处于公众的监督下,自然会促使行政部门及其工作人员为了提供优质的公共服务而提高服务质量,改进工作行为方式。二是有助于保障公共政策的顺利有效实施。假如公共政策是在充分参与和广泛讨论的基础上制定的,这必然会使其权威性与合法性基础得到大大增强,从而避免政府独断专行,并使政策得以顺利实施。三是增强政府提供公共服务的能力。社会组织、公众和政府共同参与公共治理并提供公共服务,要比单一的政府组织提供公共服务更为有效。

公众参与最为明显的形式便是公共服务社区化,即公共服务走向社区,鼓励社区建立公益事业。在奥斯本看来,公共服务走向社区是基于以下几点考虑的:一是社区针对能力、服务系统针对欠缺;二是社区比专业服务人士或者官僚机构更能有效地实施行为规范标准;三是社区比提供服务的专业人员花费更少;四是社区在灵活性和创造性方面要优于大型的官僚服务机构;五是社区提供"关心",而官僚机构和专业人士提供"服务";六是社区解决问题,而官僚机构和专业人士提供服务;七是社区比专业人员更了解自己的问

---

[1] [美]戴维·奥斯本、特德·盖布勒著,周敦仁等译:《改革政府:企业家精神如何改革着公共部门》,上海译文出版社2006年版,第47页。

[2] 陈振明:《政府再造——西方"新公共管理运动"述评》,中国人民大学出版社,2003年版第23页。

题;八是在对服务对象及其成员的责任关切方面社区要优于官僚服务机构[1]。

总之,作为美国新公共管理经典模式的企业家政府理论对传统管理主义模式进行了有力的批判。一方面,它强调要改变传统管理主义关于政府效率的价值理念,并通过竞争机制、放松规制与结果导向来提高政府效率;另一方面,它强调回应性、公共服务机构多元化、顾客导向、公共服务社会化、部门内部分权与公共参与来促进政治正义价值的实现,从而最终实现了管理主义与民主主义两大范式的融合。需要指出的是,作为美国新公共管理模式的企业家政府的理论与实践是以管理主义价值为主体的,并把政府效率、经济和效能等作为公共行政的首要目标,而公平、自由、公正等民主主义价值则处于次要的地位。因此,其融合的方式是在管理主义价值的基础上实现对民主主义价值的吸纳。

---

[1] [美]戴维·奥斯本、特德·盖布勒著,周敦仁等译:《改革政府:企业家精神如何改革着公共部门》,上海译文出版社2006年版,第35-38页。

第八章

后现代性对现代性的挑战(二)：新公共服务中民主主义与管理主义范式之融合

如上章所言，作为美国新公共管理模式的企业家政府理论实现了以管理主义为基础，有效吸纳民主主义，从而实现了二者的有效融合。需要肯定的是，企业家政府理论在实践过程中焕发出了新的生机与活力，它使美国公共部门从自上而下的官僚体制转向一种自下而上、简政放权式的企业家政府模式，从而使政府绩效得到较大的提升。然而，企业家政府模式在实践中也出现了一些问题，其中最主要的问题在于贬低了自由、公平、民主、平等等规范价值的重要性，以至于在实践中会出现侵害以政治正义为基础的民主主义的可能与现实。以登哈特为首的新公共服务学派对企业家政府模式进行了深刻的反思，并提出了与美国后现代社会相适应的另一种公共行政模式，即新公共服务。本章拟对新公共服务产生的背景、理论基础与主要观点作一系统的阐释，在此基础上，对新公共服务中民主主义与管理主义的有效融合进行系统的论述。

第一节 作为后现代公共行政之新公共服务

一、新公共服务产生的背景

新公共管理在许多西方国家取得了一定的成就,但同时也出现了不少问题。许多学者和实务者都对新公共管理的含义以及该模式所主张的公共管理者角色表示担忧。里查德·C.博克斯(Richard C. Box)在其《新公共管理与实质性民主》一书中对新公共管理会侵犯民主价值作了论证,他认为:"公共部门由于支持或赞同做管理的市场模式而处于放弃民主价值的危险境地。他们认为现代的美国民主较之以前的19世纪末与20世纪初的自由资本主义社会有了较大的缩水……现今基于新公共管理的政府市场化模式已走得太远,以至于影响公共部门管理的民主化主导价值。"[1]佩龙(Bellone)与葛尔力(Goerl)也指出,强调民主政治价值与管理主义或以市场为导向的公共行政之间存在着冲突,即风险承担与公共财货的监督、秘密性与公开性、个人远见与公民参与、自主性与民主责任之间的冲突[2]。泰瑞(Terry)在《行政领导、新管理主义与公共管理运动》一文中指出,对于"民主价值"而言,建立在代理人理论、公共选择理论基础之上的管理主义不仅经不起推敲,而且没有益处[3]。新公共管理在某种程度上说,在公共服务方面遵循仍待检验的传统价值观,而保证中立制定和诚实的方法(私营部门和公共部门的界限、对直线管理权力的限制、永久任期、固定薪金、程序规定)在它的处方中去除了,腐败现象在这种变革下必然会蔓延开来[4]。世界银行的资深公共管理专家尼克·曼宁(Nick Manning)对新公共管理的普适性进行了批判:(1)新公共管理在实践中,可被看作成熟的理论模型吗?它是否足够成功?(2)新公共管理在执行的范围之内确实发挥作用了吗?(3)在与旧公共行政的对阵中

---

[1] Richard C. Box, G. S. Marshall, B. J. Reed, et al. New Public Management and Substantive Democracy. Public Administration Review, 2001,61(5), p. 608.

[2] Carl J. Bellone, George Frederick Goerl. Reconciling Public Entrepreneurship and Democracy[J]. Public Administration Review, 1992,52(2), pp. 131-132.

[3] L. D. Terry. Administrative Leadership, Neo-management and the Public Management Movement. Public Administration Review,1998,58(3), pp. 194-200.

[4] Christopher Hood. A Public Management for All Seasons?. Public Administration, 1991,69(1), p. 16.

新公共管理真的获胜了吗？他用事实证明，不应该从发达国家到发展中国家对新公共管理进行普遍应用，因为新公共管理模式本身存有缺陷[1]。

诚然，这些批评意见的确从不同的角度揭露了新公共管理的内在矛盾，然而，这些对新公共管理理论的批判并没有进一步提出任何新的可替代性理论模式。而新公共服务理论与之前的批判理论不同的是，它既批判了新公共管理的缺陷，又尝试构建新的理论模式。其代表人物是美国著名公共行政学家罗伯特·B.登哈特。"所谓新公共服务是关于公共行政在将公共服务、民主治理和公民参与置于中心地位的治理系统中所扮演角色的一系列思想和理论。"[2]登哈特认为，奥斯本和盖布勒所提倡的企业家政府告诫人们应该为这艘船掌舵而不是划桨，这样一来，只会用一个"行政中心论"来对另一个"行政中心论"进行替代。登哈特告诫人们，当他们正在忙于掌舵的时候，往往会忘记到底谁才是这条航船的真正拥有者。政府官员应该将服务于公民和授权于公民的职责置于重要的位置。

新公共管理的支持者在阐明自己的理由时经常用传统管理主义模式作为陪衬物，与传统管理主义模式相比，企业家精神的各项原则显然会被认为具有优势地位。传统管理主义僵化的官僚体制总是被过多的规则所困扰，它们不仅受严格的预算和人事制度的约束，而且专注于控制。从这个角度来看，新公共管理的确是一个更为可取的备选方案。然而，新公共管理与传统管理主义并不代表全部的政府理论或实践。与之相反的是，公共行政理论与实践的100多年历程本身是蜿蜒曲折的，而"新公共管理"并不能够代表许多重要的实质性发展。正是基于此，登哈特认为，理论模式选择并非只有两种，新公共服务应作为公共行政的全新模式参与进来，并与新公共管理与传统管理主义进行持久的论争。

二、新公共服务的理论基础

（一）民主公民权理论

登哈特认为，民主公民权是一种建立在公民利益基础之上的公民权。正如埃文斯和博伊特认为，一个复兴的公民权往往会包括：对不同社会信仰、

---

[1] Nick Manning. The Legacy of the New Public Management in Developing Countries. International Review of Administrative Sciences, 2001, 67(2), pp. 297-312.

[2] [美]珍妮特·V.登哈特、罗伯特·B.登哈特著，丁煌译：《新公共服务：服务，而不是掌舵》，中国人民大学出版社2004年版，第22页。

宗教信仰与政治信仰的容忍;关心社区整体的福利及共同利益;承认一个人有责任保护公众和为公众服务;承认社区的决策重于个体的偏好;个体所拥有的尊重他人权利的意愿。在民主政体当中,公民会去管理政府,会去做一个公民应该做的事情。当他们这样做的时候,不仅会促进责任心的健康成长,而且会促进社会的进步[1]。

这些关于一种更为积极且重要的公民权的训诫已经很明显地进入公共行政的文献和实践中。不仅早在1984年美国著名行政学家弗雷德里克森和昌德勒就在《公共行政评论》发表的一个关于"公民权与公共行政"的专题论丛中考察了各种把正在出现的公民权理念与公共行政这个职业联系起来的理论问题和实践问题,而且,近年来,关注此论题的人们也越来越多,例如,金、斯蒂弗斯和博克斯分别在《政府属于我们》和《公民治理》这两本书中集中探讨了在建立以公民为中心的政府方面,公共行政官员应该如何去做。金与斯蒂弗斯强调,公共行政官员不能将公民视为"顾客"、投票人和非当事人,而应该把公民视为(拥有公民权的)公民,而应该进行有效的合作,减少控制和分享权威。而且,与管理主义者对更高效率的要求相比,公共管理者应该追求公民信任度与回应度的提高。博克斯强调地方政府应该对自身的行为进行调整,容许公民积极参与治理,这对于地方政府治理而言是十分重要的[2]。民主理论研究所提出来的公民参与和公民权理论,对于新公共服务理论而言是不可或缺的。

(二)社区与公民社会理论

登哈特主张把关于社区和公民社会的讨论视为新公共服务理论的重要思想来源和概念基础。在他看来,美国的民主传统的延续依赖于民主参与的公民,这些公民在各种社团、群体与政府单位中非常活跃,社区已经成为美国人生活中的一个主题。社会团体、家庭、街坊群体、公民社团、运动队、教会、工作小组以及志愿性组织俱乐部,在个人与更大社会之间建立起了沟通与连接的桥梁。总体而言,这些小团体构成了一种其中人们需要在社区关怀的环境中实现其个人利益的"市民社会"。公民之间的个人对话和评议存在于市民社会当中,这种个人对话和评议既体现了民主的实质,也体现了社区建设

---

[1] [美]珍妮特·V.登哈特、罗伯特·B.登哈特著,丁煌译:《新公共服务:服务,而不是掌舵》,中国人民大学出版社2004年版,第29页。

[2] [美]珍妮特·V.登哈特、罗伯特·B.登哈特著,丁煌译:《新公共服务:服务,而不是掌舵》,中国人民大学出版社2004年版,第29页。

的本质[1]。

在市民社会和社区建设方面,政府可以发挥推动其发展的功能。登哈特提出了公共行政官员怎样与社区和公民社会相互影响的观点。首先,在高度内聚力和社会信任存于强大的公民互动网络的地方,依靠现存的社会资本,政府可以开辟新的对话和讨论渠道,建立更为强大的网络,就民主治理问题进一步开展公民教育。其次,在社会资本和社区的建设方面,公共行政官员能够贡献自己的力量[2]。对此,公共行政与公众能够联系起来,尽管不能全部达成公民之所愿,但会在公共行政与公众之间建立沟通与合作的桥梁,便于二者达成共识。

(三) 组织人本主义与新公共行政

组织人本主义也是新公共服务的重要理论基础之一。登哈特介绍了两位学者对于组织人本主义的观点:一位是美国著名的行为科学家和组织学家、哈佛大学管理学院教授克里斯·阿吉里斯博士。他在《个性与组织》一书中探讨了传统的管理方法对复杂组织内部个体心理发展的影响。他认为标准管理方法似乎不是促进了雇员的发展而是抑制了雇员的发展。为了改进组织的绩效,同时促进个人的发展,阿吉里斯找到了一种"管理者在有效诊断、帮助个人成长、运用自我意识技巧方面的管理方法"。随着阿吉里斯研究工作的推进,他越来越集中关注组织朝着被称为"组织发展"的变革项目所规定的方向发展的方式。阿吉里斯极力主张对与"企业的人性方面"有关的品质予以足够关注,对"人的自我实现、个人的真实性以及品行"予以足够关注[3]。另一位值得一提的行政学家是对组织发展观进行了透彻探讨的罗伯特·戈利姆比沃斯基教授。罗伯特·戈利姆比沃斯基在其早期的著作《人、管理与道德》一书中对传统的组织理论进行了批判,着重批判了传统组织理论所主张的自上而下的权威、等级控制以及标准的工作程序。他认为,这样的管理方法反映了对个人的道德状况不敏感,具体来说,反映了对个人自由的问题不敏感。

---

[1] [美]珍妮特·V.登哈特、罗伯特·B.登哈特著,丁煌译:《新公共服务:服务,而不是掌舵》,中国人民大学出版社2004年版,第32页。

[2] [美]珍妮特·V.登哈特、罗伯特·B.登哈特著,丁煌译:《新公共服务:服务,而不是掌舵》,中国人民大学出版社2004年版,第33页。

[3] [美]珍妮特·V.登哈特、罗伯特·B.登哈特著,丁煌译:《新公共服务:服务,而不是掌舵》,中国人民大学出版社2004年版,第35页。

此外，新公共行政学也成为新公共服务的一个重要的理论基础，它促成了另外一些与主流公共行政理论不同的观点，有人甚至还更加明确地承认和讨论了价值观在公共行政中的作用。弗雷德里克森认为，公共行政并不具有中立性，它是不能够仅靠效率标准进行评价的。与之相反，公平、平等与回应性等诸如此类的概念应发挥其相应的价值功能。鉴于之前对新公共行政学作了具体的阐释，这里就不再赘述。

（四）后现代公共行政

新公共服务理论的第四个重要思想来源是后现代主义。在20世纪60年代末、70年代初，一些公共行政学者开始更具批判性地探讨构成主流理性行政模式之基础的知识获得方法。他们的批判性探讨所依据是这样一种观点，即主流公共行政学像其他社会科学一样也依赖于一种特殊的知识获得方法——实证主义，而且这种方法明显地限制了该领域可能的思想范围。简单地说，实证主义方法认为，社会科学可以采取与自然科学相同的研究方法进行研究。按照这种观点，就能实现将社会生活中的事实与价值分离开来；科学的任务在于发现事实而非价值。这是因为事实与物理现象或化学反应一样是可以被观察和测量的。"概念和理论又反过来可以根据这些对'明显行为'的观察来建立。实证主义方法被公认为是西蒙理性行政模式的基础，并且明显地支配着公共行政学研究的其他方面，尤其是支配着政策科学。"[1]

对于上述观点，这些持批评态度的学者认为：一方面，传统官僚制的客观化与非人格化倾向在对实证主义的过于依赖中被无形地强化了；另一方面，实证主义拒绝了人们给予人类生活之意义和价值的重要承诺。在他们看来，学者们在寻求备选方案的时候往往求助于知识获得的解释方法，而这些解释方法着重关注人们赋予其经验的意义，尤其注重认识与他人共享的经验所赋予的意义。还有一些学者则转向对支撑人类经验的力量，特别是那些歪曲人们之间沟通的支配力量进行价值批判的审查。学者们希望对公共行政的理论与实践方面的研究提供一些可替代性的方法，使公共行政更加关注价值而非事实。尽管后现代公共行政理论家怀疑公共参与的传统方法，但是许多人都一致认为，为了使公共官僚机构能够关注价值，并使公共行政回归合法性目标，增进公共对话十分必要。

---

[1] [美]珍妮特·V.登哈特、罗伯特·B.登哈特著，丁煌译：《新公共服务：服务，而不是掌舵》，中国人民大学出版社2004年版，第37页。

三、新公共服务的主要观点

（一）服务于公民，而不是顾客

新公共服务认为，与政府进行互动的人并不能被简单地视为顾客，而应将其视为公民。政府部门应在法律的框架内尽其所能提高公共服务的质量。权利享有者和责任承担者是公民在广大社区环境中扮演的双重角色。而顾客的角色与公民则有着本质的不同，实现个人利益的最大化则是目的。按照詹尼·波特的观点，顾客的理念强调用户至上。为了把更大的权力转向顾客，一些理论家识别了五个关键性的因素：接近的机会、选择、信息、补偿和代表。尽管这些因素的最初产生与市场上的私人物品和服务有关，但是它们却能够适用于公共部门，进而可以为如何才能既在个人意义上又在集体意义上增进公民的利益这个问题提供指导。然而，与顾客不同的是，公民则要求参与决策。尽管选择不是一个权利的问题，但是公民应该要求参与作出并且扩大一些他们所能够得到的选择。他们还应该要求就目标和目的、服务的标准、他们对于服务的权利、所讨论的备选方案、作出决策的原因以及那些决策的内容获得充分的信息。此外，公民还应该要求享有某种表达不满和进行申诉的机会与途径，并且应该要求在适当的条件下得到补偿。公民的代表还可以展开更加广泛的决策咨询和参与决策。因此，登哈特强调，政府不是服务于顾客，而应服务于公民：公共利益不是个人自身利益的聚焦，而是就共同利益进行对话的结果。因此，公务员应对公民予以足够的关注，并且注重与公民之间的沟通与合作，建立良好的信任关系，而不只是仅仅关注顾客的需求[1]。

（二）追求公共利益

新公共服务的重要原则之一就是在政府服务当中，将公共利益重新置于中心地位。新公共服务要求为社会确定一种"愿景"的过程并非仅仅是民选政治领袖或公共行政任命官员的事情。更确切地说，是确定一种愿景或方向，即规定共同价值观的活动中，进行较大范围的评议和公共对话显得尤为重要。政府存在的主要理由之一在于明确地表达和实现公共利益。在新公共服务中，行政官员并非公共利益的唯一主体。相反，行政官员应在一个包

---

[1] [美]珍妮特·V. 登哈特、罗伯特·B. 登哈特著，丁煌译：《新公共服务：服务，而不是掌舵》，中国人民大学出版社2004年版，第42页。

含团体、公民、民选代表以及其他机构在内的共同治理体系中充当关键的角色。这对于公共行政官员的角色和责任都是十分重要的,因为它所强调的政府角色是将公共利益置于首要的位置,从而使公正、民主、正义和公平等规范价值能够在公共行政中得以有效地实现。将政府看成实现诸如正义、民主、公平等规范价值的工具,其核心的问题在于将政府的目标与企业的目标区别开来。增进公民权和服务于公共利益是政府的公共目的,而企业只能服务于追求利润最大化的私人目的。

(三)重视公民权胜过重视企业家精神

与新公共管理不同,新公共服务强调公民对行政过程的参与。行政官员应该鼓励公民积极参与政策过程,这主要基于理论与实践两个方面的理由。从理论层面来看,一种关心和参与的态度代表着行政官员的道德责任要求。帮助教育公民本身就是行政官员负有的一种责任,这样做可以促使人们不仅仅关注其自身的利益,而且关注公众的利益。作为民主治理的参与者,倾听并快速回应公民的诉求与心声是行政官员的重要责任。从实践层面来看,公民参与政策制定过程有如下理由:第一,在一个民主政体中,更多的参与恰恰是需要做的正确事情。第二,公众能够更见多识广源于其更多的参与。第三,为一些新型合作关系的产生创造可能性,依赖于更多的公民参与。第四,迎接一个正在出现的信息社会的挑战需要更多的公民参与。第五,政府的公共信任度的增加需要更多的公民参与。第六,回应对强化政府责任的要求和增加政府透明度需要更多的公民参与。第七,政策的执行需要更多的公民参与,因为参与同结果之间利害相关。第八,随着政府对解决方案来源、创造力来源以及更加广泛的信息来源的开发,改革公共政策的质量需要更多的公民参与。第九,公民利益和追求的期望得到满足以及其声音受到关注需要更多的公民参与[1]。

总之,新公共服务强调重视公民权胜过重视企业家精神,并认为与具有企业家精神的管理者相比,作为公共利益促进者的公务员和享有公民权的公民更能够促进公共利益。

(四)思考要具有战略性,行动要具有民主性

新公共服务理论认为,广泛地评议共同价值观与共同利益、推进民主对

---

[1] [美]珍妮特·V.登哈特、罗伯特·B.登哈特著,丁煌译:《新公共服务:服务,而不是掌舵》,中国人民大学出版社2004年版,第93页。

话是公共利益存在的依据。这种理念不只是要让政府中的人员从事执行的任务，并确立愿景。更确切地说，它使在项目的实施过程中，各方的力量可以通过设计和执行而进行整合，并朝着既定的方向前进。为了激发一种复兴的公民责任感和公民自豪感，应该在参与公民教育的项目当中帮助培养更多的公民领袖[1]。随着各方为参与、合作和为社区创造机会而一起工作，这样一种责任感与自豪感强化了各种治理主体的参与意愿。并且，这种参与应该扩展到政策执行层面，而不能仅仅局限于政策制定层面。如此一来，公民就会摒弃将自己仅仅视为国家的受益人、顾客以及非当事人的想法，而会将自己当作国家的公民。公民要求在公共治理当中享有参与权，而不是仅仅让政府满足自身的短期利益与诉求。与此同时，组织则成为不同的观点进行汇聚，为公共利益而进行共同行动的公共空间。公共服务正因这种与公民的接触和互动而变得有意义。如共同生产这样的机制源自社区的概念，这与市场的概念有着本质性的区别。共同的契约、共同的空间感以及社会互动是社区的主要特点。"公民和公务员彼此都有责任识别问题和实施解决问题的方案。如果社区没有上述特征，那么则会在人们之间促成一些自私自利并且是非人格的关系。"[2]

在新公共服务的倡导者看来，人们对公民参与政府决策和服务的实际供给没有给予足够的关注。他们认为，共同的责任、相互信任以及合作是一个社区中的共同生产的重要基础。在新公共服务中，共同参与公共治理并共同承担责任是行政官员与公民所应该做的事情。在此过程中，公民与政府之间会有更多的相互理解。

（五）承认责任并不简单

新公共服务理论既承认民主治理中责任处于中心地位，又承认行政责任的现实性要求。对于鼓励负责任或者恰当地测量的行为可以通过以市场为基础的标准或者简单的效率测量的方法来加以实现的观点，新公共服务并不认可。相反，即使在涉及复杂价值判断的境况中，为了公共利益，公共行政官员也能够为公民提供优质的服务，这是公共部门应该有的一种责任理念。而要实现这种目标，既需要加强政府与公民之间以及组织内部的对话，也要为

---

[1] [美]珍妮特·V. 登哈特、罗伯特·B. 登哈特著，丁煌译：《新公共服务：服务，而不是掌舵》，中国人民大学出版社2004年版，第99页。

[2] [美]珍妮特·V. 登哈特、罗伯特·B. 登哈特著，丁煌译：《新公共服务：服务，而不是掌舵》，中国人民大学出版社2004年版，第111页。

公民参与提供平台,并对公民进行充分授权。公共行政官员的作用使政府与公众的对话成为工作中的必要组成部分,使公民参与能够实现冲突的有效化解。这样做不仅可以培育公民权和责任意识,而且有利于实际方案的解决[1]。

在新公共服务中,责任被界定为法律责任、专业责任、民主责任和政治责任的总和。这些责任可以通过一种承认并关注那些能够并且应该影响行政官员行动的多种冲突性规范和因素的公共服务来得到最好的实现。公共行政官员既不是做买卖的企业家,也不是中立的专家,在这个复杂的治理系统中,他们应该成为负责任的行动主体,他们可能扮演的角色有倡导者、分析员、经纪人、危机管理者、公共关系专家、利益代理、改革者、促进者等,而公共利益的服务员和道德领袖的角色则最重要[2]。

(六)服务,而不是掌舵

在新公共服务中,公共行政官员并非以其机构和项目的主人自居。因此,公共行政官员在为公民提供服务方面主要充当着公民权和民主对话促进者、社区参与的催化剂、公共资源的管家、公共组织的保护者等角色。这就与注重利润和效率的企业家寻求对企业进行"掌舵"的观点有本质的区别。因此,新公共服务强调,将公共行政官员在治理过程中的角色重新界定为负责任的参与者,而非企业家。由于公民所面临的问题一般具有动态性和易变性,公共行政官员要实现为公民服务,就要使公民和社区参与到公共治理过程之中。

总之,作为公共行政官员最重要的任务并不是对社会发展的方向进行有效的控制,而是通过平等的合作、对话与沟通的方式来了解公民的诉求,帮助公民进行利益表达,并实现公众的共同利益。

(七)重视人,而不只是生产率

新公共服务在探讨组织与管理时注重由人进行管理的重要性。过程管理、生产力改进与绩效测量等被视为新公共管理提高效率的重要手段。然而,如果一味试图控制人类行为,而对组织中的个体的价值与利益不予以重视,长此以往,注定不会成功。在一个民主化的社会当中,人们应将民主价值

---

[1] [美]珍妮特·V.登哈特、罗伯特·B.登哈特著,丁煌译:《新公共服务:服务,而不是掌舵》,中国人民大学出版社2004年版,第115页。

[2] [美]珍妮特·V.登哈特、罗伯特·B.登哈特著,丁煌译:《新公共服务:服务,而不是掌舵》,中国人民大学出版社2004年版,第130-131页。

观置于治理系统的首要位置。虽然效率、效能与经济这类的价值观不应该丧失,但是应该将民主、公平、正义、自由等规范价值置于更为广大的环境之中。新公共服务显然最符合美国这个民主制国家的根本原则。因此,新公共服务提供了一个包括传统管理主义模式和新公共管理的最佳原理在内的、各种价值观都可融于其中的知识框架。新公共服务把一项公共服务建立在公共利益与公民对话的基础上并且实现了二者的有机结合。由此,在公共治理当中,如果公共组织、公民等诸多主体能够相互尊重、合作与公共参与,那么公共行政的目标则一定能够达成。

第二节　新公共服务中民主主义与管理主义范式之融合

新公共服务作为一种理论模式为美国公共行政的发展提供了新的思路,从总体上看,它强调对公民权等政治正义价值的维护,属于民主主义的范畴。然而,我们不能由此断定新公共服务只追求民主主义价值而拒斥任何管理主义的因素。笔者认为,新公共服务一方面强调其民主主义的基础地位,另一方面实现了对管理主义的包容与接纳,从而实现了民主主义与管理主义的有效融合。

一、新公共服务中民主主义之凸显

(一)强调公民的角色甚于顾客的角色

作为服务接受者的角色在美国不同的历史阶段是不一样的。在传统管理主义模式阶段,公共行政关注的是服务的直接供给,以及对个人行为或社团行为的规制。那些处于接受端的人们一般被称为"当事人",意指被提供职业服务的一方。这种当事人的角色在传统管理主义模式看来是迫切需要帮助的,并且为了提供他们所需要的帮助,政府努力推进公共项目的有效实施。这样一来,官僚制组织的人们最终会不可避免地被当作依赖这些机构的人。这就使许多官僚制机构看上去都很傲慢和草率,并始终推行其自身的繁文缛节和陈规老矩。

公共选择理论强调按照经济竞争来对政治行为进行解释,新公共管理则将其奉为圭臬。正如公司被认为是为了利润而竞争一样,政党也被认为是为了选票而竞争,公民就被政党视为为了竞争而争取选票的顾客。正如《追求卓越》和《服务美国》等著作中所指出的,如果企业充分关注顾客,那么包括利润在内的一切其他的事情都好办。奥斯本与盖布勒的《改革政府》一书也同样认为顾客驱动的政府要优越于官僚制政府,因为前者具有如下优点:创造更多的公平机会;被授权的顾客成为更加尽责的顾客;它们使供需相适应,因而浪费较少;在不同种类服务之间让人们作出选择;促进更多的革新;使选择提供者的决定不受政治影响;迫使服务提供者对它们的顾客负有责任;等等[1]。此外,巴泽雷的《突破官僚制:政府管理的新愿景》一书也强调,根据顾客服务来思考有助于公共管理者明确地表达他们对绩效的关注,并且对所出现的问题提出一些创新性的解决方案。

新公共服务认为与政府互动的人们并不能被简单地视为顾客,而应被当作具有实实在在公民权的公民。在新公共服务看来,在更为广大的社区环境中,公民既是责任承担者,也是权利享有者。而顾客则不同,他们并没有共同的目的,反而试图使自己的个人利益得到最大化的实现。此外,把公民当作自主的顾客,就会使他们在道德层面与国家没有任何关系,而且他们就会以顾客控制商品的生产者那样的方式来对国家的官员进行控制。因此,必须改变把公民当作顾客的理念,把服务对象真正当作公民来对待,并强调公民权的重要性。在一个民主社会中,公民权主要是通过公民参与来实现的,这是基于这样一种理念:民主意味着公民按照符合民主价值理念的方式来进行行动。公民参与对于民主的维护起着如下的作用:一是汤普森所谓的民主目标就是规则和决策要满足最大多数公民利益的需求,而实现该民主目标的途径在于公民参与。为了确保政府官员不断地倾听和关注个人利益和集体利益,防止统治者侵犯公民的利益,就要在公共事务上实现公民的广泛参与。二是只有通过积极的参与才能够最有可能达到最佳的政治结果,这些最佳的政治结果不仅反映了公民作为一个整体的广泛判断或特定群体经过深思熟虑的判断而且也符合民主的规范。三是政府的合法性可以通过民主参与来得到有效提升[2]。

(二)公共利益作为公共行政的最高道德标准

传统管理主义模式的行政责任理论并没有将保护公共利益视为应有之

---

〔1〕[美]戴维·奥斯本、特德·盖布勒著,周敦仁等译:《改革政府:企业家精神如何改革着公共部门》,上海译文出版社2006年版,第131—134页。

〔2〕[美]珍妮特·V.登哈特、罗伯特·B.登哈特著,丁煌译:《新公共服务:服务,而不是掌舵》,中国人民大学出版社2004年版,第48页。

义,选举产生的官员是公共利益的主要依托。政治与行政的严格分离、效率以及政治中立是公务员服务于公众利益的最佳途径。

随着20世纪80年代新公共管理的兴起,公共利益的理念则变得不再流行。新公共管理所依据的理念是政府应向企业学习,引入竞争机制,并采取市场化运作。新公共管理将公民视为顾客,政府为公民提供服务,并让公民能够选择自身的利益。个人并不需要关心其他人的利益是这种顾客角色性质的重要体现。如果政府把服务对象视为顾客而非具有公民权的公民,并按照市场的思维来思考问题,那就基本上谈不上尊重公共利益或者按照公共利益来行事[1]。

与传统管理主义及新公共管理不同的是,新公共服务主张行政官员应充当一种积极主动的角色以促进公共利益,并按照公共利益的原则行事。按照新公共服务的观点,政府的一个重要的使命在于帮助公民表达共同价值观,为集体意识和公共利益提供良好的平台和条件,公共行政官员在与公民进行沟通与对话的过程中了解公共利益,并通过采取民主行动来回应公共利益的需要。个人自我利益的聚合并不能够成为公共利益,公共利益是对个体自身利益的超越,而发现公共利益,回应公共利益则是新公共服务的重要目标。正如保罗·阿普比认为,公共利益并不只是私人利益的集合,也非除去私人利益之剩余之和。虽然公共利益源自私人利益的公民,并与私人利益难以截然分开,但它是超越私人利益的某种东西,从私人利益内部以及私人利益之间产生,在其中展现出人类某种最崇高的信仰和最高理想,这种政府的核心工作就是围绕公共利益而展开[2]。

政府在道德上有责任确保各种决策与执行在民主政体的道德和规则框架下完全符合正义和公平的标准。从这个层面来看,公共利益就被当作公共行政的最高道德标准。因此,行政官员应该按照自己所认识的那样去追求公共利益,而不应该去追求其自己的或某部分人的利益。这就要求政府的角色在于把公共利益置于主导地位,从而保证政府的决策与执行过程符合正义、自由、公平、公正等规范价值。

---

〔1〕[美]珍妮特·V.登哈特、罗伯特·B.登哈特著,丁煌译:《新公共服务:服务,而不是掌舵》,中国人民大学出版社2004年版,第74页。

〔2〕Paul H. Appleby. Morality and Administration in Democratic Government. Baton Rouge: Louisiana State University Press, 1952, pp. 34-35.

(三)行政官员的角色在于鼓励公民参与政策

传统管理主义建立在政治-行政二分法的基础之上,参与政策制定被当作政治领导人的事情,而行政官员只负责执行政策。由于各种原因,在传统管理主义模式下,被任命的官员在地位和威望上明显不如民选的政治领导人。在参与政策制定时,民选领导人的权威可能在很多时候被行政官员冒犯。一些正当的权力从人民的代表那里被夺走,充分地体现在行政官员从事政策制定的层面上。

新公共管理强调行政官员应扮演两个方面的角色。一方面,行政官员在政策制定过程中扮演着一种更为积极、主动的政策企业家的角色。正如奥斯本与盖布勒《改革政府》一书的副标题所言:企业家精神如何改革着公共部门。它首先关注让管理者进行管理,且管理者应该在推进他认为将会使社区或机构受益的政策方面扮演一种积极、主动的角色。另一方面,新公共管理又极力主张把政策建构得使顾客能够选择,尽可能地让管理者关注顾客的需求,也就是说,为了尽可能多的选择进一步退出政治领域,用市场选择来替代那些政策备选方案[1]。

在一个民主化的世界里,政府的主要角色既不是构建规则和法令,也不是在公众行动上利用规则和法令来进行引导与激励。政府的角色在于把社会推向一个方向或另一个方向的过程中变成另一种博弈参与者。政府与非营利组织以及私营组织一起共同商讨解决社区所面临问题的方案。在这个过程中,政府的角色应该定位于议程创立者,为公众参与公共问题的解决创造条件,而不是定位于通过规则和法令的控制者。因此,在回应公民的需求时,公共管理者以及选举产生的官员不能只是说"是"或者"否",而是要站在公众的立场上提出解决问题的办法,并全力付诸实施[2]。

总之,新公共服务认为公共行政官员不再充当规则和法令的控制者角色,而应该在公共问题出现后,充当服务者的角色,为公共问题与争议的解决提供协商的平台,通过扮演一种裁判、调解或者中介的角色来解决问题与争议。

---

[1] [美]珍妮特·V.登哈特、罗伯特·B.登哈特著,丁煌译:《新公共服务:服务,而不是掌舵》,中国人民大学出版社2004年版,第88页。

[2] [美]珍妮特·V.登哈特、罗伯特·B.登哈特著,丁煌译:《新公共服务:服务,而不是掌舵》,中国人民大学出版社2004年版,第81页。

（四）强调公共部门政策执行过程中的民主

传统管理主义模式强调政治-行政二分法，公共行政所要负责的是执行国家的意志，并高效率地完成公共行政事务。政策执行的过程是自上而下的、层级制的以及单向度的，行政机构的职责就是要中立地执行由立法权威通过的法律。此外，在公共行政原则学派的影响下，科学的行政原则以及控制行为的方法是人们关注的重点问题。这样，去发现最"正确"、最有规律并且最可预见性的规则和程序则是执行某一项目的主要任务，然后为了保证组织内部成员能够高效率地完成工作，做他们应该做的事情，需要利用科学的管理方法和控制手段来加以保障[1]。

新公共管理则把民营化与外包作为主要的执行方法，这两种方法摆脱了官僚的控制而进入一个类似市场的活动领域。在奥斯本看来，民营化与外包可以把许多公共服务的供给交给私人去做，政府就能够获得更大的效益、更高的效率、更多的公平与更多的责任。可见，新公共管理理论家们所倡导的执行观就是要把尽可能多的执行功能从官僚机构中撤出，而且要引入类似企业的激励来保证公共政策得到正确有效率的执行。

新公共服务主张，公共政策的执行应注重民主化，其主要的焦点在于公民参与和社区建设。公共政策执行中的公民参与对于民主政体而言至关重要。正如库珀所言："公共行政官员应该在道义上肩负起鼓励公民参与提供公共物品与公共服务的重任。虽然参与对于行政官员而言并非产生令其满意的效果，但是它对于建立和维持一个自我治理功能的政治共同体是必不可少的。"[2]应该鼓励公民参与到政策制定和执行过程中来，唯有如此，公民才是民主政体下具有实实在在公民权的公民，而非新公共管理眼中的当事人或顾客。

（五）公务员有责任维护政治正义价值

传统管理主义模式强调政治-行政二分法，并认为政府的政策属于政治方面的事务，而政策的执行才归属于行政领域[3]。因此，公共行政中确定的

---

[1] [美]珍妮特·V. 登哈特、罗伯特·B. 登哈特著，丁煌译：《新公共服务：服务，而不是掌舵》，中国人民大学出版社2004年版，第107页。

[2] Terry L. Cooper. An Ethic of Citizenship for Public Administration. Englewood Cliffs ,NJ: Prentice-Hall,1991, p. 143.

[3] Frank J. Goodnow. Politics and Administration, In Jay M. Shafritz, Albert C. Hyde. Classics of Public Administration. 2nd ed. Homewood, Ill.: The Dorsey Press, 1987, p. 28.

程序、规则和标准能够确保得到有效的遵守与坚持则是公务员的重要责任。为了避免使用裁量权的问题,它强调对法律、规制、上级指令和组织程序的遵守与坚持,而不是在使用裁量权的问题上保持一个恰当且负责的态度与方式。这样一来,对公众直接回应或者负责至少含蓄地被视为不必要的、不恰当的。

新公共管理的责任观模仿了传统管理主义模式,主张依靠客观的测量和外在的控制。然而,新公共管理又与之有所不同。首先,对投入而非结果的测量和控制是新公共管理的特点,这种现象是建立在假定传统的官僚机构效率低下的基础之上的。因此,新公共管理引入绩效评估来作为测评的标准,公务员的责任在于尽量达到这种绩效标准。其次,新公共管理强调顾客导向,公务员的责任在于满足顾客对政府服务的偏好。最后,新公共管理主张民营化,那么公务员的责任则是提供既可以使其顾客满意又能够以最有效益的方式产生预期效果的服务和功能。

新公共服务不同于传统管理主义和新公共管理,它强调要把公民权置于中心的地位,并将其视为公共行政的合法性基础。公民是公共行政官员权威的来源。民主原则、法律原则等政治正义价值则构成公务员行政责任的核心价值。公务员是被雇用来代表公民行使行政权力的,但他们绝不能放弃他们自己为政治共同体谋取福利的责任。这种责任必然要求强化公民在民主治理中的作用,行政组织或者公务员应该通过权力下放或授权来推进公民参与,倾听公民的声音,并与公民进行互动。约翰·伯克在《官僚责任》一书中指出:"建立在民主基础之上的责任观念,不只是源自正式的规则、规制和法律,而是源自一种对包含更多内容的一系列政治机构和过程中的地位之更加广泛的认识。"[1]在伯克看来,不仅一个民主的责任观念所假定的那些具体责任可以促进参与过程和结果,而且它所培育的一般责任感——特别是其民主来源和品质——也可以有助于参与目标的实现。无论它的结构是正式的还是非正式的,是集权的还是分权的,它都体现了一种认真对待民主的潜在精神品质[2]。

---

〔1〕[美]珍妮特·V.登哈特、罗伯特·B.登哈特著,丁煌译:《新公共服务:服务,而不是掌舵》,中国人民大学出版社2004年版,第129页。

〔2〕John P. Burke. Bureaucratic Responsibility. Baltimore:The Johns Hopkins University Press,1986,p. 214.

（六）服务是公务员的首要职责

传统管理主义模式强调要建立单一的权力和责任中心,这样行政领导可以有效地控制其下属的行为。这样,统一指挥、层级节制、合理分工等就成为传统管理主义的基本原则。显然,政府机构为了进行控制,必须设计详细的政策和程序,其目的是保护政府机构的人员和他们的当事人双方的权利和责任。

新公共管理则明确地把政府提供服务的角色称为掌舵。掌舵的组织制定政策,对组织的绩效进行科学化的评估,并且提供资金给具体操作的机构。政府要确立一种机构能够竞争或者公民能够选择的激励结构。但政府并不真正参与服务的供给。此外,新公共管理公共领导方法的另一个要素是坚决要求将竞争引入政府之前的垄断领域,并认为市场机制可以用来作为公共领导的一种替代品。

新公共服务将领导看成人类经验的一个自然的组成部分,领导既会受直觉力量的支配,与此同时,也受理性力量的支配,它所关注的是将人的精力聚焦于对人性关怀的事情当中。从这个层面上看,领导的实质就是服务。要为公民服务,公共行政官员要对其管理的各种资源进行深入的了解,并为公民参与社区管理提供便利。这种服务的职责主要表现为公共行政官员应充当公共组织的保护者、公共资源的管家、社区参与的催化剂以及公民权和民主对话的促进者。

（七）强调人性的关怀

传统管理主义模式对效率给予了极大的重视,社区、公民权以及民主的问题被认为是处于行政领域之外的政治领域。因此,在这种情况下,雇员则被当作成本,其目标就是要通过在提供尽可能少的薪酬的同时从每一个雇员那儿获得最大产出来最大限度地降低劳动成本。虽然传统管理主义模式也接受所谓的"人本主义"方法,但这些方法也仅仅被视为确保更高效率的工具而已。

新公共管理则强调解释人的行为主要凭借经济理性,其理论基础是委托代理和公共选择理论,从而实现了对人类经验和认识动机等方法的摒弃。登哈特认为,如果真的如此的话,那么为了符合组织优先考虑的事项而改变组织的自利行为,通过改变激励机制或决策规则则是唯一的途径[1]。

---

[1] [美]珍妮特·V. 登哈特、罗伯特·B. 登哈特著,丁煌译:《新公共服务:服务,而不是掌舵》,中国人民大学出版社2004年版,第158页。

新公共服务倡导者认为传统管理主义模式与新公共管理把人的尊严、信任、归属感、关心人、服务、公民意识等处于核心地位的人类行为要素贬低了。在新公共服务中,诸如回应性、公正、授权、公平、尊重、承诺这样的理想往往超过了那种把基于工具理性的效率价值当作政府工作的唯一标准。因此,新公共服务强调对待他人应有广泛的超越工具理性的爱。在登哈特看来,这就意味着我们应该为保护他们的权利而工作,而且应该为他人服务并且关心他人,我们之所以应该这样做,其原因在于它本身就是应该做的正确事情,而不是在于这样做可以增进我们自己的利益[1]。

二、民主主义对管理主义的包容

谈及新公共服务,许多人不仅把它归结为民主主义,而且认为新公共服务是完全排斥管理主义价值的,这种认识是有偏差的。的确,从整体上看,新公共服务对新公共管理中的管理主义价值提出了挑战,应归属于民主主义,但它并非对新公共管理的彻底否定,而是在承认新公共管理对于改革美国政府管理的实践意义的基础上提出一种对新公共管理缺陷进行修正的方案,是对新公共管理的扬弃。因此,新公共服务不仅没有完全拒斥管理主义,而且从某种程度上实现了民主主义对管理主义的包容。具体表现在如下四个方面。

(一)对生产率的非排斥性

登哈特认为新公共服务在探讨管理和组织时强调的是通过人进行管理的重要性。但他并非排斥管理主义价值。他认为在承认管理主义应予以重视的同时也要给予民主主义价值以足够的重视,否则,公共行政会走向失败。在登哈特看来,设计管理系统的重要工具主要是由绩效测量、过程管理和生产力改革构成的系统。然而,新公共服务充分说明,如果我们没有对一个组织中个体成员的利益和价值进行足够关注的话,那么这种试图控制人类行为的理性做法,从长远的观点来看不可避免会失败[2]。因此,登哈特主张把民主主义价值引入公共行政领域。但登哈特并不否定管理主义价值的有效地位。他认为,在新公共服务中,作为传统公共行政唯一标准的效率的价值观

---

[1] [美]珍妮特·V.登哈特、罗伯特·B.登哈特著,丁煌译:《新公共服务:服务,而不是掌舵》,中国人民大学出版社2004年版,第160页。

[2] [美]珍妮特·V.登哈特、罗伯特·B.登哈特著,丁煌译:《新公共服务:服务,而不是掌舵》,中国人民大学出版社2004年版,第150页。

被超越，诸如尊重、回应性、公平、授权、公正和承诺才是新公共服务倡导的价值[1]。

除此之外，最值得关注的是，新公共服务的理论基础之一是组织人本主义，这种理论本身认为通过对组织成员给予人本主义关怀，就可以有效地提高组织的效率。登哈特认为，只有通过个人的行动才能创造以下的环境：其中能够出现感情的共鸣和尊重；创造性和对话，不仅有助于个人的发展和成长，而且在应对环境的复杂性方面使组织和团体能够做到更加负责、有效[2]。传统管理主义模式把人假定为懒惰、愚笨和逃避责任，要保证效率就不得不利用惩罚手段来对人进行控制和威胁。新公共管理则假定人是自利的，必须要有监控和足够的激励才能提高效率。登哈特认为上述两种模式关于提高效率的方法忽视了组织中感情和情绪方面的因素，因而违背了人本主义价值。登哈特认为，传统的X理论是与传统管理主义模式相契合的，而Y理论强调组织中个人的内在尊严和价值，其所依据的是一个关于人的更为乐观并且更具有人本主义意味的观点，它是与新公共服务相契合的。在登哈特看来，在公共组织中，政府对待公民以及公民之间保持相互尊重、信任的互动方式是符合民主理想的目标的[3]。"这些方法对于增进满足感，提高生产积极性，以及增强一个组织的创新能力都更加有效。"[4]

（二）对企业家精神的有限肯定

企业家政府理论强调把公共管理者确定成为企业家，并认为企业家精神能够改变公共部门的效率。在奥斯本与盖布勒看来，规划远景目标，对整个经济和社会进行引导，使之朝健康方向发展是具有企业家精神的政府的职责之所在；企业家精神更关注的是结果，而不是过程，为使公共部门关注自己行为的结果，企业家政府强调按绩效进行预算与管理，并对公共部门的绩效进行科学的评估；企业家精神强调让公众选择服务者，把社会公众看作顾客，并听取他们的诉求；企业家精神主张树立成本和经济意识，鼓励节约避免浪费；企

---

[1] [美]珍妮特·V.登哈特、罗伯特·B.登哈特著，丁煌译：《新公共服务：服务，而不是掌舵》，中国人民大学出版社2004年版，第159页。

[2] Robert B. Denhardt. In the Shadow of Organization. Lawrence: Regents Press of Kansas, 1981, p. xii.

[3] [美]珍妮特·V.登哈特、罗伯特·B.登哈特著，丁煌译：《新公共服务：服务，而不是掌舵》，中国人民大学出版社2004年版，第160页。

[4] [美]珍妮特·V.登哈特、罗伯特·B.登哈特著，丁煌译：《新公共服务：服务，而不是掌舵》，中国人民大学出版社2004年版，第161页。

业家精神强调公平的市场竞争,有助于提高公共服务的品质;企业家精神为了提高整体的工作效率,提升组织的凝聚力,主张让公民参与治理。在奥斯本与盖布勒看来,最大化地实现生产率和效益的提升是企业家精神的实质。

新公共服务的倡导者认为,公共行政官员只充当企业家的角色有其自身的局限性。公共行政官员的角色不仅仅是提供公共服务,一种裁判、调解或者中介的角色也是必要的。正是基于此,登哈特提出了公共服务和公民权在重要性程度上超越了企业家精神,这并不是说企业家精神完全不重要,而是在强调公共服务和公民权与政府效率相比更应值得关注。总之,在登哈特的思维中,对于公民权与企业家精神,他强调的是公民权的逻辑在先性,而企业家精神固然重要,但在公民权面前只能退居次席。这表明登哈特没有完全摒弃基于效率与效益考虑的企业家精神,而是对它给予了有限肯定。

(三)公务员应该对市场与效率给予一定的关注

新公共管理强调公务员的责任表现在以下三个方面:一是引入绩效评估作为测评的标准,公务员的责任在于尽量达到这种绩效标准;二是强调顾客导向,公务员的责任在于满足顾客对政府服务的偏好;三是新公共管理主张民营化,那么公务员的责任则是提供既可以使其顾客满意又能够以最有效益的方式产生预期效果的服务和功能。

新公共服务则强调公务员的责任要比新公共管理复杂,公务员应该关注宪法法律、公民利益、职业标准、政治规范以及社区价值观,而不能只关注市场[1]。这意味着公务员并非要放弃对绩效与效率等管理主义价值的关注,而是强调这种管理主义价值与宪法法律、社区价值观等民主主义价值相比,则处于次要地位。可见,新公共服务强调公务员对于维护政治正义的逻辑在先性的同时,并不否定公务员的管理主义责任,从而实现了民主主义对管理主义的有效包容。

(四)强调公共行政是一个多元价值并存的领域

西方许多公共行政学家认为,公共行政从来就是一个多元化而非同质化的研究领域。公共行政学正是在多元价值的竞争与妥协的过程中不断演进与发展的。如欧文·E.休斯认为,公共行政学具有统一性的观点已经毫无意义。对于公共行政、政治学、公共管理、公共政策以及衍生出来的思想观点的

---

〔1〕[美]珍妮特·V.登哈特、罗伯特·B.登哈特著,丁煌译:《新公共服务:服务,而不是掌舵》,中国人民大学出版社2004年版,第114页。

争议已经没有多大价值[1]。戴维·H.罗森布鲁姆等人认为公共行政存在着多元化的研究路径。他们在《公共行政学：管理、政治和法律的途径》（第五版）一书中指出，公共行政学有政治、管理和法律三条典型的研究途径，这些途径均具有各自的观点，共同推动了公共行政学的发展[2]。他们清醒地认识到，公共行政研究的确从传统管理途径占主导地位的时代进入运用政治途径和法律途径分析公共行政的时代，而且新公共管理途径也以强劲的势头加入对公共行政的研究行列中。虽然"对公共组织和公共行政管理者而言，同时满足所有的管理的政治的及法律的要求是不可能的"[3]。

同样，新公共服务理论在强调民主主义价值的同时，对管理主义价值进行有效的接纳与吸收是大势所趋。在新公共服务的倡导者看来，公共行政学必须实现民主主义与管理主义范式二者的有效整合。正如新公共服务的代表人物罗伯特·B.登哈特所言："如今在理论家中最流行的观点是，公共行政学最好被看作一种对各种不同的理论观点兼收并蓄的专业。"[4]

---

[1] [澳]欧文·E.休斯著,彭和平等译:《公共管理导论》(第二版),中国人民大学出版社2001年版,第299页。

[2] [美]戴维·H.罗森布鲁姆、罗伯特·S.克拉夫丘克、德博拉·戈德曼·罗森布罗姆著,张成福等译:《公共行政学：管理、政治和法律的途径》(第五版),中国人民大学出版社2002年版,第16页。

[3] [美]戴维·H.罗森布鲁姆、罗伯特·S.克拉夫丘克、德博拉·戈德曼·罗森布罗姆著,张成福等译:《公共行政学：管理、政治和法律的途径》(第五版),中国人民大学出版社2002年版,第41页。

[4] Robert B. Denhardt. Public Administration Theory: The State of the Discipline, in B. Lynn, Aaron Wildavsky. Public Administration: The State of the Discipline. Chatham, NJ: Chatham House Publishers, 1990, p. 63.

第九章

民主主义与管理主义范式
冲突与融合之缘由

第一节 民主主义与管理主义范式冲突的原因

一、价值理念的差异性

(一) 民主主义范式的价值理念

美国公共行政中民主主义范式的核心是以政治正义为标准来审视公共行政问题,强调通过追求公平、正义、平等等价值来促进公共行政的发展。由此,我们可以把美国公共行政中民主主义的价值理念总结为公平、民主、公正、正义、自由等方面。由于正义与自由在前面已有详细的论述,因此,笔者只对公平、民主与公正等价值进行阐释。

1. 公平

公共行政的公平是一个复杂的概念,它绝非仅仅限于诸如政府制定法律和政策要有公正的立场抑或适用法律和政策时要平等地对待每位公民等粗浅的认识。在公共政策的制定与选择的过程中,一旦涉及政策的公平问题,必然会进行进一步的追问:这种公平强调的是实质的公平,还是机会的公平?是结果的公平,还是程序的公平?是个人的公平,还是组织的公平?是分部化的公平,还是集团的公平？可见,公共行政中的公平是一个非常复杂的词语。在公共行政理论发展史中,对公平价值作出系统解释与论述的学者当属于美国著名公共行政学家弗雷德里克森。他从三个方面对公平进行了阐释:

(1) 社会公平的复合理论。弗雷德里克森的社会公平的复合理论包括以下几个方面:一是单纯的个人公平。它属于一对一的个人公平关系,如"一人一票"原则以及市场经济中的价格机制。二是分部化的公平。它强调对相同种类的人应予以同等的对待,对于不同种类的人则予以不同的对待。分部公平对于公共政策和公共行政来说十分重要。事实上,公共服务都是在分部化的基础上提供的。三是集团公平。它要求群体或次群体之间的公平。如1954年,美国法院在"布朗诉托普卡市教育局"一案的裁决中认为,种族隔离是天生的不平等。它要求学校服务应以单纯的个人公平为基础,而不应以集团公平为基础(以种族来划分集团)。四是领域的公平。其是指公平的领域总是在不断地转移、聚合或分散,在很大程度上由市场控制,主要是投资、工资、工作等领域。而政府控制的是除市场之外的另外一些领域。通常,为纠正市场带来的不公平,公平则在政府控制的领域尤为重要,特别是要对政府政策领域的不公平现象予以纠正。五是机会的公平。一种是强调相同素质的两个人能够获得同样的工作机会,这就是预期的机会公平;另一种是强调天资和资格相同的两个人能够获得同样的工作机会,这就是手段的机会公平。六是份额的公平。公平的价值源自"份额的公平"这一概念,份额的公平强调的是不管个人的条件境况如何,应予以同等的对待。每个人所持有的份额是完全相同的。份额公平的优势在于,只有个人才能判断他(她)喜欢什么,不喜欢什么[1]。因此,这种"个人的公平"根据对每个人需求的非中立性判断,在份额分配方面会产生一种以规则为基础的、非武断的行为。例如,一个警察可以决定,在确保那些没有受到威胁的人与受到威胁的人一样得到平等保护以后,受到威胁的人可以要求更多的安全保护。对于智障儿童与健康儿童,或者对于痴呆者与正常人而言,亦是如此。

(2) 行政自由裁量权中的公平。亚里士多德与德沃金对弗雷德里克森自由裁量权的思想影响较深。在弗雷德里克森看来,正如亚里士多德所主张

---

[1] [美]乔治·弗雷德里克森著,张成福等译:《公共行政的精神》,中国人民大学出版社2003年版,第106-108页。

的那样,在适用法律之时,如果将社会公平因素排除在外,就容易导致非正义。因此,必须把公平作为公共行政实践的基石。这就涉及对行政自由裁量权的运用问题。在亚里士多德看来,在对法律进行详细解释时,法律的精神和公平应成为官员依据的重要原则。官员在不得不作出自由裁量权之决定时,必须对行为命令之精神实质进行深入的理解,一旦官员们对法律的理解并非基于法律精神之正义原则,他们应当受到批评。德沃金认为,在法律的适用方面,如果我们遇到一些疑问,立法者的意图应该成为法官作出裁决的主要依据。弗雷德里克森认同二者的观点,认为公共管理者日常所执行的命令与法律中的疑难案件具有相似性,由于行政命令在具体的现实过程中具有一定的模糊性,因此,公共管理者如果机械地、简单地行事就违背了命令的精神实质[1]。弗雷德里克森认为,行政自由裁量权被广泛地加以使用在理论与实践上是具有一定合理性的,它是将社会公平作为公共行政精神之内核的先决条件。因此,弗雷德里克森认为,平等、正义、民主、自由、公平等规范价值是自由裁量权行使的前提与基础。要使公平成为公共行政的规范性目标,须做到以下几点:那些无法参与公共政策过程的人的利益需要公务员予以维护;致力于以公平合理的方式对公共物品和服务进行分配;尊重个人(公共雇员以及其他公民)的尊严并尽可能地保障与维护他们的权利;追求公共的利益。

(3) 公共行政的代际公平。代际公平理论是弗雷德里克森对公共行政中的公平理论的一大创举。在弗雷德里克森看来,作为人类,我们对于遥远的未来是无知的,我们对前面要发生的事情也知之不多,然而,即使要冒着犯错误的危险,人们也必须根据自己的所知来行动。在政策制定过程中,内行与专家通常界定问题,设定议程。如果人们认为政策问题既是现世的问题,又是代际的问题,那么,通过我们的创造,我们将会找到这样的政策,这种政策至少在某种程度上,能实现对两方面都有利的结果。现在,对于地下水枯竭、掠夺性开采、过度放牧、农药的过度使用、有害废弃物以及其他生态问题,我们要予以足够的重视。了解以及如实地计算这些问题对后代产生的负面效应,同样也会影响政策的制定。在他看来,对于那些有利于代际社会公平的政策,公共行政官员应竭力采用和实施,这是社会公平复合理论的逻辑。

---

[1] [美]乔治·弗雷德里克森著,张成福等译:《公共行政的精神》,中国人民大学出版社2003年版,第92页。

换言之，对于后代不可能产生消极影响的政策，公共行政官员应该制定与实施，而对于导致代际社会不公平的政策，他们应当阻止与取消[1]。此外，弗雷德里克森强调：依据公共行政的精神，在自己所知的基础上，我们必须尽可能地做得更好；我们要为代际的社会公平承担责任[2]。

2. 民主

公共行政领域的民主主要体现在公民积极参政、民主监督以及政府与公民之间的平等对话等方面。具体而言，公共行政中的民主应包括以下几个方面的内容：

（1）人民参政与人民监督是民主的重要体现。如美国公共行政中民主主义的鼻祖杰斐逊把人民参政看作实现人民自治、防止暴政的最有效措施。针对联邦派对他这一观点的指责，杰斐逊进行了有力的回击，他强调应该在多数人而非少数人那里找到正义权力的源泉[3]。他认为，人民才是可靠的，共和国会因为人民能够享有参与政治的权利而坚如磐石。人民参政的基本前提就是普选权。少数服从多数的民主原则在杰斐逊看来是防止人民参政时出现意见分歧的重要保证。他认为，共和国的第一原则就是多数原则，离开这个原则，就会产生专制主义与暴政，人民行使权利也得不到保证。为了实现人民参政，杰斐逊提出了"人民监督"的思想。他主张：人民在选出代表后，就要实施对代表的监督职责，一旦代表不称职，人民就有权随时进行撤换，甚至可以在形式上或职能上改变代表的组织；否则，民选代表仍然可能蜕变成"豺狼"。相反，当每一个人都参与他的区政府或较高级政府的监督工作，他会觉得自己不仅在一年一度进行选举的那一天而且每天都是事务管理的参与者[4]。

（2）官僚制中应引入民主。沃尔多对官僚制的理解与韦伯不同，他认为"官僚制"仅仅意味着大规模的、正式的、复杂的、任务专业化的以及目标取向的组织。而民主是"一种为了平等和自由的奋斗"。按照这个定义，民主可以被描述为一种道德观或者被称为一套价值观，而不是其程序上的装饰品。此

---

[1] [美]乔治·弗雷德里克森著，张成福等译：《公共行政的精神》，中国人民大学出版社2003年版，第134页。

[2] [美]乔治·弗雷德里克森著，张成福等译：《公共行政的精神》，中国人民大学出版社2003年版，第135页。

[3] [美]菲利普·方纳编，王华译：《杰斐逊文选》，商务印书馆1963年版，第18页。

[4] 徐大同主编：《西方政治思想史》（第四版），天津教育出版社2005年版，第216页。

外,民主是一个同样可以应用于政治事务和行政-官僚事务的术语。沃尔多认为,由于政府与行政一直都是密切相连的,因此行政与官僚制也是密切相连的。在沃尔多看来,我们时代的中心问题正是官僚制与民主之间的潜在冲突。沃尔多指出,官僚制组织并非与民主概念完全不相容,官僚制组织可以为民主价值观提供重要支持,例如,建立在能力和专长之上的普遍性标准和机会。当然,它们二者也有一些相抵触的特点,例如:官僚制强调的是等级规则,而民主强调的是平等;官僚制依靠的是纪律和监督,而民主强调的是自由原则[1]。

沃尔多认为要解决官僚制与民主之间的冲突问题就必须在官僚制与民主之间寻求一种融合,即承认不仅民主是合乎需要的,而且官僚制也是必不可少的。在沃尔多看来,我们应该承认我们具有一种行政文化,而且应该利用这种文化来获得尽可能多的人生利益。我们还必须关心人类平等和参与的价值观。即使大量的权威、等级乃至压制是必要的、不可避免的,官僚游戏也应该玩得让每一个人都知道基本规则并允许人们根据自己的技能和爱好来玩。此外,我们还应该做好周密的计划以便保护自由和自主的领域[2]。奥斯特罗姆也认为公共行政应注重民主价值,他说:"美国的实验可以看作是一种普通类型的行政,其特质是'民主制'行政,与'官僚制'行政相对。"[3]奥斯特罗姆认为公共行政学在官僚制理论研究的基础之上一定要引入民主制方面的研究,在公共行政的实践方面,同样也要引入民主化的因素。这样一来,从官僚制行政走向民主制行政意味着公共行政领域"哥白尼式"的革命。

(3) 注重公共对话及民主参与合作精神的培养。通过对公民领袖的广泛培养以及对公民教育方案的广泛参与,政府使公民的责任感与自豪感得到恢复与激发,公民会产生一种强烈参与公共事务与民主对话的意愿,这就为所有相关各方的合作、参与与达成共识创造了前提与条件。因此,政治官员应充当鼓励公民参与公共事务治理的角色,并支持个人与群体参与订立契约的活动。正如登哈特等人所言:"尽管政府不能创建社区,但是政府,更具体地说,政治领导能够为有效负责的公民行动奠定基础。人们必须逐渐认识到,无论是在政策形成的过程中,还是在政策执行的过程中,政府都是开放的

---

[1] 丁煌:《西方行政学说史》,武汉大学出版社1999年版,第233页。
[2] 丁煌:《西方行政学说史》,武汉大学出版社1999年版,第234页。
[3] [美]文森特·奥斯特罗姆著,毛寿龙译:《美国公共行政的思想危机》,上海三联书店1999年版,第95页。

并且是可以接近的……这样做的最佳途径是在实现公共目标中为参与和合作创造机会。于是，其目的就是要确保政府是开放和可以接近的，确保政府具有回应性，以及确保政府工作的目的在于为公民服务以及在政策过程的各个阶段为公民权的行使创造机会。"[1]

3. 公正

公正在《辞源》中的解释是："不偏私，正直。"公正与公平虽然意思相近，但也有区别，公正体现正义或正当，侧重于制度层面，是公平的前提、基础和保证，公平侧重于分配领域。公共行政中的公正主要是指政府机关及公务员在制定与执行公共政策过程中应对伦理道德予以承诺，即公共行政必须超越行政技术理性的狭隘视角转向不偏不倚的伦理标准。因此，公正常常与行政伦理联系在一起。如戴维·K.哈特（David K. Hart）认为，"不偏不倚的行政"原则是现代公共行政的伦理标准，这种原则意味着不考虑当前具体的条件和环境与该政策是否相一致，而主张政策应该平等地适用于每一个人[2]。这就意味着要实现公共行政中的公正就要做到"不偏不倚的行政"。

罗森布鲁姆强调程序性正当法律程序对于维护公共行政的公正意义重大。他和克拉夫丘克等人认为："当政府的行为可能损害某些人的生命、财产或自由的利益时，程序性正当法律程序可以确保基本的公正。"[3]美国最高法院曾经认为正当程序是一个难以理解的概念。其边界并不容易界定，其内容也常随具体环境的变化而变化。和实质性权利一样，程序性正当法律程序要求对三大因素进行权衡：受到威胁的个人利益；使用的程序导致错误，在减少发生错误的概率时所选择的程序的价值；使用程序时政府的财政或行政的利益。这一结构所暗含的前提在于：在产生错误的程序和政府的成本之间存在着交易。换言之，它假定更复杂的程序可能更为精确，同时亦更花费金钱。当受威胁的个人利益成为现实时，正当程序不容忍错误，对成本也不敏感。例如，死刑判决中运用的程序应该尽可能减少出错的机会，而不需要考虑成本因素。相反，在涉及公职人员纪律惩戒之类的案子时，运用的程序

---

[1] [美]珍妮特·V.登哈特、罗伯特·B.登哈特著，丁煌译：《新公共服务：服务，而不是掌舵》，中国人民大学出版社2004年版，第100页。

[2] David K. Hart. Social Equity, Justice, and the Equitable Administrator. Public Administration Review, 1974, 34(1), pp. 3–10.

[3] [美]戴维·H.罗森布鲁姆、罗伯特·S.克拉夫丘克、德博拉·戈德曼·罗森布鲁姆著，张成福等译：《公共行政学：管理、政治和法律的途径》(第五版)，中国人民大学出版社2002年版，第535页。

并不一定要那么精确,因为对当事人造成的损害是有限的,并且处分也是可以撤销的。

由此,罗森布鲁姆认为,在日常的公共行政领域,作为公正价值的正当程序所体现的如下几个方面立宪原则应予以确立:(1)一旦个人利益受到侵害,个人有权向公正的政府申请裁决,有权请律师代理,有权进行对质和诘问;(2)在追诉期满前,如果没有举行预听证,个人一般有权要求举行听证;(3)在政府执行行政行为之前,根据政府行动的性质,个人有权要求举行诸如终止提供救济金的行政听证;(4)对政府的施政行为,个人可以拥有以书面或口头方式作出回应的机会;(5)那些诸如公职任用、公立学院就读、社会安全、福利等利益一旦受到政府损害,利益公众有权得到告知。在某些情形下,正当程序要求听证公开进行。值得说明的重要一点在于:听证的目的是减少错误的决定对合法利益的侵害。如果对所有的资料没有异议,亦没有争议,便无须举行听证[1]。

(二)管理主义范式的价值理念

1. 效率与经济

传统管理主义的价值理念是效率与经济价值。这里所说的效率是指狭义的效率概念,亦即产出与成本之比率,要求成本和生产即使不是管理的唯一目标也是管理的首要目标。而经济是指强调投入的低成本,而对结果不甚关心。

在传统管理主义中,威尔逊的《行政学研究》无疑开创了效率与经济价值理念的先河。可以毫不夸张地说,威尔逊创立行政学的初衷就出于对效率与经济价值的考虑。例如:威尔逊认为,在民主国家,人民主权是对行政管理科学的发展起阻碍作用的。组织行政管理,君主国家要比民主国家容易得多。一个单一的统治者往往面临的只有一种意见,依据这种单一的意见进行决策和执行就比较容易。而民主国家面临着全体人民所提出的多种意见,这些意见往往考虑问题的角度和立场各不相同,在统一意见的过程中需要各方进行妥协,这本身就是很难做到的。在现实过程中,统合意见、修改计划的决心,需要有体现在一整套修正方案中的断断续续的命令。"在政府工作方面

---

[1] [美]戴维·H.罗森布鲁姆、罗伯特·S.克拉夫丘克、德博拉·戈德曼·罗森布鲁姆著,张成福等译:《公共行政学:管理、政治和法律的途径》(第五版),中国人民大学出版社2002年版,第536页。

如同在道德领域一样,最最困难的事情莫过于取得进步了。"[1]因此,出于效率与经济方面的考虑,威尔逊认为有必要把行政学从政治学领域剥离出来,作为一门单独的学科进行研究。此外,威尔逊还说道:"如果我看到一个面带杀气的人正敏捷地磨着一把刀子,我可以借用他磨刀的方法,而用不着借用他可能用刀子犯谋杀罪的动机。同样,如果我见到某个公共机关被一个完全的君主主义者管理得井井有条,我可以学习他管理事务的方法,而不需要改变我作为共和主义者之特质。"[2]在威尔逊看来,行政管理并不属于政治领域,它是处于"政治"范围之外的。行政学研究的目标在于首先界定清楚政府的职责与范围,其次要高效率地完成行政事务[3]。自此以后,行政管理学的研究偏向实用性,如管理主义以技术理性为导向,强调经济、效率的价值。

韦伯的官僚制是"效率、理性、秩序和专业化"的化身,"官僚制意味着理性和效率"。韦伯对效率的倡导主要表现为通过控制和秩序来达到效率的结果。首先,韦伯强调合理的分工,并将这种分工用法规的形式进行固定,从而使组织成员的职责和权限变得十分明确与清晰。韦伯认为,对组织进行合理的分工,并规定每一职位的职责权限,这有利于提高组织的工作效率。其次,韦伯认为官僚制组织是层级节制的权力实体。各种职位依据权力等级严格地组织起来,从而形成一个自上而下、层级节制、统一指挥的等级指挥链条,这样便于上级组织更为有效地控制下级组织。在韦伯看来,这种层级节制的权力体系有利于将命令与信息采取自上而下的方式层层进行传递,不仅克服了组织的混乱,而且大大地提高了行政效率。

威洛比强调通过行政系统的整合来达到效率的目标。他认为,行政权力只应该授予行政首长,他应该拥有适当的职权来执行赋予他的任务。这是使行政部门成为一个"单一的、整合的行政机器"的第一步。而第二步就是对行政部门内部进行调整,依据行政管理原则将性质和职能相似的不同的机构及其活动进行有效的整合,从而减少机构的冲突与摩擦,使政府能够更有效率地运转。

---

[1] Woodrow Wilson. The Study of Administration. Political Science Quarterly, 1887, 2(2), p. 207.

[2] Woodrow Wilson. The Study of Administration. Political Science Quarterly, 1887, 2(2), p. 220.

[3] Woodrow Wilson. The Study of Administration. Political Science Quarterly, 1887, 2(2), p. 197.

古立克认为行政科学中,无论是公还是私,基本的善就是效率[1]。与威尔逊一样,古立克认为使公共部门的工作效率得到更大的提升是建立行政科学的目的之所在。他主张集权以强化行政首长的地位,主张专业化以提升公务员的质量,主张决策和管理过程的合理化以确保公共服务效益和效率的提高。

行为主义行政学中管理主义的价值理念也是效率价值。只不过不同的是,行为学派强调应当把管理的重点放在人及其行为的管理上。这样,管理者就可以通过对人行为的预测、激励和引导,来实现对人的有效控制,并通过对人行为的有效控制,达到对事和物的有效控制,从而实现提高效率的管理目标。

作为行为主义行政学的代表人物,西蒙的理论观点带有浓厚的效率价值取向。西蒙紧扣逻辑实证主义的观点,在实现事实和价值分离的基础上建构行为主义行政学理论。西蒙倾向于为公共行政学建构一般的研究方法,使公共行政学能够摆脱行政原则的束缚,从而更加关注行政技术。西蒙认为,"理性的个体是,而且必须是一个被组织化和制度化的个人"[2]。个人的决策不仅必须是他本人心理过程的产物,而且必须体现更广泛的考虑,这就是组织起来的群体弥补个体理性不足的功能。西蒙对理性的定义与哲学意义上的理性——关注像正义、公平和自由这些作为构建人类社会基础要素的宏大叙事相比,其含义要狭窄得多。称某一特定的组织具有理性的特征是运用理性决策模型的一种话语,这意味着这一组织要追求最大化的效率,并非追求道德上和政治上的合理目标。这样一来,理性的行为就是有助于组织目标实现的行为,理性就等同于效率。

2. 效能

这里所指的效能不仅强调狭义的效率,而且强调效果与效益。效能这一价值理念在美国新公共管理理论与实践中体现得十分明显,具体而言,效能是通过市场化导向与结果导向两个方面来实现的。

---

[1] Robert B. Denhardt. Theories of Public Organization. Monterey, CA: Brooks/Cole Pub, 1984, p. 87.

[2] Herbert A. Simon. Administrative Behavior: A study of Decision-Making Processes in Administration Organization, 2nd ed. New York: Free Press, 1957, p. 102.

(1) 以市场化导向来提高效能

新公共管理理论认为,政府之所以缺乏效率,其主要原因在于缺乏竞争机制。市场化导向是指将市场导向的理念导入公共行政当中,公共服务供给过程中引入市场机制以提高效率,改善公共服务质量,通过市场的力量来进行行政改革。

20世纪80年代以来,美国的市场化导向的行政改革主要表现在如下几个方面:

① 美国政府功能定位的市场化。具有干预性质的罗斯福新政的推行,虽然在当时挽救了美国社会的经济,然而,时间一长,美国政府面临着日益加重的财政压力。这是由于当美国经济处于衰退时期时,政府的负担问题就会随着政府税收提取能力的下降而暴露出来;对于政府承担过多的社会经济职能,人们越来越持质疑的态度。因此,美国政府在财政压力下对职能进行了重新的定位,具体表现为以下几个方面:第一,收缩政府社会职能,推行公共福利政策改革。美国财政赤字的主要原因在于福利国家的政策使美国财政负担过重。为改变这种困境,美国政府以推动公共福利政策改革的方式来压缩福利项目,从而为政府减轻财政负担。收缩政府社会职能方面,20世纪80年代的美国里根政府的力度无疑是最大的。政府功能输出方式的变革是90年代克林顿政府的职能调整的举措。但在1996年,为了应对财政压力,号称是"终结福利"的福利政策改革在克林顿政府主导下实施了[1]。第二,放松管制,对政府的经济职能进行有效的收缩。放松管制的呼声在知识界不绝于耳;企业界从自身利益出发要求放松管制;技术革新也迫使政府放松管制;政府为消除财政压力,也有放松管制的动力。这些因素合成的结果使得美国政府从1975年开始进行放松管制的改革。20世纪80年代美国的放松管制改革呈现出加快的发展态势,90年代的放松管制改革则更加深化。

② 公共服务输出的市场化。20世纪80年代以来,美国各级政府在提供公共产品与服务的过程中引进了市场机制,为了提高政府提供公共服务的能力与水平,改革的趋势是使政府权威与市场交换的功能能够进行有效的整合。这便是政府公共产品与服务供给的市场化导向。政府公共服务供给的市场化与政府功能定位的市场化并非等同。后者是美国联邦政府总统推动、

---

[1] 陈振明:《政府再造——西方"新公共管理运动"述评》,中国人民大学出版社2003年版,第82页。

理性设计、立法机构认可的结果;而政府公共服务输出的市场化导向是美国各级政府在财政的压力之下自发选择的结果。有学者将美国公共服务供给市场化划分为四种类型,即合同出租、用者付费、公私合作和凭单制度[1]。

在奥斯本看来,市场化的模式能够形成有效的竞争,而这种竞争最明显的好处是提高效能,这主要表现在如下几个方面:第一,竞争能够实现投入少、产出多的效果。第二,公营的(或私营的)垄断组织只有在处于竞争的环境下才能够有效回应顾客的需求[2]。奥斯本认为,垄断组织由于缺乏竞争,没有为顾客服务的动力,而完全投入竞争的组织需要不断地进行创新以争取到千百万忠诚的顾客,除了讨好自己的顾客外,别无选择。第三,竞争奖励革新,而垄断扼杀革新。通过竞争,不断地扩大以合理价格提供优质服务的队伍,逐渐淘汰那些质次价高服务的提供者。一些组织通过不断地进行创新使自身能够在激烈的竞争环境中得以生存,从而使服务质量得到提高,服务价格得以下降,最终政府的效能也会大大提高。第四,竞争能够有效提升公营组织雇员的自尊心与士气,从而提升政府效能。

(2) 以结果导向来提高效能

新公共管理的一个重要特性在于将后果战略引入政府管理之中,企业家政府理论的代表人物奥斯本提出了实现后果战略的三大途径:一是企业化管理。这种途径主要是指公共部门要想提高效率,必然要引入私营企业的管理方法与技术。在奥斯本看来,一种自动的、持续不断的过程是企业化管理中产生竞争的实质,因此,它成为后果战略中的最有效的途径。二是有序竞争。并不是所有的公共组织均能够适用企业化管理,一旦出现此种情形,"有序竞争"就是另一种次佳选择,即戈德史密斯在印第安纳波利斯所使用的方法。与市场环境下企业化管理的结果相比,"有序竞争"这种途径虽然在可持续性和自动性方面存在不足,但更为有力。有序竞争在本质上要求政府与非营利组织、私营企业及个人之间以平等的地位参与公共产品与服务供给方面的合同竞争。三是绩效管理。当企业化管理和有序竞争都不适合时,绩效管理往往就成了第三种选择。绩效管理在激励公共组织方面主要采取的是奖

---

[1] 陈振明:《政府再造——西方"新公共管理运动"述评》,中国人民大学出版社2003年版,第89页。

[2] [美]戴维·奥斯本、特德·盖布勒著,周敦仁等译:《改革政府:企业家精神如何改革着公共部门》,上海译文出版社2006年版,第47页。

励和惩罚、绩效标准、绩效测量等途径[1]。在奥斯本看来,这三种途径能够保证公共部门绩效的有效提升。"如约翰·克利夫兰把全面质量管理(绩效管理的一种)运用到密歇根现代化服务处时,他的第一项计划便使该处服务每位顾客所花的时间,从七个半月缩减到三个月以下。威斯康星州的麦迪逊市在采用全面质量管理后,全市从垃圾收集到机动车辆修理的各项工作节省了数百万美元。"[2]

二、政府与公民角色定位的不同

这里所说的"政府-公民角色"是指两种范式对公共行政主体中作为公共行政管理者的政府与公共行政客体中作为被管理者的公民所扮演的角色。在不同的范式中,政府-公民的角色表现为不同的特征。

(一)传统管理主义关于政府-公民角色的观点

1. 政府角色——执行者与管制者

传统管理主义最重要的两大理论基础是韦伯的官僚制理论和政治-行政二分法。韦伯在论证官僚制组织的合理合法性时,是把组织形态与权威性质有机结合起来的。在韦伯看来,与"神秘化的组织""传统的组织"相比,"官僚制组织"是合理合法化组织,其权威的基础是组织内部的各种规则,人们对权威的服从是由于有了依法建立的等级体系。此时的权威必须在组织中担任一定的领导职务,被领导者对权威的服从实质上是对组织规则的服从,在赢得服从这一点上与领导者个人的品质、能力、学识关系不大。在官僚制组织这个等级实体中,等级与权力是相一致的,各种公职或职位按权力等级组织起来,形成一个统一的指挥链条,沿着自上而下的等级制,由最高层级的组织指挥控制下一层级的组织直至最基层的组织,于是便形成官僚制中层级节制的权力体系。在韦伯看来,这种层级制的权力体系可以使组织中的每一个成员都能够确切地知道从何处取得命令以及把命令传达给何人,它有助于克服组织管理中的混乱现象,提高组织的工作效率。可见,韦伯的官僚制是一个命令—服从、指挥—执行的层级节制的权力体系。它为政府组织执行者的角色创造了制度化的前提。

---

[1] [美]戴维·奥斯本、彼德·普拉斯特里克著,谭功荣、刘霞译:《摒弃官僚制:政府再造的五项战略》,中国人民大学出版社 2002 年版,第 133 页。

[2] [美]戴维·奥斯本、特德·盖布勒著,周敦仁等译:《改革政府:企业家精神如何改革着公共部门》,上海译文出版社 2006 年版,第 114 页。

政治-行政二分法是传统管理主义的另一个重要的理论基础。公共行政学的理论之父威尔逊在其《行政学研究》一文中的经典论述为政治-行政二分法奠定了基础。如他强调：公共行政领域与政治领域那种冲突与混乱的现象具有较大的差异性，它是一种事务性的领域。在大多数问题上，它甚至与宪法研究所涉及的争议场面也相距甚远。行政管理作为政治生活的一个组成部分，这与机器是制造品的一部分以及企业办公室所采用的工作方法是社会生活的一部分是等量齐观的。然而，行政管理却要比纯粹技术细节这种单调内容要复杂得多。古德诺对威尔逊的政治-行政二分法作了进一步的阐释和发挥，并认为政治是民意的表达，而行政则是民意的执行。因此，政治在很大程度上指的是立法和决策，主要是政治家和议员的事情，而行政意味着执行法律和政策，主要是政府及其公务员应该做的事情。

对于立法机关，政府扮演着执行者的角色，然而，对于官僚制组织内部层级关系而言，政府又扮演着管制者的角色。在传统管理主义看来，只有政府运用法律与制度进行规范化管理，才能既保持效率与经济，又可避免丑闻和危机的发生。这是因为在执法过程中，行使自由裁量或者不按规章办事，会引发丑闻和危机，这会受到立法机关、媒体或其他政治人物的抨击。政府机构因为没有严格执行规章而导致许多悲剧事件发生，从而引发公众质疑。相反，即使发生了危机，如果政府机构严格实施了自己制定的规章，而且所有的规章是合乎法律规定并且经得起法院检验的，那么，政府机构则会声称，面对不可预测的未来，已经做了权力范围内所有能够做的事情。这样，危机则会变成机会，政府会要求被授予更大的职权，以便未来有效地处理类似的事件。如美国在20世纪30年代发生磺胺酏剂丑闻以及60年代早期发生安眠药丑闻后，食品与药物管理局便被授予更大的职权，对市场销售的药品进行管制。因此，如果没有其他因素影响的话，严格遵守法规有助于解决政府机构中存在的贪污腐败或组织间不协调等问题。

2. 公民的角色——服从者

登哈特认为，对社团行为或个人行为进行规制，对公共服务进行直接供给是传统公共行政所关注的事情。那些处在公共服务"接受"端的人们被称为"当事人"。当然，"当事人"这个词的意思是指"被提供职业服务的一方"。在许多情况下，传统公共行政中公共机构的官员以主人自居，而当事人则正如其拉丁语中由cliens所派生出来的意思那样，处于"追随者"或"侍从"那样的次要地位。当事人被认为迫切需要帮助并且政府中的那些人通过公共项目的实施来努力提供当事人所需要的帮助。这些机构中的人们最终就不可避免地被视为在"控制着"依赖这些机构的人们[1]。我们可以看出,登哈特把与官僚制组织相对应的公民的角色称为"当事人",这种"当事人"是被官僚制组织"控制着的",其实质是一种服从者的角色。由于官僚制组织工具理性的本质,以及其不透明性、组织僵化和等级制的特性,它不可避免地会与民主制发生冲突。而冲突的结果往往是以牺牲公民的民主权利为代价的。这样,公民不得不接受强大的官僚制组织提供的服务和规制,只能担当一个服从者的角色。

(二)新公共管理关于政府-公民角色的观点

1. 政府的角色——掌舵

新公共管理理论对政府角色的理解与传统管理主义的观点不同。如企业家政府理论的代表人物奥斯本认为,政府不应被视为不得不忍受的邪恶,而是一种进行公共决策的组织。在他看来,诸如供排水系统、公路、水坝、警察保护、国防、环境保护等有益的公共服务需要政府向公民提供。美国社会面临的各种问题,如犯罪、吸毒、贫困、有毒废物、医疗保健费用成倍剧增、全球气温升高等,需要通过政府采取行动来解决。在奥斯本看来,对于社会的存在和发展而言,政府是不可或缺的,然而,让人感到失望的是,与工业化时代相适应的传统官僚制政府并没有按照我们想象的那样进行运作。奥斯本认为,我们相信文明社会需要依赖于一个有效的政府,舍此,就难以实现预期的效果,然而,时至今日,能够找到一个十分有效的政府实属不易。我们相信,虽然庞大又集权的工业时代的政府官僚机构能够无差别地为公众提供标准化的服务,但正因如此,这种传统型政府难以应对瞬息万变的知识经济和信息社会的挑战[2]。

奥斯本认为,进入后现代社会的美国公共行政与工业化时代相比有明显的不同,今天的环境要求各种体制机构提供高质量的商品与劳务,要求具有高水平的经济效益。对顾客的需求作出快速反应,提供多种多样的服务以供选择是今天的环境对各种体制机构的要求。在实现领导的过程中,靠的是说服和奖励刺激而不是靠下命令,赋予所有者以主人感并赋予雇员以控制感和

---

〔1〕[美]珍妮特·V.登哈特、罗伯特·B.登哈特著,丁煌译:《新公共服务:服务,而不是掌舵》,中国人民大学出版社2004年版,第54—55页。

〔2〕[美]戴维·奥斯本、特德·盖布勒著,周敦仁等译:《改革政府:企业家精神如何改革着公共部门》,上海译文出版社2006年版,第3页。

使命感。今天的环境要求各种体制机构把权力赋予公民,而不是简单地替公民们服务[1]。因此,为了适应这种变化,后工业社会政府的中心工作应该是"掌舵",即集中精力做好决策工作,而不是"划桨",即向社会提供各种服务。奥斯本认为,掌舵的人应该能对资源的竞争性需求加以平衡,并且看到一切可能性和问题的全貌。关注一项使命并且把这件事做好是划桨人的职责之所在,而发现达到目标的最佳途径则是掌舵型政府需要做到的。为了保住划桨型组织机构的行事之道,政府往往会不惜一切代价[2]。

在当今社会环境瞬息万变、社会需求多元化的情况下,政府再试图向社会提供垄断性的服务已经不可能了。彼得·德鲁克认为,任何把"实干"和治理进行密切相连的想法和做法会大大地削弱决策的能力。决策机构应该做其分内的事情,而不能亲自去"实干"。因为"实干"不是决策机构的事情,它也没有那个能力,如果真的让其那样做,那就意味着"干"蠢事[3]。因此,政府的角色应该集中精力做好决策工作,即掌好舵,而把具体的服务性工作承包给私营企业和非营利性机构去做。这样,政府可以用政策来吸引竞争者,在扮演好自己角色的同时还能保持最大的灵活性来应付不断变化的外部环境。

总之,奥斯本的企业家政府理论中的政府角色是掌舵者的角色,这种掌舵者的角色除了上述"政府应该把中心工作放在决策上"之外,政府还应注重妥善授权、目标使命和分权等。

2. 公民的角色——顾客

奥斯本把政府公共组织的服务对象——公民比作顾客。他说,从理论上讲企业是为赢利而存在的,民主政府的存在则与企业不同,它是为公民服务的[4]。但现实是,想方设法取悦顾客是企业所擅长的本领,而政府却是个"顾客盲"。企业家政府理论认为,通过把政府服务的接受者视为消费者或顾客,并把这种顾客至上论的理念引入公共行政官员与公民之间适当关系的讨

---

[1] [美]戴维·奥斯本、特德·盖布勒著,周敦仁等译:《改革政府:企业家精神如何改革着公共部门》,上海译文出版社2006年版,第13页。

[2] [美]戴维·奥斯本、特德·盖布勒著,周敦仁等译:《改革政府:企业家精神如何改革着公共部门》,上海译文出版社2006年版,第10页。

[3] [美]戴维·奥斯本、特德·盖布勒著,周敦仁等译:《改革政府:企业家精神如何改革着公共部门》,上海译文出版社2006年版,第6页。

[4] [美]戴维·奥斯本、特德·盖布勒著,周敦仁等译:《改革政府:企业家精神如何改革着公共部门》,上海译文出版社2006年版,第119页。

论之中。新公共管理的顾客服务取向与来自企业的经验有关,特别是与顾客服务运动有关。在诸如《追求卓越》和《服务美国》等著作中,一些管理咨询顾问认为,如果企业充分关注顾客,那么包括利润在内的一切其他的事情都好办。奥斯本与盖布勒正是引用了企业的顾客理念,并强调顾客驱动的政府优越于官僚制政府,即:顾客驱使的制度创造更多公平的机会;顾客驱使的制度授权顾客作出选择;因为它们使供需相适应,顾客驱使的制度浪费较少;顾客驱使的制度使公众拥有较大的选择服务的自由度;顾客驱使的制度促进更多的革新;顾客驱使的制度使选择提供者的决定不受政治影响;顾客驱使的制度将对顾客负有责任作为服务提供者的根本要求[1]。此外,巴泽雷也认为,根据顾客服务来思考有助于公共管理者明确地表达对绩效的关注并且对所出现的问题提出一些创新性的解决方案。对于那些与公众直接互动的机构来说,服务的接受者就是顾客。而对于某些办事机构来说,还有一种内部的顾客,即工作上所支持的机构。

奥斯本认为,只有把公民当作顾客,政府才能像企业一样具有活力。政府已开始向顾客提供治安服务、娱乐设施、学校等选择,而且政府开始让顾客坐到驾驶的座位上,让顾客选择服务提供者,并把各种资源直接交到顾客手里[2]。这样,不仅使公民/顾客享有受国家法律制度保护的权利与自由,而且会大大改善政府提供服务的效果。

(三)新公共服务关于政府-公民角色的观点

1. 政府的角色——服务者

新公共服务关于政府角色的阐述是建立在对新公共管理关于政府角色的批判的基础之上。新公共管理强调政府应更加关注"掌舵"而非"划桨"。然而,政府在忙于掌舵之时,也许会忘记谁才是这艘航船的主人。新公共服务理论的倡导者认为,公共行政官员的角色既不应该为政府航船进行掌舵,也不应该为其划桨,而应该让公共组织构建具有高度整合力与回应力的机制。这就意味着,政府官员不再充当一种企业化政府的主人。公共行政官员已经接受了通过充当社区参与的催化剂、公民权和民主对话的促进者、公共组织的保护者以及公共资源的管理者来为公民服务。这种观点与企业注重

---

〔1〕 [美]戴维·奥斯本、特德·盖布勒著,周敦仁等译:《改革政府:企业家精神如何改革着公共部门》,上海译文出版社2006年版,第131-134页。

〔2〕 [美]戴维·奥斯本、特德·盖布勒著,周敦仁等译:《改革政府:企业家精神如何改革着公共部门》,上海译文出版社2006年版,第121页。

效率和利润是截然不同的[1]。由此我们可看出,新公共服务理论强调政府要充当服务者的角色,公共行政官员并不是凭借控制和掌舵的方式来对社会发展方向进行掌控,而是要满足公众的合理诉求,帮助他们进行公共利益表达。在公民积极参与的这样一个社会中,裁判员、中介人甚或调停者被看作公共官员应该扮演的角色,而不是公共服务的直接供给者。解决冲突、协商以及中介的新技巧是这些新角色所需要的,而不是传统公共行政的管理控制的老办法[2]。

2. 公民的角色——(享有公民权的)公民

登哈特认为,正如购买一张彩票而与政府进行直接交易的人在很大程度上可以被视为顾客,然而,将公民称为当事人的主要是那些从政府那里接受一种职业服务的人。当然,我们要遵守法律,要遵守规制,并且要纳税,我们也是政府的公民。值得关注的是,政府应为我们提供大量的服务,从此种意义上看,我们就是公民。作为公民所接受的公共服务主要有:道路和港口等有形的服务,博物馆等社会基础设施,民事法庭等调解性的服务,金融政策等经济的服务,选举机构等政府自己的支持性基础设施,以及大使馆等国外的服务[3]。因此,政府在多数情况下应把与政府互动的人们当作公民,而不只是将其简单地当作顾客。

此外,新公共服务理论家认为,政府与公民的关系同企业与顾客的关系截然不同。因为顾客关注的是个人利益的最大化实现,他们并没有共同的目的;而公民在一个更大范围社区环境中既扮演着权利享有者,又扮演着责任承担者的角色。政府在提供服务之时,应把正义、公正、自由与公平作为重要的参考因素,而不应该只关注"顾客"自私的短期利益。因此,新公共服务理论的目标在于鼓励更多人们参与到与政府的互动当中,并希望政府能够将参与公共治理的人们视为公民,而非顾客。

总之,美国公共行政中民主主义与管理主义之间的冲突导致两大范式经历了相互更替式的发展,从而形成了传统公共行政、行为主义行政学、新公共行政学、新公共管理到新公共服务的理论与实践的传承。

---

[1] [美]珍妮特·V.登哈特、罗伯特·B.登哈特著,丁煌译:《新公共服务:服务,而不是掌舵》,中国人民大学出版社2004年版,第148页。

[2] 丁煌:《西方行政学说史》,武汉大学出版社1999年版,第410页。

[3] [美]珍妮特·V.登哈特、罗伯特·B.登哈特著,丁煌译:《新公共服务:服务,而不是掌舵》,中国人民大学出版社2004年版,第58页。

第二节 民主主义与管理主义范式融合之原因

一、后现代行政价值的多元化

后现代主义始自二十世纪六七十年代,是一种源于工业文明并对工业文明的负面效应的思考与回答,其所形成的社会思潮涉及西方政治、社会、文化等领域。后现代主义所批判的焦点在于西方自启蒙运动直至 20 世纪现代主义的思想文化成果,它主张与现代性理论、话语与价值观相决裂。后现代主义是对西方传统哲学的本质主义、基础主义、"逻辑中心主义"的反叛。作为一种反对同一、推崇差异的文化思潮与思维方式,后现代主义具有建设性和解构性两种类型。前者提倡对世界采取家园式的态度,鼓励多元的思维风格,学习尊重和包容"他人"的美德,倡导平等、开放,注重培养人们倾听等,因而,"建设性"是其主要特征。后者志在摧毁传统的封闭、简单、僵化的思维方式,反对任何"连续性历史""一元论方法""唯一正确解释""单一视觉""等级结构""纯粹理性""绝对基础""唯一中心",因此,"否定"和"怀疑"是其主要特征。尽管在理论立场上这两种后现代主义各不相同,但总体上看,后现代主义都具有反对将所有复杂现象都万中取一地抽取本质的反本质主义、消解僵化话语并打破思想禁锢的反权威主义、强调指出以差异性去打破整体同一性并破除理性主义和唯我独尊之启蒙心态的反启蒙主义、将所谓神圣性绝对主体消解还原为凡夫俗子并透过他去对人间世界作出自己独特陈述的反主体性,以及抛弃所有形而上学大话和宏大叙事并从绝对理念和终极价值走向具体经验和个人独特阐释的反形而上学等共同的特征[1]。总之,后现代主义实质上是对理性、主体性以及一元叙事的一种反叛,其所注重的是一种多元主义的方法论、价值观与解释路径。

20 世纪 80 年代以后,美国步入后现代社会。政府面临着多元性、动态性与复杂性的挑战,公共行政的生态环境在全球化和分权化的社会趋势下得到了极大的改变。罗森布鲁姆认为,公共行政的活动范围十分广泛,几乎无所不包:从垃圾处理到太空探索;从管理十分发达的后工业经济到维持人民之基本生计;从发展研制最先进的生物制药技术到挨家挨户进行人口普查;诸

---

[1] 丁煌:《西方行政学理论概要》,中国人民大学出版社 2005 年版,第 296 页。

如此类。公共行政之本质涉及包括宏观的和微观的领域,需要处理政治、经济、科技、社会、管理、法律、组织、伦理等各个领域的关系。公共行政管理者必须在社会和经济等因素之间进行协调,同时也需要在政府以及联邦主义之间以及分权制衡之间进行协调与平衡。许多国际领域的工作亦是如此。公共行政之边界如今随着政府对第三部门的日益依赖而变得更加模糊不清[1]。这使得任何单一的研究路径均不能使人们对公共行政系统有全面而系统的认识与理解。公共行政需要从心理学、行为科学、政治学、管理学、法学等不同的角度进行阐释。这些角度从大体上可分为两大方面:一是公共行政必须在民主立宪体制的框架下进行运作,必须弘扬正义、自由、平等等民主主义价值;另一方面,公共行政也承担着高效地为公众提供服务的重任,经济、效率与效能等管理主义价值也是不可或缺的。从政治正义来看,20世纪90年代,美国最高法院对公共行政施加宪法的限制,除了扩大平等保护条款的适用范围之外,更加强了第五修正案中的权利,更加强调言论自由、承包者的宪法权利以及防止行政中的歧视。从政府效率来看,公众对政府的低效率十分不满,20世纪70年代,美国开始了税制改革运动,切实有效地使用税金是公众的重要诉求。迫于公众的强大压力,以最小的成本满足公众的需求成为政治家以及政治任命的公务员和行政领导应坚持的原则。与此同时,联邦政府对消除财政赤字的关注也产生了同样的效果。此外,美国后现代社会所面临的全球化压力使得政府不能承受高昂的政府运作成本的负担,提高绩效是政府必然的选择。从美国联邦政府的战略计划、年度部门绩效报告,特别是《政府绩效和结果法案》中我们可以看出,美国政府力图将绩效管理推向制度化。

美国后现代社会中社会治理模式的变革使得现代性语境中以官僚制为基础的传统管理主义所推崇的诸如效率、经济等单一化的管理主义行政价值发生了动摇,现实的公共行政急需一种全新的多元化的行政价值体系来替代传统的、单一化的管理主义价值体系。公共行政与市民社会之间在基本价值层面具有高度的相关性。在很大程度上,公共行政自身的价值体现为公共利益、正义、秩序和自由的实现,这与市民社会所拥有的价值是基本相一致的。公共行政既要将责任、公正、结果中的公平等价值的实现贯穿于政策、制度制

---

[1] [美]戴维·H.罗森布鲁姆、罗伯特·S.克拉夫丘克、德博拉·戈德曼、罗森布鲁姆著,张成福等译:《公共行政学:管理、政治和法律的途径》(第五版),中国人民大学出版社2002年版,第589页。

定与执行的全过程,也要实现公共事务中对效率、经济、效能等价值的追求。否则,以牺牲社会治理的根本价值和目的为代价来换取维持社会治理的工具理性,就会引发公共行政的合法化危机。在这个多元、变革的时代,不仅社会利益呈现出多元性,而且社会的价值也是多元的,利益和价值二者之间难以保持同一性,相互冲突的现象时有发生。为此,政府必须面对利益与价值多元甚至冲突的事实,并在二者之间进行有效的平衡和抉择。公共行政之所以应从不同的价值来进行阐释,是因为任何一种价值维度都有其缺陷,应用多元的价值视角来弥补单一维度自身的不足。罗森布鲁姆认为,公共行政本身是一个相当复杂的领域,对其研究至少包含了管理、政治和法律三种研究途径,在认知途径、对个人的观点、组织结构取向、价值观等方面每一种途径均有其独特性。同时行政官员的身份亦有管理者(manager)、决策者(policy maker)、精通宪法的人(constitutional lawer)等不同类型。因为要成功整合这些角色是极为困难的,对公共组织和公共行政管理者而言,不可能做到让政治的、管理的及法律的要求同时得到满足。立宪性正当法律程序以及政治代表性的价值往往会被基于效率的公共管理忽略。对公共行政某一方面的强调常常引起关注其他方面人士的批评[1]。罗森布鲁姆所强调的政治与法律的路径完全可以归类为民主主义价值路径。他所强调的多元研究路径表明,各种利益和价值的平衡是政府治理的关键所在,多元向度而非单一向度的考虑是十分必要的。由此可见,与美国现代化进程中所追求的公共行政单一化的管理主义价值不同的是,后现代社会要求打破公共行政过于追求管理主义价值的局面,以实现多元价值之间冲突与融合的目标。

二、行政责任的双重化

对于行政责任的争论可谓仁者见仁,智者见智。美国学者费里茨·莫尔斯坦·马克思(Fritz Morstein Marx)认为:"行政责任的核心是一个统一的义务概念,它由意识形态和专业的规则构成;是行政官员自主作出的牺牲个人偏好以贯彻法规政策的一种决断;是对人民及其根本利益的一种觉醒的遵从意识。行政责任发自一种忠诚的服务态度。对于这种态度的形塑,官员的

---

[1] [美]戴维·H.罗森布鲁姆、罗伯特·S.克拉夫丘克、德博拉·戈德曼·罗森布鲁姆著,张成福等译:《公共行政学:管理、政治和法律的途径》(第五版),中国人民大学出版社2002年版,第41页。

伦理观念是唯一的,且是十分重要的因素。"[1]菲斯勒(James W. Fesler)与凯特尔(Donald F. Kettl)认为,行政责任有两个方面:一是负责(accountability),表现为对法律的忠实地遵守,根据效率、经济标准以及上级的命令来行事;二是道德行为(ethical behavior),即坚守道德的标准,避免出现不符合伦理规范的行为[2]。库珀把行政责任分为客观责任与主观责任。客观责任的具体形式有两个方面:职责和应尽的义务。客观责任既包括对实现某一目标或某人负责,也包括对下属员工人事管理、某一集体、某一任务负责。前者是职责而后者是义务[3]。客观责任源于法律、组织机构、社会对行政人员的角色期待,但主观责任却根植于我们自己对忠诚、良知、认同的信仰。履行行政管理角色过程中的主观责任是职业首先的反映,该职业首先是通过个人的经历而建立起来的。在库珀看来,主观责任是指"在良知驱使下,我们以特定的方式行为,不是由于上级或法律的要求,而是信仰、价值观和被理解成禀性特征的这样一些内部力量驱使我们以特定的方式行为"[4]。

通过诸学者对于行政责任的阐释我们不难看出,对于道德伦理价值的承诺是行政责任的核心内容之一。然而,值得一提的是,许多学者在过于强调道德伦理的同时,却忽略了公共行政管理者对于效率、效能等技术责任的诉求。笔者认为,公共行政管理者在管理公共事务过程中承载着两大责任:一是技术责任,即要高效地处理公共事务及内部管理事务;二是政治责任,即在处理公共事务过程中要照顾到公众的情感,要对公平、正义等价值予以承诺。正如弗雷德里克森所言:"如果能够表明,某项政策没有适当地考虑到关于技术问题的人类知识的现存总量,那么我们有权称之为不负责任;如果能够表明,某项政策没有适当地考虑到社群特别是没有考虑到占主导地位的大多数人的现有偏好,我们同样有权称之为不负责任。因此,负责任的行政管理者要对如下两种主导性因素负责:技术知识和公众情感。"[5]从公共行政学成

---

〔1〕 Fritz Morstein Marx. Public Management in the New Democracy. New York: Harper and Brothers, 1940, p. 251.

〔2〕 James W. Fesler, Donald F. Kettl. The Politics of Administrative Process. Chatham, NJ.: Chatham House Publishers, Inc, 1996, p. 367.

〔3〕 [美]特里·L.库珀著,张秀琴译:《行政伦理学:实现行政责任的途径》(第四版),中国人民大学出版社2001年版,第66页。

〔4〕 [美]特里·L.库珀著,张秀琴译:《行政伦理学:实现行政责任的途径》(第四版),中国人民大学出版社2001年版,第79页。

〔5〕 颜昌武,马骏:《公共行政学百年争论》,中国人民大学出版社2010年版,第6页。

为一门独立的科学直至美国进入后现代社会之前，美国在现代化进程中基本上是强调公共行政管理者应承担技术责任，而非政治责任。从传统管理主义来看，公共行政学的鼻祖威尔逊强调公共行政应从政治领域分离开来，这就为公共行政管理者承担技术责任奠定了理论基础。威尔逊强调，虽然政治可以确定行政管理的任务，但政治问题与行政管理问题截然不同，政治如果对行政管理机构进行操纵就是自找麻烦[1]。这样一来，政治责任则在公共行政领域中被无情地剔除了。威尔逊所处的时代正是企业迅速扩展其管理优势并产生巨大的社会影响力的阶段，企业行政研究已经得到迅速的发展。为了迎接科学主义时代的到来，企业热衷于用技术改进机器与人。在早期的企业组织模式中，机器被当作效率的标志而成为人类组织和生产的一种流行的模式。这种以机器来提高效率的管理模式很快就被传入公共部门。在威尔逊看来，"行政领域也就是企业领域"[2]。为了在政府运作中提高效率，威尔逊建议我们应该参照利用私营部门的管理模式。威尔逊的这一观点主要来自当时工商组织管理的经验，以及企业中进行的科学管理方面的研究。在威尔逊看来，公共行政管理者的行政责任在于通过一个控制等级体制的单一权力中心来提高行政效率。他认为，政府权力需要有一个集中而整合的结构，公共行政管理者的责任应该落实到一个权威，这样就能确保公共行动的可信度和有效运作。为了使行政机构以企业管理的方式来提高工作效率，就必须使行政活动与变幻无常的政治过程相分离，这样才能将公共行政作为一个真正的事务化的领域来进行管理。可见，在传统管理主义模式中，负责的行政官员是那些拥有并依靠其专长和奉行"政治中立"的人，因此，行政责任主要表现为技术责任，这种技术责任是建立在科学的价值中立原则基础之上的。

到了技术主义时代，西蒙的行为主义行政学强调事实与价值的分离，并对实证主义研究方法倍加推崇，使公共行政学变得更加技术化。虽然西蒙强调理性，然而，他所定义的理性并非哲学意义上以正义、公平和自由为基石的公共理性，而是关注手段和目的之间关系的狭义理性，即计算概率并以此将正确的手段与给定的目标协调起来。在西蒙看来，以理性决策模型的话语称某一特定的组织具有理性的特征，并非说这一组织要去追求政治上和道德上

---

[1] Woodrow Wilson. The Study of Administration. Political Science Quarterly, 1887, 2(2), p. 210.

[2] Woodrow Wilson. The Study of Administration. Political Science Quarterly, 1887, 2(2), p. 209.

的合理目标,而是说组织要追求最大化的效率。这样一来,理性就等同于效率,理性的行为就是有助于组织目标实现的行为。可见,西蒙的行为主义行政学所强调行政责任在于追求最大化效率的技术责任,而非追求正义、民主、公平等价值的政治责任。

20世纪60年代末,新公共行政学试图把政治责任置于首要的位置,以实现政治责任与技术责任在某种程度的协调。然而,由于其理论存在着自身的缺陷而没有真正担负起历史的使命。

20世纪80年代以后,美国开始步入后现代社会。与后现代社会相适应的新公共管理模式在行政责任方面与以往的传统管理主义及行为主义行政学大相径庭。新公共管理中公共行政管理者所承载的行政责任为技术责任与政治责任。从技术责任来看,与传统管理主义及行为主义行政学强调利用层级控制与合理分工来提高行政效率所不同的是,新公共管理强调让管理者来管理,即高级管理者本人对结果进行负责,而不仅仅是像行政人员一样服从别人的命令。此外,新公共管理强调个人和机构的绩效,并期待能够发展出一套绩效指标来对预期目标的过程进行测量。这就为技术责任的实施提供了坚实的基础。在政治责任方面,在传统管理主义模式中,官僚(公共管理者)与政治家的关系是狭窄的、技术性的关系,即主人与奴仆(发号施令者与唯命是从者)的关系。政治责任被视为政治家的事情,这无形中把政治责任从行政责任中排除出去。而在"新公共管理"模式中,政治责任被重新唤起,公共管理者与政治家建立起一种更加密切和灵活的关系,公共管理者日益卷入公共政策制定和通常的政治事务之中;公共管理变成了政治管理的一种形式,公共管理者日益变成官僚政治家。同时,在"新公共管理"模式中,公共管理者与公民的关系也出现了变化。市场竞争机制的引入、顾客至上、结果导向等原则的采用改变了公民的纯粹被动服从地位,公民变成顾客,要求公共管理有更明确的责任制,听取公民的意见,满足公民的要求,提供回应性的服务[1]。这些正是政治责任所固有的核心内容。

20世纪90年代的新公共服务模式所框定的行政责任同样也包括技术责任与政治责任。在新公共服务模式的倡导者看来,负责任的公共政策必须遵循一个双重标准,技术责任并不足以保证一项公共服务是健康的、积极的,而在一个民主政府中,为了采取真正负责任的政策,政治责任显得尤为重要。

---

[1] 陈振明:《评西方的"新公共管理"范式》,《中国社会科学》,2000年第6期。

登哈特认为:"公务员所面临的公共责任的复杂性被公认为既是一种挑战,也是一种机遇,还是一种感召。它需要专长,需要一种对民主理想的承诺,需要一种对公法的了解,并且还需要根据经验、社区规范和道德行为而获得的判断。新公共服务中的责任表明要将公务员的角色重新界定为公共利益的引导者、服务员和使者,而不是视为企业家。"[1]在登哈特看来,公共服务中的行政责任问题十分复杂,它意味着要对一个复杂的外部控制网络中的竞争性规范和责任进行平等的对待,它涉及职业标准、公民偏好、道德问题、公法以及最终的公共利益。只关注一小部分绩效测量的方法或试图模仿市场力量会使行政责任过于简单化,会引起人们对民主本质、公民角色以及致力于公共利益而服务于公民的公共服务产生怀疑。可见,在新公共服务中,行政责任被广泛地界定为包含了技术责任、政治责任宏大领域,其中政治责任则显得格外重要。

总之,美国现代化进程中的公共行政管理者所奉行的是技术责任,其任务在于高效地处理公共事务,而在进入后现代社会后,公共行政管理者所奉行的是技术与政治的双重责任,这就为公共行政中民主主义与管理主义二者之间的融合提供了坚实的基础。

三、行政主体的多元化

在实际法律规范中,对于行政主体的概念的描述和定义是不存在的,它仅仅属于学术范畴的一个概念。因此,在理论层面可以对其内涵与外延进行研究。从形式意义上对行政主体进行界定是19世纪的行政法治理论的特点,根据该理论的解释,行政机关与行政主体之间基本上是合二为一的;然而,到了20世纪,形式意义上的行政法治理论的解释已经开始转变,对行政主体从实质意义上来进行界定迎合了时代发展的需要,一切享有和行使行政权的组织可视为行政主体。由此可见,行政主体经历了从单一性走向多元化的历史变迁[2]。

19世纪末期,美国开始步入垄断资本主义阶段,随着政府财政支出的扩大、福利国家的出现,以及社会与经济问题的不断凸显,使得政府不断地扩展

---

[1] [美]珍妮特·V.登哈特、罗伯特·B.登哈特著,丁煌译:《新公共服务:服务,而不是掌舵》,中国人民大学出版社2004年版,第129页。

[2] 黎军:《行政分权与行政主体多元化》,《深圳大学学报(人文社会科学版)》,2002年第4期。

自身所干预的领域。这一时期随着行政权力的不断扩张,很多之前并非政府管理范围的事务日益被纳入政府权力的范畴。在传统管理主义与行为主义行政学盛行的时代,行政机关是行使行政权的唯一合法主体,在权力来源、内容和行使方式等方面,传统行政权呈现出单一性的特点,其他非政府团体被授予行使行政权的资格无论从理论上还是实践中都是不可思议的。因而当时行政部门是唯一的行政主体,行政组织按照等级制官职和分类的权力层次,实现层次控制。公共行政依赖于完备的规则与制度,避免个人化管理,这种官僚制体制具有精确、明晰、迅速、连续性、一致性、严格服从、减少摩擦等优点,有助于追求机械效率,从而实现韦伯所谓的工具理性。这种单一化的行政主体虽然在某种程度上保证了政府效率的提升,然而,过于强调单一化行政主体的垄断地位,往往会危害民主精神,忽视价值理性,最终使政府陷入合法化危机。

20世纪80年代,公共事务日益变得复杂化、动态化与多元化,政府治理的难度也随之增大,在公共问题日益复杂化的背景下,传统政府单独主治的局面难以为继。这样一来,传统管理主义所推崇的合理合法化权威的一元化独占态势被打破,取而代之的是多中心的治理模式。当前,美国在政府、非政府组织、公民、社会其他组织之间实现合作共治的治理结构已经十分普遍。与此同时,随着社会力量的日益强大,非政府组织和公民对政府的依附逐步减弱,在组织化程度、自主性和自治能力方面得到了较大的提升,日益成为公共治理中的独立的主体。社会治理结构已不再是过去政府单一化的主体,政府、非政府组织、私营部门以及公民作为平等合作伙伴共同参与到公共治理当中,从而形成了多中心网络式社会治理结构[1]。

随着新公共管理运动的蓬勃发展,美国公共行政领域不断出现的民主化要求体现为在公共行政管理过程中将非政府组织、私营部门以及公众视为合作伙伴,并与之进行合作共治。在这种席卷全球的政府机构改革过程中,美国公共行政为了能够提高政府效率,实现政府资源的优化配置和简政放权,这就需要激发政府以外的主体的活力,使非政府组织、私营部门或公众能够更好地承接政府的职能并承担一定的责任。到了20世纪90年代,新公共服务理论对新公共管理过于强调效率价值进行了一定程度上的修正,但在行政

---

[1] 陈娟娟、祝建兵:《中国公共行政的多元化特质探析》,《云南行政学院学报》,2007年第1期。

主体多元化方面则与新公共管理如出一辙。无论新公共管理还是新公共服务，从本质上讲都属于公共治理。二者所固有的主体多元化特质为公共治理提供了坚实的基础，从而使整个公共行政领域出现了重大的变革：一是传统依靠政府权威进行单一化管理的局面已不复存在，各种公共的和私人的机构在得到公众认可的前提下行使权力。公共领域呈现出了多中心治理的格局。二是市民社会中的非政府组织、私营部门和社会团体承接着原来由政府行使的行政职能，并承担着越来越多的责任，从而导致多元主体间的界限与责任变得不再明晰。三是权力的依赖关系存在于社会治理主体之间。社会治理主体如政府、非政府组织、社会志愿团体、私营部门以及公众之间能够进行平等的谈判与沟通，制定行动规则，进行资源交换。四是公共治理的参与者与政府之间共同组成一个自主的网络，在这一自主的网络当中，政府不是唯一发号施令的权威主体，其他社会主体在某个特定的领域中也拥有一定的权威，在与政府进行合作的过程中有效地分担了政府的行政责任。五是治理意味着政府的权力、施令和权威并不是办好事情的唯一保障，其他的管理方法和技术在对公共事务进行引导和控制过程中也能够发挥积极的作用，使用这些新的方法和技术也是政府的责任之所在[1]。

  无论新公共管理还是新公共服务，都在追求一种善治，即在社会管理过程中使公共利益达到最大化的效果。构建政治国家与市民社会的互动关系以及推动二者的合作管理是善治的本质特征。善治意味着还政于民，实现国家的权力向社会的回归，善治的基础就是市民社会。有学者认为，善治的基本要素包括六个方面：（1）合法性（legitimacy）。它虽然与法律规范没有直接的关系，但它强调的是自觉遵守和认可权威的一种社会秩序状态。因此，尽管有些东西从法律的角度上看是合法的，但从合法性的角度来看并不必然成立。善治要求最大化地化解政府与公民之间以及公民内部的矛盾冲突，使得治理活动能够最大化地得到广大公民的内心认同。（2）透明性（transparency）。它指治理主体不能够进行暗箱操作，而应尽可能地公开政治信息。公开开支、行政预算、政策实施、法律条款、政策制定、立法活动等政治信息应该公之于众。透明性要求公民在知晓上述信息的基础上，对政府部门进行有效的监督，并参与公共部门决策。（3）责任性（accountability）。它所强调的是公民在作出行为时也能够对其负责。在公共管理中，职责与义务则与特定

---

[1] 俞可平：《治理与善治》，社会科学文献出版社2000年版，第4页。

的机构或职位相关联。管理人员如果担任一定的职务就必须承担相应的责任,否则就会导致失职行为的发生。善治的程度高表现为公职人员、公众在公共治理当中承担着较大的责任。(4)法治(rule of law)。法治要求法律面前人人平等,在公共治理当中,任何政府官员和公民都必须依法行事。善治的基本要求就是法治,可以说如果法制以及建立在此基础上的社会程序不健全,缺乏对法律的尊重,善治则不可能达成。(5)回应(responsiveness)。它是指公共机构和管理人员对于公共事务以及公众的利益诉求不得无故拖延,而需要主动负责,并及时作出回答与处理。主动地向公民回答问题、解释政策和征询意见也是回应性的重要表现。如果缺乏回应性,就不会有善治的局面。(6)有效(effectiveness)。它强调的是管理的效率,具体到公共部门,它既强调在管理成本方面的最小化以及产出方面的最大化,也强调构建科学的管理程序,合理地设置管理机构,注重灵活的管理方式等[1]。

  从善治的六大基本要素中我们不难看出,前五个要素即"合法性、透明性、责任性、法治和回应",在某种程度上是民主主义价值的具体体现,而第六个要素"有效"正是管理主义的价值诉求。因此,我们有理由认为,善治在某种程度上实现了民主主义与管理主义的价值融合。总之,美国进入后现代社会之后,与之相适应的新公共管理与新公共服务理论在某种程度上是公共治理理论的重要体现,其重要的标志在于行政主体多元化。行政主体多元化所依托的公共治理与善治理论为公共行政中民主主义与管理主义的价值融合提供了坚实的基础。

---

[1] 俞可平:《治理与善治》,社会科学文献出版社2000年版,第9-11页。

第十章

历史与现实视野中的政治正义与政府效率：民主主义与管理主义范式之评价

如前所述，在美国公共行政发展过程中，民主主义与管理主义存在着从冲突到融合的发展规律，其实质是政治正义与政府效率的竞争与调和。要深入理解民主主义与管理主义的本质，不可避免要对二者的内在逻辑进行全面的分析，在此基础上，系统评价民主主义与管理主义的意义与不足之处。

第一节 民主主义与管理主义范式演进之内在逻辑

一、民主主义范式的内在逻辑

美国公共行政中民主主义范式从其发展历程来看经历了民主型公共行政、新公共行政学与新公共服务三大发展阶段，三大阶段从理论与实践来看是有一定规律可循的，下面笔者对其存在的内在逻辑作一阐释。

（一）理论模式从片面化、零散化逐渐走向成熟化、系统化

杰斐逊式的民主型模式在美国建国初期到公共行政学产生之前存续了相当长的一段时间。这种模式只是民主主义发展的初级阶段，其观点不系统、不完善。这主要表现为：一是该模式主要强调实行权力分立和相互监督

制衡制度,其理论观点较多涉及政治领域,对行政领域只涉及联邦政府和州政府及地方政府权力的划分,而对公共行政领域如何实行公平、公正等民主主义价值没有进行具体的阐释;二是该模式倡导分区民主制,以实现直接民主制,这只是表达了杰斐逊个人的民主理想,而这种理想并不具备实现的可能性。分区民主制只是为了强调开发个人的道德意识和实现人的社会本性所设计的一种理想的公民社会,这种公民社会存在于古典式的分区民主制性质的"小型共和国"之中。正如杰斐逊所言:"在政府管理方面,以及在生活的一切其他工作方面,只有靠职责的划分和再划分,一切事务,无论巨细,才能管理完善。让每一个公民都亲身参加公务的管理,整体就可以巩固起来。"[1]然而,在整个美国实行代议制民主的前提下,要在局部实现直接民主制,从而实现公民直接参政并实行共和体自治则是不够现实的。

随着时代的发展,杰斐逊民主型模式并不能为美国公共行政提供技术支持,因此,随着公共行政学的诞生,民主型模式逐渐被传统管理主义替代。然而,20世纪中叶以后,由于传统管理主义忽视了公平与民主等价值而对效率、经济等价值过度追求,公共行政陷入合法化危机,因而遭到了以沃尔多及弗雷德里克森为代表的新公共行政学派的有力批判。德怀特·沃尔多反思了民主与公平问题,并批判了传统的政治-行政二分法。但沃尔多的民主主义思想更多带有批判主义色彩。而且沃尔多在对公共行政史的研究细节上存在着问题,其著作的更大问题是他本质上存在的矛盾心理。他坚持认为政治对于公共行政而言是十分重要的,然而他又将某种连续的价值置于政治-行政二分法的框架内;他认为官僚制和民主对于公共行政而言不可或缺,但他既没有向大家提出如何寻求二者之间最佳平衡的方案,也没有告诉大家怎样解决二者冲突的方法;等等。因此,沃尔多更多地扮演着理论评论家的角色,而非理论创新者。这也充分说明了其民主主义观点还不够系统化与成熟化。

随后,弗雷德里克森也对传统管理主义的效率至上观进行了激烈的批判,新公共行政学的出现是二战后对传统管理主义过于追求工具理性的一次深刻反思。但是,由于缺乏系统性与成熟性,新公共行政学最终未能取代传统管理主义而成为行政学研究的主流理论模式。正如《布莱克维尔政治学百

---

[1] [美]梅利尔·D. 彼得森著,刘祚昌、邓红风译:《杰斐逊集》,生活·读书·新知三联书店1993年版,第1641页。

科全书》所评论的那样,新公共行政学没有明确限定的宪法基础,缺乏概念上的连贯性,没有能够立足生根[1]。

到了20世纪90年代,以登哈特为代表的新公共服务学派通过对"老公共行政""新公共管理"与"新公共服务"三大理论模式从政府与公民的角色、公共利益观、行政执行、行政责任等方面进行了系统的比较研究,从而论证了新公共服务理论作为一种民主主义理论的科学性与合理性。此外,新公共服务认为政府的职能并不是"掌舵",而是"服务",并从民主、参与、正义、自由、公平及代表制等方面对新公共管理进行了批判,强调为顾客服务是不恰当的,公共行政应为公民服务,从而提出了全新的民主主义价值理念。登哈特的新公共服务理论不仅继承了民主公民权理论、市民社会理论、社区治理理论、组织人本主义、新公共行政学的民主主义观点,而且在这些理论的基础上对民主主义进行系统化与深入化的研究,从规范性与实证性两个方面论证了把公民权置于优先地位的必然性与可能性,并提出了"服务,而不是掌舵"的价值理念。综上我们不难看出,新公共服务理论的出现标志着美国公共行政学的民主主义范式正在走向系统化和成熟化。

(二)理论研究由注重人本价值排斥经济、效率价值转向既注重人本价值,又兼顾经济、效率价值

所谓人本价值,是指保障和增进个人的自由、福利和权利是一切意识形态或政治制度的目标和出发点的一整套价值理念。在公共行政中,人本价值体现为对人的平等、民主、自由和回应性等价值的关注,构建以公民权保护和公民为中心的制度体系与行动体系。美国公共行政中的人本主义的色彩是民主主义范式的重要体现。例如,杰斐逊提出保障人民的权利是成立政府的初衷,绝不能够存在越出合法的限度之外的任何权力机构。为此,三权分立及权力制衡的制度是必不可少的,其目的就是防止政府权力的滥用和扩张。人民主权、有限政府、分权政府等理念无疑是人本价值的重要体现;新公共行政学的代表人物弗雷德里克森对管理主义的效率至上观进行了激烈的批判。他批判管理主义的工具理性取向,强调价值理性以重塑公共哲学,倡导社会公平以重建规范研究,注重公民精神与公民参与,强调公共行政的伦理因素等。因此,无论是以杰斐逊为代表的民主型公共行政,还是以弗雷德里克森

---

[1] [英]米勒、波格丹诺编,邓正来译:《布莱克维尔政治学百科全书》,中国政法大学出版社1992年版,第613页。

为代表的新公共行政学派,其民主主义观点从某种程度上说都更多地带有一种人本价值取向,他们的理论也偏重于规范分析,而效率、经济等管理主义价值则要么被抛弃,要么就被赋予极其次要的地位。

然而,随着民主主义范式的发展,以登哈特为代表的新公共服务学派针对传统管理主义尤其是风靡一时的新公共管理运动倡导的价值观进行了反思,其理论观点不仅注重责任承担、民主程序设计、共同领导、保持政府与公民接触的渠道、公民对话以及参与合作等人本价值,而且兼顾了管理主义的经济与效率等管理主义价值。例如,登哈特在谈到新公共服务的基本观点时提道:"重视人,而不只是重视生产率"[1],"公民权和公共服务比企业家精神更重要"[2]。因此,登哈特提出新公共服务理论并非对如生产率及企业家精神这些管理主义价值进行绝对的排斥,也非拒斥过程管理、生产力改进与绩效测量等管理技术与方法,而是要提醒政府官员在关注效率、经济等管理主义价值的同时,更要关注诸如以公民为中心、公民权与公共参与等人本主义价值。可见,在公共行政的发展过程中,以人本主义为代表的民主主义价值与以经济、效率为代表的管理主义价值在现实的公共行政实践中是相辅相成的,相互促进的。登哈特教授站在客观的立场上指出,在一种思想处于绝对支配地位的时代,其他思想既不会销声匿迹,也不会被完全忽视。在民主社会对治理制度进行思考之时,理所当然要将民主的价值排在首位,但也不能对生产力和效率等价值置之不理,正确的做法是将其置于公共利益、社区和民主的框架之下来加以维护。传统管理主义或者新公共管理的价值观和管理技术可在这个框架中粉墨登场。关于公共行政中各类价值的争议会随着时间的流逝而持续若干年,但新公共服务理论主张公共利益和公民对话协商是未来的公共服务的基础,并与生产力和效率价值进行有机结合,这无疑提出了一个展现公共服务前景的令人振奋的观点[3]。

由此我们可以看出,新公共服务并没有完全拒斥新公共管理理论,而是从本质上对其进行扬弃,即在承认新公共管理对当今世界各国行政改革的突

---

[1] [美]珍妮特·V. 登哈特、罗伯特·B. 登哈特著,丁煌译:《新公共服务:服务,而不是掌舵》,中国人民大学出版社2004年版,第150页。

[2] [美]珍妮特·V. 登哈特、罗伯特·B. 登哈特著,丁煌译:《新公共服务:服务,而不是掌舵》,中国人民大学出版社2004年版,第80页。

[3] Robert B. Denhardt, Janet Vinzant Denhardt. The New Public Service: Serving Rather than Steering. Public Administration Review, 2000, 60(6), pp. 549-559.

出效用的同时，指出了新公共管理过于强调工具理性化的一些固有缺陷，从而提出在公共行政中应将民主公民权和公共利益放在首位，这更符合现代民主社会的特质。

综上，通过对美国公共行政中的民主主义范式发展的整个历程的梳理和透视，我们不难看出，其理论模式呈现出从片面化、零散化逐渐走向成熟化、系统化，由注重人本价值排斥经济、效率价值转向既注重人本价值，又兼顾经济、效率价值的内在发展规律。

二、管理主义范式的内在逻辑

美国公共行政中管理主义的发展经历了传统管理主义、行为主义行政学和新公共管理（或新管理主义）三大发展阶段。笔者认为，从其发展的内在逻辑来看，主要有以下两个方面的特点。

（一）理论模式由单一化、片面化逐渐走向多元化、系统化

传统管理主义模式是与工业时代政府管理相适应的一种理论选择。它有自己一整套的理论假定、科学原则、管理技术与方法。通过对传统管理主义模式的理论与实践进行详细分析，我们不难看出，其具有片面化与单一化的特征，具体表现为以下几个方面：

1. 对效率认识的片面化。对效率的狭义理解是传统管理主义模式的重要缺陷，即不顾公共部门和私营部门的区别，单纯将政府效率与企业效率相等同，认为政府效率就是政府在管理活动中的产出与消耗之比。在传统管理主义模式看来，官僚制组织注重分工合作、层级节制和技术方法是实现政府高效率的基础。这种效率观只是一种机械主义的效率观，不仅使传统管理主义忽略了管理过程中人的因素，而且没有对效果、效能等价值给予足够的关注。

2. 理论基础的单一化。官僚制与政治-行政二分法是传统管理主义存在的理论基础。由于政治-行政二分法早已被证明是一个不切实际的幻想，因此，传统管理主义真正赖以确立的理论基础是官僚制。由于官僚制本身是工业化时代的产物，它随着美国进入后现代社会而受到了越来越多批判，这样一来，传统管理主义理论基础的单一化受到了诸多质疑。如沃尔多认为要解决官僚制的弊端，必须把民主制引入官僚制领域，并实现二者的调和。他主张公共行政应遵循民主化的取向，上级—下级、权威—服从等思维模式则

在民主化的过程中被抛弃[1]。

3. 公共人事管理体制的单一化。美国于19世纪末出现的文官改革运动旨在克服政党分肥制的弊端,构建以功绩制为基础和具有"价值中立"特点的文官制度。公共行政被当作行政管理的一种特殊的管理形式,因此,它需要一种终身制的、能够同样为任何政治领导人服务的职业官僚[2]。正是由于公务员(文官)的职业具有永业性特点,政府部门中十分灵活的用工形式如临时雇用、合同雇用被抛弃。终身雇用制无形中强化了资历原则,称职和不称职的问题已经不再重要,因此组织中的任何人不能被解雇。这样,决定升迁与否的评价因素不再是功绩,而是服务的长短。

4. 公共服务供给主体的单一化。传统管理主义认为,可靠性、严格的纪律性、稳定性和精确性等是官僚制组织的优越性之所在,因此,在政策领域,公共产品和服务的提供者只能是官僚制组织,而其他的组织是靠不住的[3]。

行为主义行政学对传统管理主义的政府效率观进行了解构。一方面,西蒙批判了传统管理主义赖以建构的理论基础:政治-行政二分法。他认为,从政府机关的实际情况来看,政治(决定政策)与行政(执行政策)是相互关联而密不可分的。另一方面,西蒙的理性决策模型对传统管理主义的效率观进行了挑战。他认为,官僚制所依赖的权威、专业分工、控制幅度等原则并不能够达到提高政府效率的目的,而且它们之间往往是相互冲突的。

虽然西蒙的行为主义行政学对传统公共行政的批判入木三分,但仍然没有摆脱传统管理主义的实证主义哲学基础,其核心价值理念在本质上与传统管理主义是相一致的。如在效率的认知上,西蒙认为理性与效率没有本质区别,理性代表着制度化的行政人,因此,制度化的行政人则是最有效率的。而制度化的行政人与建立在政治-行政二分法基础之上的官僚制组织中的政府工作人员在实质上没有什么区别。因此,从本体论来看,西蒙的行为主义行政学与传统管理主义在效率观上是统一的。

随着美国步入知识经济与信息时代,人们开始在理论与实践的层面对片

---

[1] Dwight Waldo. The Development of a Theory of Democratic Administration. American Political Science Review,1952,46(1),p. 103.

[2] Owen E. Hughes. Public Management and Administration: An Introduction. 2nd ed. London: Red Globe Press, 1998, p. 1.

[3] Owen E. Hughes. Public Management and Administration: An Introduction. 2nd ed. London: Red Globe Press,1998, p. 1.

面化、单一化的传统管理主义模式进行质疑。特别是"新公共管理"的出现,实现了管理主义理论模式的系统化与多元化发展。

首先,新公共管理理论基础多元化。与传统公共行政相比,新公共管理的理论基础更加多元化。新公共管理吸收了经济学和管理学的营养,拓展了自身的研究领域。其中的交易成本理论、委托代理理论和公共选择理论等让人耳目一新,为新公共管理理论的建构提供了有效的支撑。

其次,新公共管理模式呈现出多样化的态势。企业家政府理论虽然是新公共管理最典型的理论模式,但新公共管理的理论版本并非只有企业家政府一种。如:美国学者 B. 盖伊·彼得斯对新公共管理的治理模式进行了全面梳理,其在《政府未来的治理模式》中提出了解制模式、弹性化模式、参与模式和市场模式四大治理模式;英国学者 E. 费利耶也对新公共管理的模式进行了分类解读,其在《行动中的新公共管理》一书中提出了公共服务取向模式、追求卓越模式、小型化与分权模式、效率驱动模式,并对这四种模式进行了深入的分析;美国学者拉塞尔·M. 林登将具有新公共管理特质的政府看成"无缝隙政府",其在《无缝隙政府》一书中强调满足顾客无缝隙需要是无缝隙政府的首要目标。

再次,新公共管理实现了公共物品及服务供给的多元化。传统管理主义主张由政府部门或官僚机构垄断公共物品的供给。而新公共管理抛弃了公共物品供给单向化的取向,在公共物品和服务供给主体层面,新公共管理强调除政府之外,各种非政府组织、私营部门、社会团体和中介组织都可以成为供给主体,且各主体之间可以进行竞争。在公共物品和服务供给方式层面,新公共管理主张政府可以通过合同承包、委托、规划和补贴等方式间接进行服务供给。

最后,公共人事管理的体制及模式多元化。新公共管理打破了公务员(文官)的永业观念,并强调采取临时雇用、合同雇用等灵活性和弹性的用工制度,从而实现了人事用工制度的多元化。

从以上的分析我们不难看出,美国公共行政中的管理主义模式经历了从片面化、单一化逐渐走向多元化与系统化的发展过程。

(二) 理论研究由注重经济、效率价值转向既注重经济、效率价值,又兼顾人本价值

无论是传统管理主义,还是行为主义行政学,都注重效率、经济等价值。如:古立克认为在行政科学中最基本的"善"就是效率;西蒙则把理性等同于

效率。即使他们的理论观点里穿插着一点人本主义的价值（如民主、公平），那也只不过是一种点缀而已。正是由于其过于强调经济理性，忽视了价值理性与人本价值，因此受到了新公共行政学以及新公共管理的强烈批判。

新公共管理虽然属于管理主义范式，但与传统管理主义相比，新公共管理不仅注重经济理性与效率价值，而且对人本价值予以足够的关注，具体表现为：(1) 强调公民的回应性。作为公共行政的新模式的新公共管理，强调以管理客体的中心主义来取代政府主体的中心主义，从而确立了人本价值。公共行政将公众的满意度视为中心工作，公众的满意度包含了效率、秩序等目标，公众的评价和判断取代了原先那种行政体系的自我判断和自我评价[1]。这种回应性主要表现在对民意进行充分调查和掌握的基础上，快速回应公众的需求，及时解决公众的问题。(2) 强调以顾客为中心的客体中心主义。"政府主体中心主义"是传统管理主义模式的特征，而新公共管理模式强调构建以公民为中心的客体中心主义，将服务对象当作顾客是新公共管理模式的重要特征。新公共管理理论认为，政府官员应该是具有责任心的"企业家"，而非凌驾于社会之上的控制者，公民则变成了顾客，为顾客提供优质服务，及时回应顾客的诉求是政府的社会职责之所在。(3) 实现公共服务的社会化。在社会需求日益复杂与多元化的今天，政府垄断公共服务供给已经难以为继。新公共管理要求非政府组织、私营企业、社区、独立机构、中介组织、公民等主体与政府一起组成多元化的合作治理网络，为公民提供优质化和多元化的服务，从而实现公共服务供给的社会化。(4) 鼓励公众参与。新公共管理强调通过分权和授权的形式，将政府的权限更多地下放给社区和公民，并鼓励公众参与社会治理，激发志愿者组织、社区、家庭的创造精神，使之成为自我管理、自我服务的治理主体。

综上所述，从传统管理主义到行为主义行政学，直到新公共管理，美国公共行政中管理主义范式在演进的过程中呈现出理论观点从不系统、不完善逐渐走向成熟化、系统化，理论研究由注重经济、效率价值转向既注重经济、效率价值，又兼顾人本价值的内在发展逻辑。

---

[1] 张康之：《论政府的非管理化——关于"新公共管理"的趋势预测》，《教学与研究》，2000 年第 7 期。

第二节 民主主义范式之评价

美国公共行政中的民主主义范式逐渐受到学者和公共行政实务人员的关注和重视,仁者见仁,智者见智,毁誉参半。有学者认为要解决传统管理主义本身存在的范式危机,除了通过放松规制并引入人本价值可以局部缓和范式危机之外,要在根本上解决问题,必须以民主制公共行政范式来代替传统管理主义模式。然而,另有学者认为民主主义以建立规范理论为目的,为知识而追求知识,对改进公共行政实务助益不多。鉴于以上种种认识,笔者认为有必要从积极和消极两个层面对民主主义范式进行系统的评价。

美国公共行政中的民主主义范式虽然不及管理主义范式那样具有强大的影响力,但对管理主义的批判却是十分深刻的,至今仍然对公共行政的发展具有重要的价值。因此,对其进行系统的评价则具有重大的理论和现实意义。

一、民主主义范式的意义

(一)民主主义的理论意义

1. 维护公共行政学的合法性。作为政治学中重要词汇的合法性最初意指国王基于其"合法"出身来实现王位继承。中世纪以来,合法性的内涵得到了一定的扩展,从而突破了"统治的心理权利"的范畴。现代意义上的合法性意指政府的统治是公正和正义的,之所以如此,是因为这种公正和正义的统治是出于人们内心的一种认同态度[1]。作为公共行政范式的民主主义的合法性可被视为一种民众信念,即政府及其公共行政官员实施政治权威、制定和执行公共政策、行使自由裁量权是民众内心所认可的权力。合法性之所以如此重要,是因为它能促使人们自动服从或遵守行政的命令和决定。虽然公共行政学建立的初衷是基于效率、经济等管理主义之目的,但由于管理主义对民主、公平、正义等价值缺乏应有的关注而导致公共行政学缺乏合法性之基础。因此,过于强调公共行政的管理主义取向,必然会使美国公共行政陷入合法化危机。

传统管理主义与民主主义的冲突之一在于管理主义强调公共行政要注

---

[1] [美]迈克尔·罗斯金等著,林震等译:《政治科学》,华夏出版社2001年版,第5页。

重经济、效率与效能等价值,而民主主义则主张在公共行政过程中要把公正、正义、自由、公平、民主等价值置于核心的地位。民主主义认为公共行政应注重价值理性,而非工具理性。正如有学者所言:"在美国,健全的公共行政的基本原则必须是深入人心的民主政治的基本原则。"[1]因此,作为公共行政范式之一的民主主义的重要使命在于要充当捍卫民主价值的角色,否则,公共行政学会出现合法化危机而成为暴政的工具。

2. 维护公共行政学的完整性。美国公共行政学从来不是一个同质的领域,它是多元价值并存且时常产生价值冲突的领域。在公共行政发展之初,传统管理主义曾主张在广泛的行政背景中实现一元性,即强调公共服务的"非人格化"以便将法规解释和执行中的个体多元性在实践中予以消除。这样一来就与民主主义的价值发生了激烈的冲突。完整的公共行政学的价值观既要注重经济、效率与效能等管理主义价值,也要体现自由、公平与正义等民主主义价值。正是两大价值的冲突与竞争,从而使美国公共行政中民主主义和管理主义两大范式得以产生与发展。在美国公共行政发展的二百多年历程中,公共行政学经历了多次民主主义与管理主义之间的范式转换。尽管在范式转换过程中人们对公共行政的认识得到了进一步的升华,但我们与此同时也看到了对一个范式的过于倚重必然会给公共行政学带来损害。特别是管理主义范式的倡导者强调公共行政的哲学基础是实证主义,只有优先保证公共行政的管理主义的效率、经济、效能等价值,才能够实现民主主义的公平、公正、回应性等价值。更有甚者强调管理主义价值是公共行政学成立的初衷,而民主主义的规范价值会成为公共行政学前进路上的绊脚石。为了克服上述认识的偏差,民主主义针对管理主义的工具理性与效率至上观进行了批判,并对公共行政理论与实践进行了重大修正,从而维护了公共行政学的完整性。

3. 维护公共行政的"公共性"。公共行政的本质属性就是公共性。有学者认为,公共性有如下几个方面的解释:在公共权力的运用上,公共性不仅要求政府行为的合法性,而且要求其体现人民主权;在伦理价值层面上,正义和公正是公共性对公共部门的伦理要求;在利益争取上,公共性要求公共部门克服部门私人或利益的缺陷,将维护公共利益视为行政活动的指南;在公

---

[1] [美]戴维·H. 罗森布鲁姆、罗伯特·S. 克拉夫丘克、德博拉·戈德曼·罗森布鲁姆著,张成福等译:《公共行政学:管理、政治和法律的途径》(第五版),中国人民大学出版社2002年版,第517页。

共部门的运作层面上,公共性要求公共部门进行政务公开以及推进公众参与公共事务;在理念表达上,公共性强调公众舆论和市民社会对政府的监督作用,它体现了一种道德与理性[1]。

在美国公共行政发展过程中,由于管理主义强调公共行政应以技术理性与工具理性为取向,从而忽视了私营部门与公共部门在管理方面的本质区别,把公共行政的公共性推向了异化的边缘。为了改变这种状况,民主主义承担起了捍卫公共性价值的角色,主张关注社会公正、社会责任、人性尊严、公共利益、人民主权、公民权利等多元价值,维护公共性价值,使公共行政避免陷入合法化危机。

(二)民主主义范式的现实意义

1. 维护了宪法与法律的尊严,使公共行政免于陷入宪法危机。民主主义强调自由、民主、公平、公正等政治正义价值,维护了公共行政的合法性与公共性。在民主主义看来,公共行政中管理主义的经济理性本体论基础本身就具有先天性的不足。公共行政的公共性要求政府不能过于注重经济理性或者工具理性价值,否则就会丧失其合法化根基。如尼克松"水门事件"、里根"伊朗门事件"、克林顿"拉链门事件"印证了公共行政离开民主主义价值的指导,就会陷入宪法危机。正是基于此,只有寻找公共行政的合法性根源,才能拯救公共行政学所面临的合法化危机,而民主主义的使命就在于此。

2. 完善政府权力制约机制,使公共行政能够做到善治与善政。孟德斯鸠认为,"人类是邪恶的",以权力约束权力,才是防止权力滥用的有效手段,这是万古不易的一条经验[2]。就美国而言,民主主义的规导性功能在于维护人民主权、人性尊严、公共利益、程序正当、公民权利,舍此,政府的合法性基础就会遭到侵蚀。因此,只有在公共行政中导入民主主义价值,才能够强化政府权力制约机制,保护公民的自由与民主权利,推进公众的民主参与意识,保证政府按公共的意志行事,从而真正达到公共行政的善治与善政。

3. 突出"人本位"理念,有利于实现人民的福祉。因管理主义过于强调经济理性与政府效率而遭到了诸多批判,而民主主义与之不同,它注重人本位的价值,并认为效率、效能等价值应纳入民主框架当中。一方面,公共部门应该成为人民权利的受托者,并代表公共利益来行使权力,否则就违背了人

---

[1] 王乐夫、陈干金:《公共性:公共管理研究的基础与核心》,《社会科学》,2003年第4期。

[2] [法]孟德斯鸠著,张雁深译:《论法的精神》(上册),商务印书馆1961年版,第154页。

民的意志,并要承担法律责任;另一方面,为了保护公民主权的地位,政府应该扩大民主参与的渠道,让民众的诉求能够实现有效的表达。因此,基于政治正义的民主主义范式能够促使公共部门有效地保障公民基本自由、权利与平等的实现,从而实现人民的福祉。

二、民主主义范式之批判

虽然民主主义范式维护了自由、平等、公平等价值,从而使公共行政避免陷入合法性危机,然而,民主主义范式也不是包医百病的良药,它也有其自身的缺陷与不足之处。下面笔者拟从三大维度对民主主义范式进行批判。

(一)管理主义维度的批判

1. 对民主主义范式的排斥与否定。多数学者认为,公共行政这门学科产生的初衷就是为了提高政府效率,因而管理主义价值才是行政学的合理范式。公共行政的管理主义范式是建立在政治与行政分离的前提之下的,公共行政的科学化本身就是其产生的学科基础。许多早期的公共行政学者都强调技术理性与经济理性是公共行政学的目标。如怀特(Leonard D. White)认为,政府官员和雇员对处置的资源的最有效的利用就是公共行政的目标[1]。古立克更加推崇效率,并认为公共行政的首要目标与指导原则就是效率,他甚至把效率视为善的代名词。为了使公共行政实现效率价值的目标,他和厄威克还提出了公共行政的七项基本职能,即计划(planning)、组织(organizing)、用人(staffing)、指挥(directing)、协调(co-ordinating)、报告(reporting)和预算(budgeting),这七个词的字母缩写就是"POSDCORB"。这无疑突出了管理主义的价值理念。此外,一些传统公共行政学家认为公平等规范价值处于次要的地位。如威伦斯基(P. Wilenski)认为:"在公共行政中,公平处于第二类位置,在其前面的通常是'效率或……'字样的用语。"[2]因此,从以上述论述可以看出:主张管理主义的学者认为只有管理主义范式才是公共行政正统范式,这无形中贬低和排斥了民主主义范式的价值理念。更有甚者认为民主主义范式是可有可无的理论。如亨利认为,公共行政对于正当程序、法治、社会正义、公民参与、民主等价值理念的强调是没有任何意义的,公

---

[1] Leonard D. White. Introduction to the Study of Public Administration. New York: MacMillan, 1948, p. 2.

[2] P. Wilenski. Efficiency or Equity: Competing Values in Administrative Reform. Policy Studies Journal. 2005, 9(8), p. 1239.

共行政向政治学回归不仅不利于公共管理者知识与能力的培养,而且容易造成"有公共而无行政"的现象[1]。

2. 对民主主义规范化取向的质疑。有观点认为,虽然民主主义范式提出了基于法的精神行使行政自由裁量权、改善政府与民众的沟通渠道、程序设计公正化、公民参与和对话等应用方面的价值取向,但民主主义的规范化取向难以在技术和效率上面如管理主义那样为公共行政提供操作层面的支持。此外,还有一些行政学家认为社区、公民权以及民主问题只局限于政治领域,并且完全处在行政领域之外。"虽然传统公共行政能够接受一点'人本主义'方法,但是这些方法也仅仅被视为确保更高效率的工具而已。"[2]有些学者认为一个士气不高、非职业知识、人员结构复杂、机构臃肿和缺乏效率的政府必然在治理效率和效能方面较为低下,这样一来,政府的执行功能就得不到保证,而公平、民主等价值也就无从谈起。更有甚者认为公共行政走向高效之路的绊脚石就是所谓的自由、公平、正义等规范价值。如威尔逊认为在公共行政的发展过程中,人民主权等价值的确起到了阻碍作用。他在《行政学研究》一文中指出:"尽管从政治自由的角度,特别是从政治实践的艺术和才干的角度说,我们拥有巨大的优势。然而却有那样多的国家在行政组织和行政艺术方面都走在我们前面……那么,究竟有些什么因素正起着阻碍作用呢?是人民主权。君主国家组织行政管理相对于民主国家而言要容易得多。民主国家对民主政治体制的珍爱在某种程度上困扰着行政管理活动。我们对公众舆论十分重视,然而在公共舆论的统治下,我们如果要想使政府职能达到完美的平衡状态或者使主权者能够熟练地执行任务,并能够接受任何速成的训练是难以达成的。"[3]威尔逊还认为,没有行政管理的帮助,政治价值的实现就将一事无成。因此,在管理主义看来,过于强调公平、公正、自由等民主价值在很多情况下会损害效率、经济等价值;民主价值在实用性方面不仅不如管理价值那样看得见,摸得着,而且往往还会对效率价值的实现有一定的阻碍作用。

---

[1] 张成福、党秀云:《公共管理学(修订版)》,中国人民大学出版社2007年版,第6页。

[2] [美]珍妮特·V.登哈特、罗伯特·B.登哈特著,丁煌译:《新公共服务:服务,而不是掌舵》,中国人民大学出版社2004年版,第157页。

[3] Woodrow Wilson. The Study of Administration. Political Science Quarterly, 1887, 2(2), p. 207.

(二)多元主义维度的批判

公共行政作为一个知识领域,其发展呈现出多元化的态势,对其领域的研究也是不断发展和变化的。公共行政学者亨利认为:"公共行政的发展经历了政治与行政二分法、行政原则、公共行政作为政治学、公共行政作为管理学和公共行政作为公共行政等不同的发展典范。"[1]但其实质上可以大体划分为管理主义和民主主义两大流派。尽管人们对这两种研究范式持不同的意见,但有一点可以肯定的是,公共行政多元化发展是长期存在的,它永远不存在同质化的研究途径。如欧文·E.休斯认为,现在强调公共行政学的统一性是完全做不到的。从政治学、公共管理、公共政策等角度围绕公共行政的争论是没有任何意义的[2]。罗伯特·B.登哈特(Robert B. Denhardt)也指出:公共行政具有兼收并蓄的特点,是多元学科和多种研究途径相互冲突与融合的产物,这也是现今在公共行政理论家中最流行的观点[3]。戴维·H.罗森布鲁姆等人的多元公共行政观也强调公共行政学的研究至少存在着政治、管理和法律三条相对分明的途径[4],这三种途径对公共行政的争论推动了公共行政学的发展。

显然,在罗森布鲁姆看来,作为民主主义范式的政治以及法律的研究途径虽然关注人本价值,但不能就此认为其是完美的范式。因为它存在着过于追求公平、公正、正义与民主等价值理性,忽视了公共行政学在追求经济、效率与效能等工具理性方面的价值,其结果往往会导致其在公共行政实践过程中缺乏相应的管理与技术的支持。正是基于民主主义范式的这些不足之处,它需要管理主义来弥补其自身的不足之处。因此,过于强调民主主义范式而忽视其他行政价值是不能够有效地解决公共行政的现实问题的。

(三)马克思主义维度的批判

管理主义维度与多元主义维度的批判只局限于西方意识形态的语境,它

---

[1] [美]尼古拉斯·亨利著,张昕等译:《公共行政与公共事务》(第八版),中国人民大学出版社2002年版,第49—77页。

[2] [澳]欧文·E.休斯著,彭和平译:《公共管理导论》(第二版),中国人民大学出版社2001年版,第299页。

[3] Robert B. Denhardt. Public Administration Theory: The State of the Discipline, in B. Lynn, Aaron Wildavsky. Public Administration: The State of the Discipline. Chatham, NJ: Chatham House Publishers, 1990, p.63.

[4] [美]戴维·H.罗森布鲁姆、罗伯特·S.克拉夫丘克、德博拉·戈德曼·罗森布鲁姆著,张成福等译:《公共行政学:管理、政治和法律的途径》(第五版),中国人民大学出版社2002年版,第16页。

们只涉及了民主主义范式缺陷的表面现象,只对作为民主主义范式表象的各种价值进行批判,而没有对美国民主主义所赖以存在的经济基础等深层次的根源进行批判,从而没有真正击中民主主义的要害,其批判本身是不够深刻的。因此,只有跳出西方意识形态的语境,用马克思主义的观点来进行批判才能够真正揭露美国公共行政中民主主义的虚伪本质。

马克思主义对包括美国在内的资本主义国家的民主、平等、公平等规范价值的批判是建立在经济基础决定上层建筑理论之上的。在经济上占统治地位的阶级,在政治等上层建筑上也必然占据统治地位。因此,马克思曾经明确指出:"政治权力只是经济权力的产物。"[1]另外,恩格斯也指出资本主义的平等就是在富人和穷人不平等的前提下的平等[2]。列宁也认为:"真正的平等与民主,是达到实际生活中的而不是写在纸上的平等与民主,是经济现实中的而不是政治空谈中的平等与民主。"[3]因此,美国等资本主义国家所提出来的平等、民主、公平等只是资产阶级政治学家所提出来的政治口号而已。在资本主义制度的形式下,人民并无真正的民主与平等可言,金钱的特权实际上代替了法律的特权。正像恩格斯所指出的那样,在资本主义国家,"对于穷人是一条法律,对于富人是另外一条法律"[4]。正是基于上述认识,马克思把无产阶级的公平、平等、民主要求的实质理解为消灭阶级本身,其所表达的公平、公正、民主等理想超越了资产阶级依赖阶级特权而实现政治平等以及社会、经济各方面平等的理解。

从马克思主义的观点来看,不仅公共行政领域与政治领域一样,都属于上层建筑的范畴,而且政治领域对公共行政领域有着决定性的作用。试想,在美国这样的资产阶级主导的国家怎会期待其出现政治上的不平等、不民主、不公正与公共行政领域上的民主、公平与公正相互共存的现象呢?建立在资本主义私有制基础上的美国公共行政与政治一样,必然只会代表有钱人的利益。因此,在美国,真正享有民主、平等、公正权利的只是少数资本家,体现在公共行政领域的自由、公平、公正等民主主义价值也必然具有欺骗性和虚假性。麦克斯怀特认为,美国的公正、平等、民主、理性在公共行政理论话语中只不过是其政治伪饰,政治与经济利益集团的意识形态则是其背后隐藏

---

[1] 马克思、恩格斯:《马克思恩格斯全集》(第9卷),人民出版社1961年版,第80页。
[2] 马克思、恩格斯:《马克思恩格斯选集》(第2卷),人民出版社1972年版,第648页。
[3] 列宁:《列宁全集》(第30卷)(第2版),人民出版社1985年版,第38页。
[4] 马克思、恩格斯:《马克思恩格斯全集》(第1卷),人民出版社1956年版,第703页。

的东西[1]。因此,只有消灭私有制,消灭阶级,才能最终维护政治领域之民主,进而实现公共行政领域的公平与正义。

第三节 新管理主义之评价

由于前面第四章和第五章中均已涉及传统管理主义与行为主义行政学的意义和缺陷,故本章只对新公共管理的意义和缺陷作一评价。

一、新公共管理的意义

(一)理论意义

1. 新公共管理为公共行政学奠定了更加坚实的理论基础。众所周知,传统管理主义的理论基础是建立在政治学基础之上的官僚制理论和政治-行政二分法理论。官僚制理论已被证实是一种僵死的、缺乏弹性的理论,政治-行政二分法也因具有理想化的色彩而在实际过程中缺乏适用性价值。因此,这两种理论在当代饱受质疑和批判。正是由于传统行政学理论基础的薄弱性,"新公共管理"要求重塑公共行政学,并力求把公共行政的理论基础由政治学转向经济学以及私营部门管理理论。经济学作为新公共管理的理论基础使之成为最有力的社会科学理论。休斯认为,经济学中两个最关键的假设。其一,假设个人总是趋利避害的,这是关于个人理性的假设。其二,某一精心构筑的模式在个人理性的假设下得以成立,对人的总体行为的预测就可以凭借这种模式来进行。可见,经济学的理论解决了方法论的问题[2]。与此同时,私营部门管理所提供的专业知识和技术,也为新公共管理提供了原动力。正如波利特(Christopher Pollitt)所言:"管理变革背后的推动力是管理的一般模式以及带有新泰勒主义特征取向的某些特殊的、普遍性的理论。"[3]这两大理论使得新公共管理的理论基础与官僚制和政治-行政二分法相比更加坚实、可靠。

---

[1] [美]O. C. 麦克斯怀特著,吴琼译:《公共行政的合法性——一种话语分析》,中国人民大学出版社2002年版,前言第2页。

[2] [澳]欧文·E. 休斯著,彭和平等译:《公共管理导论》(第二版),中国人民大学出版社2001年版,第77-78页。

[3] Christopher Pollitt. Manangerialism and the Public Services: The Anglo-American Experience. Oxford: Basil Blackwell,1990, p. 27.

2. 新公共管理开阔了公共行政学的理论视域。传统管理主义主要侧重于对政府行政法规、行政过程以及组织体制等内部事务的研究,其研究视角只局限于政府组织本身,从而忽视了对非营利组织、社会团体、中介组织等社会组织的研究。这样一来,公共行政学研究的范围和视野则受到了限制,从而不能满足公共行政学发展的现实需要。正是基于此,"新公共管理"除了保留传统管理主义的一些基本研究主题,在研究视野和研究领域上有了重大的突破和创新,具体表现为以下几个方面:一是将传统管理主义研究的对象由政府行政部门扩展到立法、司法机关和非政府部门的公共组织上;二是研究焦点不仅重视公共组织内部管理的静态研究,而且注重社会环境与公共组织二者的交互作用以及公共组织的 SWOT 分析(基于内外部竞争环境和竞争条件下的态势分析),从而把战略管理置于重要的研究地位;三是涉及传统管理主义中所没有出现的大量新主题如公共物品、公共选择、公共物品和服务的供给、理性人、产权、交易成本、交换范式、制度安排、政府失败、准市场、自治型公共组织、多元组织、成本核算、信息管理系统等等;四是对传统行政学所涉及的主题作出新的解释,赋予其新的内涵。[1]

3. 新公共管理完善了公共行政学的知识框架。传统管理主义在 20 世纪 20 年代至 30 年代形成了独特的知识框架,包含行政效率、管理原则、行政法规、人事行政、财务行政、官僚制等基本主题。新公共管理突破了传统管理主义的知识界限,把当代西方政策科学、私营部门管理学、政治学、经济学等学科的理论、技术与方法运用到公共行政学的研究之中。如,新公共管理从"当代西方经济学思想尤其是公共选择理论和新制度学派借用了不少基本概念和理论;它直接利用私营部门管理领域(工商管理)所发展起来的许多理论、原则、方法和技术以及管理经验和管理模式(战略管理、结果控制、成本核算、合同雇佣制、业绩工资制、组织发展、顾客至上、人力资源开发、激励与诱因等主题均主要来自工商管理领域);它将 60 年代末 70 年代初兴起的政策科学(政策分析)对于公共政策的性质、原因、结果和政策过程(政策制定、执行、评估、监控和终结等)的研究成果以及政策分析的方法与技术融合到公共部门管理的研究之中"[2]。正是由于新公共管理汇集了来自多种学科先进的研究成果与技术方法,因此其大大完善了公共行政学的知识框架。

---

[1] 陈振明:《评西方的"新公共管理"范式》,《中国社会科学》,2000 年第 6 期。
[2] 陈振明:《评西方的"新公共管理"范式》,《中国社会科学》,2000 年第 6 期。

(二) 实践意义

1. 引入科学的企业管理方法，提升了政府的工作绩效。尽管公共部门与私营部门在诸多方面有着本质的区别，但在新公共管理看来，私营企业的管理方法与政府公共管理具有相通性，因而可为公共部门所借鉴。尽管私营部门曾一度与任何政府部门一样采用官僚制模式，但它较早地向更具弹性的管理方式转变。目前公共部门日益重视的战略计划和战略管理源于私营部门。此外，企业管理的绩效核算、竞标、全面质量管理、合同外包、产权交易、委托代理等管理方法和技术也被相继引入政府公共管理之中。通过在政府管理中注入一些市场的因素，大大缩小政府缺陷的影响范围，使政府体制更加灵活，提高了政府的工作效率。同时，由于政府在公共管理中引入竞争机制，取消公共服务供给垄断性，鼓励私人投资和经营公共服务行业，因此竞争迫使垄断组织对顾客的需要作出反应，对政府机构奖励革新，推动了政府的绩效。

2. 注重回应性，大大改善了公共服务的质量。传统管理主义模式抑制了社会团体、家庭与个人的主动性、积极性与创造性，使公共产品的生产与提供变得毫无效率。此外，它还过于追求规章制度的约束，从而扭曲了市场法则，忽视公民对于公共服务的多样化需求。这样一来，公共产品和服务的供给与生产只是体现了生产者的愿意，而不是体现消费者的需求，从而不仅造成公共产品供给与生产的低效率和浪费，而且使政府的服务质量得不到提高。新公共管理与传统管理主义不同，它将公民视为顾客，强调在政府管理中引入市场机制，提供快速、及时的回应性服务，满足公民（顾客）对于公共产品与服务的多样化需求。新公共管理强调通过公民参与管理、引入市场机制、公共服务提供的小规模化等措施，增加公民（顾客）选择的自由度，征求公民对于公共产品与服务的要求和意见，并对公民的满意度进行有效的测量，从而使公共服务的质量得到前所未有的提升。

3. 完善了公务员制度。传统管理主义模式强调公务员职业的永业性及公务员价值的中立性，这对于克服早期行政存在的政党分肥制是有效的。然而，自美国进入后现代社会，随着新公共管理运动的兴起，早期的政府人事制度不再适合后现代社会的发展需要，公务员制度经历了重大的变革，具体表现为如下两大方面：一是打破传统的事务类公务员无大错不得辞退的制度，并采用合同用人制、临时雇佣制等灵活的用工制度；二是摒弃价值中立原则。新公共管理主张摒弃被传统管理主义奉为圭臬的价值中立原则，并认为这种价值中立具有脱离实际的理想化的色彩。它主张要正视公共行政的政治价值取向,并认为政策制定与政策执行两大环节不能够截然分开。另外,新公共管理还认为事务官与政务官之间存在诸多关联性,主张让部分高级公务员直接参与政策制定,且实行政治任命制,与此同时也赋予他们相应的责任。

4. 改善了公共管理者与公民的关系。在传统管理主义模式中,公共管理者与公民之间的关系是管理者与被管理者、控制者与被控制者的角色关系。新公共管理则彻底抛弃了这种关系模式,政府公共行政不再是"管制行政"而是"服务行政",政府不再是凌驾于社会之上发号施令的官僚机构,而是公共产品与服务提供者。政府在提供公共服务之时以顾客需求为导向,而公民则是享受公共服务的"顾客"。随着"以顾客为中心"的呼声一天天地高涨,以及要更好地对公民个人的需求作出反应,公共管理最终认识到管理者应直接对公众负责。因此,听取公民的意见,满足公民的要求,提供回应性的服务被当作新公共管理的重要目标,这就大大改善了公共管理者与公民的关系。

二、新公共管理之批判

(一) 对新公共管理合法性的批判

合法性是政治学、哲学、社会学所关注的核心问题,同样,合法性也成为公共行政学所关心的焦点问题。正如弗雷德里克森所言:"无论是在哲学上,还是在实际事务中,人们都非常关注公正、正义和公平。如果对此三者缺乏某种程度共同认可的制度安排,道德共同体的存在是不可能的。"[1]在公共行政中,合法性表现为人们对公正、平等与正义等民主价值的关注。作为当今世界盛行的公共行政模式的新公共管理自产生以来,其合法性就一直受到质疑。新公共管理虽然导入了顾客导向等人本价值,但仍然将市场、绩效与效率等经济价值置于首位,必然会导致其合法性缺失。佩龙(Bellone)和葛尔力(Goerl)指出,管理主义强调以市场为导向,经济、效率等价值必然会与民主主义价值之间存在冲突,即风险承担与公共财货的监护、秘密性与公开性、个人远见与公民参与、自主性与民主责任之间的冲突,这会侵蚀公共行政的

---

〔1〕[美]乔治·弗雷德里克森著,张成福等译:《公共行政的精神》,中国人民大学出版社2003年版,第133页。

合法性基础[1]。登哈特在指出企业家政府理论的缺陷时指出:"当我们急于掌舵时,也许我们正在淡忘谁拥有这条船。"[2]这句话也许表达了对新公共管理合法性缺失的深切担忧。

(二)对新公共管理经济学基础的批判

以经济学作为理论基础是新公共管理遭到批判的重要原因。欧文·E.休斯在其《公共管理导论》(第二版)一书中从两个方面对新公共管理的经济学基础进行了深入的批判。一是认为经济学作为一门社会科学其本身也不是完美的,相反它存在着诸多缺陷,因此将这种存在缺陷的科学应用到公共行政当中,也会存在严重的不足。二是经济学虽然可以作为私营部门和经济体系的理论基础,但毕竟政府作为公共部门与私营部门是截然不同的,因此将经济学应用到公共部门当中,在很大程度上是行不通的[3]。波利特(Christopher Pollitt)指出,与一般的消费者模式相比,公共服务具有其特殊性:首先,与在市场上和顾客面对面交流的方式相比,公共服务中的提供者/消费者交易模式要复杂得多;其次,公共服务的对象应该是公民,而不能够被简单地定义为"消费者"[4]。

(三)对新公共管理的管理主义倾向的批判

新公共管理由于全面模仿私营部门的管理方式而受到了许多学者的批判。有观点认为,新公共管理代表了弗雷德里克·泰勒的科学管理思想的回归。正如沙克特(Schachter)所言:"泰勒的幽灵在公共行政的现代研究中徘徊。虽然他已去世70多年,但对他的研究工作的讨论迅速变成了论战。"[5]新公共管理所强调的对政府开支进行控制、目标管理、职责分权以及绩效测量等,常常被称为"新泰勒主义"[6]。对于公共部门而言,确定目标或测量结

---

[1] Carl J. Bellone, George Frederick Goerl. Reconciling Public Entrepreneurship and Democracy[J]. Public Administration Review, 1992,52(2),pp. 131-132.

[2] [美]珍妮特·V.登哈特、罗伯特·B.登哈特著,丁煌译:《新公共服务:服务,而不是掌舵》,中国人民大学出版社2004年版,第21页。

[3] [澳]欧文·E.休斯著,彭和平等译:《公共管理导论》(第二版),中国人民大学出版社2001年版,第85页。

[4] Christopher Pollitt. Manangerialism and the Public Services: The Anglo-American Experience. Oxford: Basil Blackwell,1990,p. 126.

[5] Hindy Lauer Schachter. Frederik Taylor and the Public Administration Community: A Reevaluation. Albany: State University of New York Press,1989,p. 1.

[6] Christopher Pollitt. Manangerialism and the Public Services: The Anglo-American Experience. Oxford: Basil Blackwell,1990,p. 56.

果都非常困难,或许这就是公共部门与私营部门之间的巨大差异。阿利森(Allison)认为:"公共管理和私营管理在某些方面具有共通性,而在另一些方面则大相径庭……尤其是其差异比相似性更为重要。"[1]公共管理与私营管理存在的巨大差异主要表现为:政治权威与经济权威、多元制衡与自主性、公共利益与私人利益、法的支配与意思自治、民主与市场、多元理性与经济理性等方面。

(四)对公共服务市场化取向的批判

所谓公共服务市场化,包括两大类型:一是公共服务合同化,即公共服务尽可能地通过合同的形式交给非政府部门或私营部门来做。二是公共服务民营化,即把国有企业出售给私营企业,并通过私营企业来提供公共服务。然而,随着新公共管理运动的发展,公共服务合同化与民营化出现了一些现实的问题,从而引发了诸多方面的批评。如有学者认为:"公共部门与私营部门相比,在提供服务方面不一定效率会低。尽管政府的官僚组织与处于市场竞争中的私营部门相比在效率上不占优势,在没有市场和没有竞争的情况下私营部门的效率未必会很高。"[2]另有学者认为:"公共服务合同化与民营化使私营部门和公共部门的界限和关系得以确立,其发展哲学强调公共服务以市场供给来取代国家供给的局面。然而,如果存在市场失灵的现象,就会造成公共利益的巨大损失。"[3]

(五)对新公共管理政治化倾向的批判

新公共管理的重大变革之一是政府文官政治化倾向,即文官不再保持政治中立的原则,而日益直接卷入党派政治的事务当中。政治领袖现在更有可能自己选择部门领导,并希望别人对其施政目标有一定的认知。一些学者认为,文官政治化会导致许多问题。如有学者认为,政治化有可能会产生一些问题,而这些问题是托马斯·伍德罗·威尔逊在19世纪80年代的改革运动中力图解决的。威尔逊主张通过政治与行政的分离对政党分肥制进行改革,并减少该制度产生的腐败现象。如果让管理者对其自身的

---

[1] Graham T. Allison. Public and Private Management: Are They Fundamentally Alike in All Unimportant Respects?, in Frederick S. Lane. Current Issues in Public Administration. NewYork: St. Martin's Press, 1982, p. 29.

[2] John D. Donahue. The Privatisation Decision: Public Ends, Private Means. New York: Basic Books, 1989, p. 222.

[3] Catherine Price. Privatisation in less developed countries, in Peter M. Jackson, Catherine Price. Privatisation, Regulation: A Review of the Issues. London: Longman, 1994, p. 253.

管理结果负责,就会形成更加个人化和政治化的管理制度,就会重蹈覆辙[1]。另有学者认为:"公共服务的政治化容易导致伦理问题的产生,即公共行政工作由政治上有党派意识的、数量广大的忠诚骨干来加以完成,渎职现象和腐败问题等伦理问题就会大规模出现,而产生满意的绩效更是无从谈起。"[2]

---

〔1〕 [澳]欧文·E. 休斯著,彭和平等译:《公共管理导论》(第二版),中国人民大学出版社2001年版,第90页。

〔2〕 Richard J. Stillman. Preface to Public Administration: A Search for Themes and Direction. New York: St. Martin's Press, 1991, p. 183.

第十一章

美国公共行政范式之争对中国行政改革的启示

　　民主主义与管理主义是美国公共行政的两大主流范式,民主主义以政治正义为其立论基础,而管理主义则以政府效率为其理论支柱。在美国建国初期,在公共行政领域已然存在民主主义与管理主义范式之争,其主要表现为以杰斐逊为首的民主型公共行政与汉密尔顿为首的集权型公共行政的争论。杰斐逊希望分散权力,汉密尔顿则希望集中权力;杰斐逊担心暴政和珍爱自由,汉密尔顿担心会出现无政府状况和珍爱秩序;杰斐逊相信,共和制若无民主的基础就几乎不值得试行,汉密尔顿相信,共和制需要有一个强大的政府来推动实施。虽然两大范式在公共行政学产生之前存在着交替式的发展态势,但总体而言,由于受美国的宗教文化、政治体制等因素的影响,民主主义在当时占据了上风。

　　到了19世纪下半叶,工业化给美国经济带来繁荣的同时,也对政府管理提出了挑战。当时美国社会出现了城市化发展与市政管理滞后的矛盾、行政国家的发展与公共管理水平低下的矛盾、政党分肥制与基于功绩的文官制度的矛盾。民主主义范式不能解决这些难题,管理主义范式则应运而生。为了解决这种困境,美国行政学家威尔逊于1887年在《政治学季刊》上发表《行政学研究》,公共行政学成为一门独立的学科,从而确立了公共行政学的管理主义思维定式。随着政治-行政二分法为公共行政界定了特定的领域,官僚制为公共行政提供了组织框架,文官制度为公共行政提供了人事制度,科学管理理论的泰勒主义则为公共行政提供了方法论基础。公共行政学作为一门独立的学科逐步走向成熟化与系统化。这一时期的公共行政学追求的是一个运转协调有效的行政管理系统,它关注如何在可供利用资源的条件下提供更多更好的服务,如何少花钱而保持特定的服务水平。其实质是追求政府的效率价值。

二战以后,随着科学技术迅猛发展,技术主义的盛行使得许多科学技术专家走向了政府领导者的岗位,并在重大政治决策中享有一定的话语权。这种技治主义倾向导致了行为主义科学的兴起,并引起以西蒙为首的行为主义学派对传统管理主义提出重大的挑战,提出基于行政人假设的理性决策模型的概念。行为主义行政学赋予管理主义以新的内容,从而实现了管理主义的有效伸展。

20世纪60年代末,美国的技治主义统治出现了严重的危机。它强调用客观主义和实证主义的方法来研究公共行政,这样一来,技治主义对效率的过分追求往往导致见物不见人、重物不重人的倾向,从而使自由、民主等政治正义价值丧失殆尽。此外,随着经济和技术的迅速发展,美国在政治、经济和社会等方面也相继出现了许多问题,由于政府处理不善,公共行政出现合法化危机。1968年9月,美国纽约雪城大学的明诺布鲁克会议对美国当时动荡不安的社会中的规范性理论、政策制定、适应能力与组织发展等问题做了广泛而深入的讨论,并总结和归纳了后逻辑实证主义,开展"关联性的"公共行政研究,建立新的组织形态,适应动荡不安的时代环境,阐述了"以服务对象为导向"等方面的主要观点。新公共行政学由此而得以产生。新公共行政学对公共行政逻辑实证主义的研究取向进行了有力的挑战,并用全新的规范化视角对公共行政的过去与未来进行审视,从而使新公共行政学摆脱基于政府效率的传统管理主义与行为主义行政学的束缚,并成长为一个强调政治正义之优先地位的新的理论研究模式。

20世纪80年代以后,随着科学、文化教育、生产、管理等诸多领域经历了一系列的重大变革,美国开始步入后现代社会。在公共行政领域意味着传统的与工业社会相适应的以官僚制为核心的传统管理主义不再适合美国后现代社会发展的需要,时代呼唤着新的公共行政模式的出现。这种模式不仅要克服传统管理主义过于追求政府效率的工具理性取向的弊端,而且要防止过于追求政治正义的价值理性取向而使公共行政缺乏应有的活力。新公共管理就是在这种情况下诞生的。新公共管理一方面强调竞争机制、放权规制、结果导向,以提高政府效率,另一方面又强调回应性、公民选择公共服务的自由度、顾客导向、公共参与、公共服务社会化,在一定程度上维护了政治正义,从而实现了管理主义与民主主义的有效融合。

20世纪90年代以后,企业家政府模式在实践中出现了一系列的问题,其中最主要的问题在于从理论上贬低了自由、公平、民主、平等等规范价值的重要性,以至于在实践中会出现侵害以政治正义为基础的民主主义的可能与现实。以登哈特为首的新公共服务学派对企业家政府模式进行了深刻的反思,并提出了与美国后现代社会相适应的另一种公共行政模式,即新公共服务。新公共服务一方面强调公民甚于顾客、公共利益、公民权与公共服务,实现了政治正义的伸张,另一方面强调对生产率的非排斥性、对企业家精神的有限肯定、对市场与效率给予一定的关注,从而实现了对政府效率的包容,最终实现了民主主义范式与管理主义范式的有效融合。

美国公共行政中民主主义范式与管理主义范式冲突与融合的实质是政治正义与政府效率两大价值的冲突与融合。这种相互博弈又相互吸收的过程促使美国从现代公共行政(官僚制模式)向后现代公共行政(新公共管理与新公共服务模式)发展转变。虽然从政治体制来看,美国与中国有巨大的区别,但在寻求与工业时代相适应的政府管理机制、方法层面具有某些共性特征。此外,美国的新公共管理运动以及新公共服务理念也对中国处理政府与企业、政府与社会的关系方面具有一定的参考价值。中国作为一个后发国家,借鉴美国公共行政发展中所出现的价值冲突与融合的历史经验与教训,对中国当前进行的行政改革具有重要的参考价值。

第一节 改革开放以来中国行政改革的历史逻辑

一、改革开放以来的行政改革历程

中国改革开放以来的行政改革经历了两个时期,即改革开放至2002年的行政改革阶段和2002年至今的行政改革阶段。

第一个时期始终是坚持管理主义这条主线的。这一时期又具体分为两个阶段。第一个阶段:从1978年党的十一届三中全会召开到1992年党的十四大之前。这一阶段主要是为了冲破高度集中的计划经济体制和行政管理模式,为行政管理体制改革积极探索的阶段。为了改变我国高度集中的计划经济体制和行政管理模式,经济体制和行政管理体制改革在全国范围内陆续展开,重点体现为简政放权。第二个阶段:1992年党的十四大到2002年党的十六大之前。这一阶段主要是社会主义市场经济体制的建立要求行政体制作出相应的变革,重点突出效率优先的价值取向。第二个时期:2002年至今的行政改革。这一时期基本上实现了管理主义与民主主义价值的结合。从2002年党的十六大召开到现在,我国行政改革突出了两个方面的重点。一方面,突出管理主义价值取向,主要表现为:加快行政管理体制改革,继续推进政企分开、政资分开、政事分开、政府与市场中介组织分开,减少和规范行政审批;各级政府不得直接干预企业经营活动;深化政府机构改革,稳步推行大部制改革,优化组织结构,理顺职责分工,推进电子政务,提高行政效率,降低行政成本。另一方面,突出民主主义价值取向,主要表现为:推进法治政府和服务型政府建设。党的十六大以后,我们党提出了一系列重大战略思想,如科学发展观、构建社会主义和谐社会等。政府管理更加注重法治政府建设,强调依法行政;更加注重强化公共服务和社会管理职能,社会建设方面加快改善公共服务和民生的步伐;更加注重发展社会主义民主政治,完善智力支持系统和决策信息建设,大力推进科学民主决策,增强公众参与度和决策透明度;更加注重以人为本,促进经济社会全面协调可持续发展和人的全面发展。党的十八大以后,国家行政改革得到了进一步的深化。为了推进公共行政的科学化,在政府组织结构和运行机制改革方面,党的十八届三中全会《中共中央关于全面深化改革若干重大问题的决定》在宏观层面确立了国家治理体系与治理能力现代化全面深化改革的总目标,在微观层面提出了"优化政府机构设置、职能配置、工作流程,完善决策权、执行权、监督权既相互制约又相互协调的行政运行机制。"[1]此外,国务院为了转变政府职能,改革审批制度,大力推动"放管服"改革,实现了行政效能的进一步提升。党的十九届四中全会提出:"以推进国家机构职能优化协同高效为着力点,优化行政决策、行政执行、行政组织、行政监督体制。"[2]为了推进公共行政的民主化,党的十八届四中全会提出了要"坚持依法治国、依法执政、依法行政共同

---

[1]《中共中央关于全面深化改革若干重大问题的决定》,《人民日报》,2013年11月16日第1版。

[2]《中共中央关于坚持和完善中国特色社会主义制度 推进国家治理体系和治理能力现代化若干重大问题的决定》,《人民日报》,2019年11月6日第1版。

推进,坚持法治国家、法治政府、法治社会一体建设"[1],党的十九大报告提出"转变政府职能,深化简政放权,创新监管方式,增强政府公信力和执行力,建设人民满意的服务型政府"[2]。因此,注重管理主义与民主主义价值理念的整合是这一时期行政改革的特点。

二、中国行政改革的经验

中国改革开放以来的六次行政体制改革经历了一个异常复杂的过程,改革的内容广泛,涉及面宽,每次改革所面临的环境与问题都有所区别,因而改革的效果也是不一样的。中国政府在40多年来的行政改革过程中积累了宝贵的经验,主要表现为如下几个方面:

1. 坚持从中国的基本国情出发来推进行政改革。由于每个国家的历史、文化、经济的不同,各国的改革就会截然不同。因此,行政改革的现实基础就是本国的国情。透析中国40多年的行政改革,我们可以得出,创造出一种中国特色的改革模式的前提就是坚持以中国的客观现实与基本国情作为改革的基点。正如邓小平所言:"既不能照搬西方资本主义国家的做法,也不能照搬其他社会主义国家的做法,更不能丢掉我们制度的优越性。"[3]当前,中国经济社会正处在深刻变革和全面转型的关键时期,现阶段中国的行政体制改革要建立在习近平新时代中国特色社会主义的国情下,既要加强统一部署,又要避免"一刀切",既不能太过冒进,也不能犹豫不决。在强化以人民为中心的理念下,围绕着国家行政领域的热点、痛点和难点问题,制定因地制宜的改革措施和统一的改革战略,建设人民满意的服务型政府。

2. 行政改革必须抓好职能转变这个关键环节。中国行政体制改革的实践证明,如果不能有效地抓住政府职能转变这个关键环节,即使对机构与人员进行裁减,也会陷入"精简—膨胀—再精简—再膨胀"的怪圈。如中国1983年至1993年期间的改革造成了机构变动的循环:1982年精简(61个机构)—1986年膨胀(72个机构)—1988年精简(68个机构)—1992年膨胀(86个机构)—1993年精简(59个机构)。现今中国整体政府职能,随着社会主义市场

---

[1] 《中共中央关于全面推进依法治国若干重大问题的决定》,《人民日报》,2014年10月29日第1版。

[2] 《决胜全面建成小康社会 夺取新时代中国特色社会主义伟大胜利》,《人民日报》,2017年10月19日第2版。

[3] 邓小平:《邓小平文选》(第3卷),人民出版社1993年版,第256页。

经济的深入发展以及行政体制改革的有效推进,已被定位为经济调节、市场监管、社会管理和公共服务四个方面,这是中国政府职能改革的重大突破。当前深化经济政府体制改革提出了深入开展行政体制改革的迫切要求。在这种情势下,中国行政体制改革尤其应牢牢抓住政府职能转变这个关键,进一步采取有效措施,切实推动政府职能转变,全面履行经济调节、市场监管、社会管理和公共服务职能。在此基础上,优化政府机构设置,科学配置政府职能,完善公共服务体系,规范政府运行机制,创新政府管理方式,健全政府管理制度,加强政府公务员队伍建设和政风建设,健全政府体制的系统化和整体化改革。只有这样,深化行政体制改革的目标才有望实现,中国经济政治体制改革才可能逐步深入,社会主义各项事业建设才会取得更大成功。总而言之,未来行政体制改革仍然必须以转变政府职能为关键,这是行政体制改革实践所证明了的一条成功经验,更是当前和今后改革进行攻坚阶段所必须坚持的一条基本原则[1]。

3. 行政改革必须借鉴国外成功经验。邓小平南方谈话中指出:"社会主义要赢得与资本主义相比较的优势,就必须大胆吸收和借鉴人类社会创造的一切文明成果,吸收和借鉴当今世界各国包括资本主义发达国家的一切反映现代社会化生产规律的先进经营方式、管理方法。"[2]这对借鉴国外行政改革的成功经验以指导中国行政的实践具有重要的指导作用。如:美国在行政改革过程中公共服务的民营化、服务供给的合同化;实施决策、执行、监督机构的适度分离和相互制约;拓宽管理幅度,减少管理层级,建立大部门体制;理顺中央与地方的权责关系,进行分权和权力下放;加强电子政务建设,构建透明政府;政府职能市场化;重视社会力量参与公共治理;等等。这些主要改革内容虽然是建立在美国的大环境下,但其中也有领域亦是中国政府改革中的重大课题。我们不能够直接照搬照抄,而应该在具体改革措施的选择上,结合我国的国情进行创造性借鉴,这样才有利于中国行政管理体制改革的有序推进。

中国改革开放以来的行政改革在取得重要成绩的同时,也面临着现代性与后现代性的双重挑战。一方面,中国目前处于工业化发展的现代化时期,与这个阶段相适应的公共组织形态是官僚制组织,如美国当年处于工业化阶

---

〔1〕 汪玉凯等:《中国行政体制改革30年回顾与展望》,人民出版社2008年版,第37页。
〔2〕 邓小平:《邓小平文选》(第3卷),人民出版社1993年版,第373页。

段一样，中国公共行政理应遵循传统管理主义的发展模式，注重理性与效率，把健全以专业化、权力等级、规章制度和非人格化为主要特征的官僚制组织视为主要目标。另一方面，随着市场经济的发展，特别是2000年以后，中国已经出现了后现代社会的端倪，如信息社会的发展、知识经济的形成、服务业的快速发展、非营利组织的大量涌现以及消费社会的出现等都是后现代性的重要表现。然而，中国公共行政还没有为后现代性做好准备。因此，中国公共行政面临着现代性与后现性的双重挑战，这就需要中国的行政改革既要尽快满足现代性社会对理性、秩序与效率等价值诉求，又要满足后现代性社会对多元化、信息化、民主化等价值的要求。具体而言，中国行政改革面临的双重挑战表现为如下几个方面：一是政府职能还未完全理顺。虽然改革开放以来，政府在职能转变方面已经迈开很大的步伐，特别是对市场减少了微观干预，加强了宏观调控。但政府机构设置还存在职责交叉重复等弊端，政府的职能转变及政府与企业、市场、社会之间关系的调整还不到位。二是政府审批项目程序依然较为烦琐。近几年的政府审批制度改革，通过"三定"方案重新规定各部门的职责权限，取消了一大批行政审批事项。但是，审批项目的裁减只是分别由各部门自己决定，缺乏经过科学的、系统的、全面的研究来决定审批权限的项目内容。政府审批程序烦琐的状况依然没有得到根本解决，而且裁减掉的审批程序如何衔接的问题还需进一步研究。三是政府管理过程中存在着许多不公平现象。目前中国仍然存在收入分配不公平，部分社会群体所得与应得不对称，司法不公正，透明化缺失，反腐败任务依旧艰巨等问题。四是中央与地方之间的关系有待进一步理顺。中央与地方之间某些职权划分仍然不科学、不规范、不合理。既存在着中央权威的统一性不够，中央宏观政策在地方难以得到很好执行，地方保护主义问题严重，又存在着上级政府通过垂直管理等方式对下级政府干预过多，造成地方政府行政管理权限和手段不完整，地方政府的积极性和主动性难以发挥等问题。五是公共行政的民主监督机制尚未完善。中国政府部门的民主监督机制还不够完善，特别是行政监督与行政问责制度还十分薄弱，对政府官员的行政问责与监督往往只局限在政府内部，而没有公众和社会的参与。

第二节 价值融合与并重：中国行政改革的理念与举措

一、中国行政改革的理念遵循

借鉴美国公共行政发展中民主主义与管理主义范式冲突和融合运行的规律，笔者认为，今后中国的行政改革应继续坚持管理主义与民主主义价值理念的融合，并突出二者的并重发展。具体而言，今后中国的行政改革应按照社会主义市场经济的要求建立如下政府理念。

1. 效能政府的理念。效能政府的理念主要体现为三个方面，一是政府功能的发挥程度，即公共行政机构与人员的岗位和职责必须有明确的规定，从而杜绝权力交叉与职责不清。二是要注重政府效率，用最少的时间、人力、物力、财力实现行政目标，强调政府工作的实际结果，强化政府绩效考核，建立以结果为导向的管理体制。三是注重社会效益。由于政府管理与企业管理存在着根本性的差异，因而不能像企业一样只追求经济效益，而应该重视公共行政中的社会效益，即行政目标和行政决策要代表人民群众的利益。

2. 有限政府的理念。有限政府的理念是指政府的权力不是无限的，而是有限的，政府的权力来源于人民通过法律的授予，不仅宪法和法律约束着政府权力的行使，而且公民权利和自由也对其有着限制与监督的作用。有限政府对应的是全能政府，即权力范围无所不包。随着社会事务的不断复杂化，现代政府不可以垄断所有的公共服务供给，而需要将一些政府职能下放给非政府部门、私营机构，政府的职能和权力则呈现出收缩的局面，这样政府就可以对国家和社会的力量进行有效的整合，从而更利于国家治理现代化。

3. 法治政府的理念。法治政府就是要求各级政府应该在法律的框架下行使行政权力，严格依法行政。一方面，法治政府是依法治国的关键，而依法治国强调要科学立法、全民守法、公正司法和严格执法。坚持依法治国，就要坚决杜绝行政不作为、执法不公和乱作为等现象发生。另一方面，法治政府要求依法行政，这就要规范政府权力的行使，加强制度建设，加大对行政权力的监督力度。

4. 参与型政府的理念。传统官僚体制的层级节制的、由上而下的管理形态限制了员工对其所从事工作的参与。而现代政府坚持以人民为中心，并要求公民参与到政府重大政策制定以及重大决策中来。一方面,要大力推进政务公开。只有实现政务公开,公众才能够对政府拟作出的相关政策和决策有一定的了解,这是公民参与的前提与基础。另一方面,要畅通利益表达渠道。政府不仅要及时回应公众的诉求,还要畅通制度化的利益表达渠道。一旦制度化的渠道不畅通,公众就有转向非制度化的利益表达渠道的可能性,进而会对政府产生冲击。

二、未来行政改革的方向

中国政府未来行政改革的方向是把管理主义和民主主义的价值理念结合起来,并做好如下几个方面的工作。

1. 加大行政体制创新力度,推进政府职能转变。中国原有的行政体制是计划经济时代的权力集中、政企不分的管理体制。虽然经历了多次改革,但传统的行政体制以及政府与企业、社会关系的旧模式并未彻底打破,政府职能转变力度不够,公共产品及服务供给的社会化程度仍然不高,从而导致行政机关出现机构膨胀、行政效率低下等突出问题。因此,中国应当借鉴美国企业家政府和新公共服务理论与实践的成果,彻底打破政府垄断公共物品与服务供给的局面,将部分公共服务职能社会化,从而把政府"划桨"的角色转变为"掌舵"和"服务"的角色。总之,随着市场经济的不断深入,中国政府的职能应由过去的政企不分、政事不分、直接管制转变为现今的经济调节、市场监管、社会管理与公共服务。

2. 引入市场竞争机制,提高政府绩效。新公共管理强调把竞争机制注入服务供给中,采取拍卖、招标、民营化、合同外包、代理等市场化的方法,来实现公共产品和服务供给的多元化,这样不仅可以防止政府的失败,弥补政府缺陷,而且能够简政放权,提高政府绩效。因此,我国政府部门应该借鉴新公共管理理论,改变传统的政府公共服务供给单一化的局面,大力培育社会组织,鼓励其承接更多的政府职能;对某些提供公共服务的公营部门进行公司化改造,按市场化方式运作;实行政府采购制度;对一些公共服务采取收费的方式,把价格机制引入公共服务;放松规制,让民营部门直接参与公共服务的供给;等等。总之,市场竞争机制不仅会节约行政成本,而且会大大提高政府绩效。

3. 改革现行的行政审批制度,更新管理理念。行政审批制度改革强调取消和调整审批项目,把不该由政府管理的事情交给企业、非营利组织和社会团体。为此,2007年国务院办公厅下发《国务院办公厅关于进一步清理取消和调整行政审批项目的通知》以来,中国政府对行政审批项目进行了全面清理与审核,陆续取消和调整了一些行政审批项目,取得了显著的成绩,然而,行政审批制度改革离社会主义市场经济的发展要求还有一定的差距,今后,中国行政审批制度还应做好如下工作:一是进一步取消和调整行政审批项目,在广泛征求意见的基础上,对政府部门现行的行政审批项目进行科学的评估论证,凡是应该取消和调整的,要作出相应处理;二是继续实现行政审批局改革,推进"相对集中行政许可权"[1]模式,切实加强对行政审批权的规范和监督,认真查找审批过程中容易发生问题的环节,完善审批方式、规范审批行为、强化责任追究,建立和完善行政审批的监督制约机制;三是继续推进"互联网+政务服务"改革背景下的网上行政审批模式,实现让数据多跑路、群众少跑路,提升网上行政审批"服务便捷度"[2]。

4. 建设法治政府,强化法制监督。《法治政府建设实施纲要(2021—2025年)》(以下简称2021年《纲要》)的出台,进一步丰富、充实了法治政府的内容,为新时代法治政府建设指明了方向。针对我国现阶段仍然存在的行政权力过多过大问题,2021年《纲要》坚持全面实行政府权责清单制度,强调法定职责必须为、法无授权不可为。推动政府管理依法进行,健全以"互联网+监管"和"双随机、一公开"监管为基本手段、以信用监管为基础、以重点监管为补充的新型监管机制,创新包容审慎监管方式,推进线上线下一体化监管。为提高监管精准化水平,将监管方式、内容和频次与不同领域的特点和风险程度相结合。行政机关主要负责人作出重大决策前,应当听取公职律师或者有关专家、法律顾问以及合法性审查机构的意见[3]。

5. 合理划分中央与地方的权限,充分发挥中央和地方两个积极性。20世纪80年代初,中央向地方下放权力是从经济领域开始的。这对于促进地方经济发展,激发市场活动起到了良好的作用,但也造成了地方保护主义盛行、中央政令不通的现象。为了防止这种现象的持续,今后中央与地方政府权限划分应充分遵循发挥两个积极性的原则:一方面,地方政府不得危害国

---

〔1〕 卢超:《行政审批局改革的组织创新及其公法启示》,《浙江学刊》,2021年第6期。

〔2〕 张楠迪扬:《"互联网+政务服务"视阈下网上行政审批便捷度:概念构建与分析维度》,《中国行政管理》,2022年第1期。

〔3〕 王太高:《我国整体政府思想的形成及其展开——以〈法治政府建设实施纲要(2021—2025年)〉切入》,《探索与争鸣》,2022年第1期。

家的统一,不得妨碍国内统一大市场的形成;另一方面,中央政府也不能压抑地方经济发展,危害地方的合理利益,损害地方政府的创造性和积极性。具体而言,主要包括:影响全局利益的事务,或者地方政府不能处理的事务由中央来管理。特别是在立法权限方面,央地之间细则性立法事项应以"便利服务"为标准来划分权限[1]。影响面比较大,地方无力自己完成的事务,但又须在地方办的,可作为中央对地方的委托事务;需要中央与地方共同管理的事务,应对分管的程度进行明确的规定;地方政府主要负责当地居民日常生活的公共事务,中央政府如果并非必要则不能干预。要建立中央与地方权限争议协调机构,为保持其独立性和权威性,该机构应该接受全国人大常委会的领导,通过民主方式选举产生机构的成员。

6. 强化民主行政,扩大公民参与。要把集体讨论、风险评估、合法性审查决定、公众参与和专家论证作为重大决策的必经程序。尤其是政府在作出重大决策前,要及时公开征求各方的意见,并根据意见来修改和调整决策。要拓宽办事公开领域,健全政府工作公开透明的制度规范。政府部门只要是面向社会服务事务就应充分告知办事项目有关信息,重点公开工作规范、办事纪律、服务承诺、岗位职责、监督渠道与收费项目等内容,依法公开办事过程、条件、依据、要求和结果。完善重大决策听证制度,扩大听证范围,规范听证程序,要把听证制度作为公众民主参与的重要形式,特别是政府不能直接选取听证人,以防止听证流于形式。此外,为适应当前信息化发展的需要,政府在公共服务过程中应拓宽公众信息化参与的渠道,建立主动引导、公开透明、主动对话的网络参与模式,完善主动、开放的政府回应性治理方式。

---

[1] 沈广明:《论中央与地方立法权限的划分标准——基于公共服务理论的研究》,《河北法学》,2020年第4期。

结　语

公共行政学产生至今已逾百年，在此漫长的发展历程中，为适应日新月异的社会发展，美国公共行政学不断地开创新的研究领域，改变自己的分析框架，采纳新的研究方法，更新研究内容，这些努力的结果导致民主主义与管理主义两大理论范式得以产生与发展。其中民主主义范式则强调规约的方法，并主张公共行政的首要目的是维护正义、平等、公平等价值。而管理主义范式采取的是描述性的方法，并倡导用理性主义、技术性与客观标准来对公共行政进行科学化研究。两大范式在价值层面不仅存在着诸多方面的差异，而且价值之间还存在着相互博弈的运动规律。

通过分析美国公共行政中民主主义与管理主义范式价值变迁的发展规律，我们不难看出，民主主义与管理主义范式之间在价值理念方面呈现出由最初的相互对立到后来的相互融合的发展趋势，这说明无论是民主主义还是管理主义都有其自身的优点与不足之处，只有相互借鉴，取长补短才能真正地解决公共行政的现实问题。如民主主义虽然维护了平等、公平等政治正义价值，但由于其过于强调规范化与理念化，不能够提高公共行政的科学化水平。而管理主义往往过于强调技术理性和经济理性，容易使公共行政陷入合法化危机。如美国历史上发生的尼克松"水门事件"、里根的"伊朗门事件"以及克林顿的"拉链门事件"等，均充分暴露了美国公共行政思想的危机，其重要的体现就是宪法危机。因此，实证主义范式在其发展过程中需要导入规范主义价值来弥补其合法性不足。

当今社会，随着公共行政不断地渗透于公共事务的诸多领域，这样一来，公共行政则实现了多元化的价值体系。对公共行政的理解也呈现出不同的角度和途径,每一种研究路径在理解和认识人的行为方式方面各不相同。因此,仅凭单一化研究路径则不可能从整体上把握公共行政的实质。只有实现公共行政价值的高度整合,才能正确地理解公共行政的内涵与实质,从而促进公共行政现实问题的有效解决。尽管各种价值和主张是互相冲突的,但平衡各种矛盾和冲突正是公共行政艺术的精髓所在。

在多元价值整合的指引下,西方公共行政学家提出了若干公共行政理论模式,其中有两种比较典型的理论模式:一种是多元公共行政理论。戴维·H.罗森布鲁姆等人在其著作《公共行政学:管理、政治和法律的途径》(第五版)中提出了管理、政治和法律是公共行政学的三条重要的研究途径。在他看来,只有把三大研究视角结合起来才能使人们对公共行政获得系统而全面的认识。另一种是公共价值管理理论。该理论强调在现代网络化治理时代,公共管理者不应局限于公共服务直接供给者的角色,而应组织各种资源,创造公共价值。该理论的代表人物凯利(Kelly)认为,公共价值包含三个方面:(1)服务的价值。公平公正地给服务的使用者分配服务,本身就是传递公共价值。(2)产出的价值。尽管一般与服务的价值是重叠的,但当它们包含更高层次的含义时,应该独立看待它们(如国家安全、扶贫、公共卫生等),比如垃圾收集服务给使用者传递的是整洁卫生等价值,而从产出来看,它给市民带来了公共卫生的价值。(3)信任与合法性。在公共价值管理的理论视野中,公共管理者不仅像工程师一样关心组织的运作,而且考虑与组织紧密相关的外部政治环境,以确定什么是公共价值。公共价值管理强调,不管是分配的效率还是技术的效率,都需要民主的输入将公众吸引到对公众偏好的讨论过程中来。可见,公共价值管理在强调民主主义价值的同时也十分注重对管理主义价值的借鉴。

由此可见,无论是多元公共行政理论还是公共价值管理理论,都无一例外地强调公共行政价值的多元化融合,这本身是公共行政理论发展的大势所趋。因此,我们可以看出美国公共行政在面对复杂的政府问题时,强调探寻民主主义价值与管理主义价值之间的有效整合路径,以寻求二者之间的最佳平衡点。

中国作为一个后发国家,借鉴美国公共行政发展中所出现的价值冲突与融合的历史规律,对中国的行政改革具有一定的参考价值。笔者预测,未来中国公共行政在理论与实践方面可能会呈现出如下发展趋势:第一,从行政哲学来看,由单一强调价值理性或工具理性到实现价值理性与工具理性的有机整合;第二,从价值理念来看,在强调公平、平等、公正等规范主义价值的同时又注重引入经济、效率、效能等实证主义价值;第三,从方法论来看,由过于单一强调规范研究或实证研究到实现规范研究与实证研究的有机结合;第四,从政府管理领域来看,主要有:公务员的责任在于既注重市场与效率价值,又关注宪法法律、政治规范、社区价值观、公民利益以及职业标准;实现政府公共服务能力提高的同时也兼顾政府公共服务意识的提升;实现政府责任和政府绩效二者的有机统一;既注重治理结构效率机制完善的同时又强调公共治理结构民主性、参与性和透明性;既注重公共服务供给主体社会化与多元化的同时也强调服务供给主体间竞争机制的完善。

后 记

《美国公共行政的价值叙事与演进逻辑》是我在多年从事的公共行政理论研究中,对美国公共行政理论和实践的变化发展规律进行总结的一部著作。本书用历史研究和比较研究的方法,对美国公共行政中管理主义和民主主义两大价值的冲突与融合进行了深入研究,并提出其对中国行政改革的启示。

本书得以问世,首先要感谢中国行政管理学会鲍静副会长对本书提出了一些建设性意见,并欣然为本书作序。她的学术视角和严谨态度让我敬佩。其次要感谢樊和平教授的指导和支持,樊教授的研究境界和学术成就是我终身学习的榜样。再次要感谢东南大学出版社刘庆楚老师的关心和支持,他为本书的出版做了大量工作。感谢我的学生柯冷日在书稿校对上的辛勤付出。最后还要感谢我妻子的默默付出,使我能够全身心地投入研究工作当中。

学界对美国公共行政价值的研究可谓仁者见仁,智者见智。本书只是起到抛砖引玉的作用,其中不乏一些不足之处,还请学界同仁不吝赐教!

刘耀东
2022 年 10 月于东南大学

参考文献

一、中文文献

（一）译著类

[1] 阿伦特.人的条件[M].竺乾威,等译.上海:上海人民出版社,1999.

[2] 奥尔森.集体行动的逻辑[M].陈郁,郭宇峰,李崇新,译.上海:格致出版社,1995.

[3] 奥斯本,盖布勒.改革政府:企业家精神如何改革着公共部门[M].周敦仁,等译.上海:上海译文出版社,2006.

[4] 奥斯本,普拉斯特里克.摒弃官僚制:政府再造的五项战略[M].北京:中国人民大学出版社,2002.

[5] 奥斯特罗姆.美国公共行政的思想危机[M].毛寿龙,译.上海:上海三联书店,1999.

[6] 贝尔.后工业社会:简明本[M].彭强,译.北京:科学普及出版社,1985.

[7] 比尔德.美国宪法的经济观[M].何希文,译.2版.北京:商务印书馆,1984.

[8] 彼得森.杰斐逊集[M].刘祚昌,邓红风,译.北京:生活·读书·新知三联书店,1993.

[9] 波利特,鲍克尔特.公共管理改革:比较分析[M].夏镇平,译.上海:上海译文出版社,2003.

[10] 伯恩斯,佩尔塔森,克罗宁.美国式民主[M].谭君久,楼仁煊,孙心强,等译.北京:中国社会科学出版社,1993.

[11] 布尔迪厄.科学的社会用途:写给科学场的临床社会学[M].刘成富,张艳,译.南京:南京大学出版社,2005.

[12] 布坎南.自由、市场与国家:80年代的政治经济学[M].平新乔,莫扶尼,译.上海:上海三联书店,1989.

[13] 布劳.社会生活中的交换与权力[M].孙非,张黎勤,译.北京:华夏出版社,1988.

[14] 达尔.多元主义民主的困境:自制与控制[M].尤正明,译.北京:求实出版社,1989.

[15] 达尔.民主理论的前言[M].顾昕,译.北京:生活·读书·新知三联书店,1999.

[16] 达尔.现代政治分析[M].王沪宁,等译.上海:上海译文出版社,1987.

[17] 登哈特 J V,登哈特 R B.新公共服务:服务,而不是掌舵[M].丁煌,译.北京:中国人民大学出版社,2004.

[18] 登哈特.公共组织理论[M].扶松茂,丁力,译.3版.北京:中国人民大学出版社,2003.

[19] 狄骥.公法的变迁:法律与国家[M].郑戈,冷静,译.沈阳:春风文艺出版社,1999.

[20] 法默尔.公共行政的语言:官僚制、现代性和后现代性[M].吴琼,译.北京:中国人民大学出版社,2005.

[21] 方纳.杰斐逊文选[M].王华,译.北京:商务印书馆,1963.

[22] 方纳.美国自由的故事[M].王希,译.北京:商务印书馆,2002.

[23] 弗雷德里克森.公共行政的精神[M].张成福,等译.北京:中国人民大学出版社,2003.

[24] 弗里德里希.超验正义:宪政的宗教之路[M].周勇,等译.北京:生活·读书·新知三联书店,1997.

[25] 福克斯,米勒.后现代公共行政:话语指向[M].楚艳红,曹沁颖,吴巧林,译.北京:中国人民大学出版社,2003.

[26] 富兰克林.美国黑人史[M].张冰姿,等译.北京:商务印书馆,1988.

[27] 格雷.自由主义[M].曹海军,刘训练,译.长春:吉林人民出版社,2005.

[28] 古德诺.政治与行政[M].王元,杨百朋,译.北京:华夏出版社,1987.

[29] 哈茨.美国的自由主义传统:独立革命以来美国政治思想阐释[M].张敏谦,译.北京:中国社会科学出版社,2003.

[30] 哈耶克.自由秩序原理[M].邓正来,译.北京:生活·读书·新知三联书店,1997.

[31] 汉密尔顿,杰伊,麦迪逊.联邦党人文集[M].程逢如,在汉,舒逊,译.北京:商务印书馆,1980.

[32] 黑格尔.法哲学原理[M].范扬,张企泰,译.北京:商务印书馆,1961.

[33] 黑格尔.哲学全书·第一部分·逻辑学[M].梁志学,译.北京:人民出版

社,2002.

[34] 亨利. 公共行政与公共事务[M]. 张昕,等译. 8版. 北京:中国人民大学出版社,2002.

[35] 亨廷顿. 变化社会中的政治秩序[M]. 王冠华,等译. 北京:生活·读书·新知三联书店,1989.

[36] 亨廷顿. 文明的冲突与世界秩序的重建[M]. 周琪,译. 北京:新华出版社,1998.

[37] 胡德. 国家的艺术:文化、修辞与公共管理[M]. 彭勃,邵春霞,译. 上海:上海人民出版社,2004.

[38] 胡塞尔. 欧洲科学危机和超验现象学[M]. 张庆熊,译. 上海:上海译文出版社,1988.

[39] 怀特. 行政学概论[M]. 刘世传,译. 3版. 上海:商务印书馆,1947.

[40] 霍布斯. 利维坦[M]. 黎思复,黎廷弼,译. 北京:商务印书馆,1985.

[41] 霍夫施塔特. 美国政治传统及其缔造者[M]. 崔永禄,王忠和,译. 北京:商务印书馆,1994.

[42] 吉瑞赛特. 公共组织管理:理论和实践的演进[M]. 李丹,译. 上海:上海译文出版社,2003.

[43] 加尔布雷思. 权力的分析[M]. 陶远华,苏世军,译. 石家庄:河北人民出版社,1988.

[44] 杰斐逊. 杰斐逊选集[M]. 朱曾汶,译. 北京:商务印书馆,1999.

[45] 卡林内斯库. 现代性的五副面孔:现代主义、先锋派、颓废、媚俗艺术、后现代主义[M]. 顾爱彬,李瑞华,译. 北京:商务印书馆,2002.

[46] 康德. 历史理性批判文集[M]. 何兆武,译. 北京:商务印书馆,1990.

[47] 克罗齐,亨廷顿. 民主的危机:就民主国家的统治能力,写给三边委员会的报告[M]. 马殿军,等译. 北京:求实出版社,1989.

[48] 孔德. 论实证精神[M]. 黄建华,译. 北京:商务印书馆,2009.

[49] 库恩. 科学革命的结构[M]. 金吾伦,胡新和,译. 北京:北京大学出版社,2003.

[50] 库珀. 行政伦理学:实现行政责任的途径[M]. 张秀琴,译. 4版. 北京:中国人民大学出版社,2001.

[51] 雷恩. 管理思想的演变[M]. 赵睿,等译. 北京:中国社会科学出版社,2000年版.

[52] 李普塞特. 政治人:政治的社会基础[M]. 张绍宗,译. 上海:上海人民出版社,1997.

[53] 里普森. 政治学的重大问题:政治学导论[M]. 刘晓,等译. 北京:华夏出版社,2001.

[54] 利奥塔. 后现代状况:关于知识的报告[M]. 岛子,译. 长沙:湖南美术出版社,1996.

[55] 卢梭. 社会契约论[M]. 何兆武,译. 北京:商务印书馆,1980.

[56] 伦斯基. 权力与特权:社会分层的理论[M]. 关信平,陈宗显,谢晋宇,译. 杭州:浙江人民出版社,1988.

[57] 罗伯逊. 美国神话 美国现实[M]. 贾秀东,等译. 北京:中国社会科学出版社,1990.

[58] 罗尔斯. 正义论[M]. 何怀宏,等译. 北京:中国社会科学出版社,1988.

[59] 罗尔斯. 政治自由主义[M]. 万俊人,译. 南京:译林出版社,2002.

[60] 罗尔斯. 作为公平的正义:正义新论[M]. 姚大志,译. 上海:上海三联书店,2002.

[61] 罗森布鲁姆 D H,克拉夫丘克,罗森布鲁姆 D G. 公共行政学:管理、政治和法律的途径[M]. 张成福,等译. 5版. 北京:中国人民大学出版社,2002.

[62] 罗斯金,等. 政治科学[M]. 林震,等译. 北京:华夏出版社,2001.

[63] 罗素. 权力论:一个新的社会分析[M]. 靳建国,译. 北京:东方出版社,1988.

[64] 洛克. 政府论:上篇[M]. 瞿菊农,叶启芳,译. 北京:商务印书馆,1996.

[65] 洛克. 政府论:下篇[M]. 瞿菊农,叶启芳,译. 北京:商务印书馆,1996.

[66] 麦克里兰. 西方政治思想史[M]. 彭淮栋,译. 海口:海南出版社,2003.

[67] 麦克斯怀特. 公共行政的合法性:一种话语分析[M]. 吴琼,译. 北京:中国人民大学出版社,2002.

[68] 梅里亚姆. 美国政治学说史[M]. 朱曾汶,译. 北京:商务印书馆,1988.

[69] 孟德斯鸠. 论法的精神:上册[M]. 张雁深,译. 北京:商务印书馆,1961.

[70] 孟德斯鸠. 论法的精神:下册[M]. 张雁深,译. 北京:商务印书馆,1961.

[71] 密尔. 代议制政府[M]. 汪瑄,译. 北京:商务印书馆,1982.

[72] 摩尔. 伦理学原理[M]. 长河,译. 北京:商务印书馆,1983.

[73] 摩根. 驾御变革的浪潮:开发动荡时代的管理潜能[M]. 孙晓莉,译. 北京:中国人民大学出版社,2002.

[74] 纳特,巴可夫. 公共和第三部门组织的战略管理:领导手册[M]. 陈振明,等译. 北京:中国人民大学出版社,2002.

[75] 尼格罗,尼格. 公共行政学简明教程[M]. 郭晓来,等译. 北京:中共中央党校出版社,1997.

[76] 诺齐克. 无政府、国家与乌托邦[M]. 何怀宏,等译. 北京:中国社会科学出版社,1991.

[77] 诺思,托马斯. 西方世界的兴起[M]. 厉以平,蔡磊,译. 北京:华夏出版社,1989.

[78] 帕灵顿. 美国思想史:1620—1920[M]. 陈永国,译. 长春:吉林人民出版社,2002.

[79] 帕特南. 使民主运转起来:现代意大利的公民传统[M]. 王列,赖渔榕,译. 南昌:

江西人民出版社,2001.

[80] 普特南.理性、真理与历史[M].童世骏,李光程,译.上海:上海译文出版社,2005.

[81] 萨拜因.政治学说史[M].刘山,等译.北京:商务印书馆,1986.

[82] 萨托利.民主新论[M].冯克利,阎克文,译.上海:上海人民出版社,2009.

[83] 施密特.启蒙运动与现代性:18世纪与20世纪的对话[M].徐向东,卢华萍,译.上海:上海人民出版社,2005.

[84] 施特劳斯,克罗波西.政治哲学史[M].李天然,等译.石家庄:河北人民出版社,1993.

[85] 斯蒂格利茨.经济学[M].姚开建,等译.北京:中国人民大学出版社,1997.

[86] 斯塔林.公共部门管理[M].陈宪,等译.上海:上海译文出版社,2003.

[87] 汤普森.宪法的政治理论[M].张志铭,译.北京:生活·读书·新知三联书店,1997.

[88] 唐斯.民主的经济理论[M].姚洋,邢予青,赖平耀,译.上海:上海人民出版社,2005.

[89] 托克维尔.论美国的民主[M].董果良,译.北京:商务印书馆,1988.

[90] 威尔逊.美国官僚政治:政府机构的行为及其动因[M].张海涛,等译.北京:中国社会科学出版社,1995.

[91] 韦伯.经济与社会:上卷[M].林荣远,译.北京:商务印书馆,1997.

[92] 韦伯.经济与社会:下卷[M].林荣远,译.北京:商务印书馆,1997.

[93] 维特根斯坦.哲学研究[M].汤潮,范光棣,译.北京:生活·读书·新知三联书店,1992.

[94] 希纳尔.杰斐逊评传[M].王丽华,等译.北京:中国社会科学出版社,1987.

[95] 熊彼特.资本主义、社会主义与民主[M].吴良健,译.北京:商务印书馆,1999.

[96] 休谟.人性论:上册[M].关文运,译.北京:商务印书馆,1980.

[97] 休斯.公共管理导论[M].彭和平,等译.2版.北京:中国人民大学出版社,2001.

[98] 亚里士多德.政治学[M].吴寿彭,译.北京:商务印书馆,1965.

(二)著作类

[1] 陈纪安.美国法律[M].合肥:中国科学技术大学出版社,2002.

[2] 陈嘉明.现代性与后现代性十五讲[M].北京:北京大学出版社,2006.

[3] 陈振明.公共管理学:一种不同于传统行政学的研究途径[M].2版.北京:中国人民大学出版社,2003.

[4] 陈振明.政府再造:西方"新公共管理运动"述评[M].北京:中国人民大学出版社,2003.

[5] 陈周旺.正义之善:论乌托邦的政治意义[M].天津:天津人民出版社,2003.

[6]程立显.伦理学与社会公正[M].北京:北京大学出版社,2002.

[7]慈继伟.正义的两面[M].北京:生活·读书·新知三联书店,2001.

[8]邓小平.邓小平文选:第3卷[M].北京:人民出版社,1993.

[9]丁煌.西方行政学理论概要[M].北京:中国人民大学出版社,2005.

[10]丁煌.西方行政学说史[M].武汉:武汉大学出版社,1999.

[11]丁则民,黄仁伟,王旭,等.美国通史:第3卷 美国内战与镀金时代 1861—19世纪末[M].北京:人民出版社,2002.

[12]董炯.国家、公民与行政法:一个国家—社会的角度[M].北京:北京大学出版社,2001.

[13]方福前.公共选择理论:政治的经济学[M].北京:中国人民大学出版社,2000.

[14]傅明贤.行政组织理论[M].北京:高等教育出版社,2000.

[15]高小平,王立平.服务型政府导论[M].北京:人民出版社,2009.

[16]高小平.政府生态管理[M].北京:中国社会科学出版社,2007.

[17]高兆明.制度公正论:变革时期道德失范研究[M].上海:上海文艺出版社,2001.

[18]龚群.当代西方道义论与功利主义研究[M].北京:中国人民大学出版社,2002.

[19]顾肃.自由主义基本理念[M].北京:中央编译出版社,2003.

[20]贺照田.西方现代性的曲折与展开[M].长春:吉林人民出版社,2002.

[21]洪谦.论逻辑经验主义[M].北京:商务印书馆,1999.

[22]胡伟.政府过程[M].杭州:浙江人民出版社,1998.

[23]黄百炼.民主建设论:新时期我国民主政治建设的理论与实践[M].2版.长沙:湖南人民出版社,1998.

[24]江涛.公共哲学[M].北京:中共中央党校出版社,2003.

[25]蒋庆.政治儒学:当代儒学的转向、特质与发展[M].北京:生活·读书·新知三联书店,2003.

[26]康晓光.权力的转移:转型时期中国权力格局的变迁[M].杭州:浙江人民出版社,1999.

[27]黎鸣.中国人性分析报告[M].北京:中国社会出版社,2003.

[28]李和中.21世纪国家公务员制度[M].武汉:武汉大学出版社,2006.

[29]李景鹏.权力政治学[M].哈尔滨:黑龙江教育出版社,1995.

[30]李军鹏.公共服务型政府[M].北京:北京大学出版社,2004.

[31]李梅.权利与正义:康德政治哲学研究[M].北京:社会科学文献出版社,2000.

[32]列宁.列宁全集:第30卷[M].2版.北京:人民出版社,1985.

[33]林喆.权力腐败与权力制约[M].北京:法律出版社,1997.

[34]刘丹,傅治平,曹山河,等.政府行为论:市场经济条件下政府功能研究[M].2

版.长沙:湖南人民出版社,1998.

[35] 刘守刚.西方立宪主义的历史基础[M].济南:山东人民出版社,2005.

[36] 刘绪贻,韩铁,李存训.美国通史:第6卷 战后美国史 1945—2000[M].北京:人民出版社,2002.

[37] 刘智峰.第七次革命:1998—2003年中国政府机构改革问题报告[M].北京:中国社会科学出版社,2003.

[38] 刘作翔.迈向民主与法治的国度[M].济南:山东人民出版社,1999.

[39] 刘祚昌.杰斐逊全传[M].济南:齐鲁书社,2005.

[40] 麻宝斌.公共利益与政府职能[M].长春:吉林人民出版社,2003.

[41] 马长山.国家、市民社会与法治[M].北京:商务印书馆,2002.

[42] 马克思,恩格斯.马克思恩格斯全集:第9卷[M].北京:人民出版社,1961.

[43] 马克思,恩格斯.马克思恩格斯全集:第1卷[M].北京:人民出版社,1956.

[44] 马克思,恩格斯.马克思恩格斯选集:第2卷[M].北京:人民出版社,1972.

[45] 毛寿龙,李梅,陈幽泓.西方政府的治道变革[M].北京:中国人民大学出版社,1998.

[46] 毛寿龙.政治社会学[M].北京:中国社会科学出版社,2001.

[47] 潘伟杰.现代政治的宪法基础[M].上海:华东师范大学出版社,2001.

[48] 彭和平,竹立家,等.国外公共行政理论精选[M].北京:中共中央党校出版社,1997.

[49] 沈汉,黄凤祝.反叛的一代:20世纪60年代西方学生运动[M].兰州:甘肃人民出版社,2002.

[50] 施雪华.政府权能理论[M].杭州:浙江人民出版社,1998.

[51] 施雪华.政治科学原理[M].广州:中山大学出版社,2001.

[52] 施雪华.政治现代化比较研究[M].武汉:武汉大学出版社,2006.

[53] 时和兴.关系、限度、制度、政治发展过程中的国家与社会[M].北京:北京大学出版,1996.

[54] 宋惠昌,等.政治哲学[M].北京:中共中央党校出版社,2003.

[55] 宋希仁.当代外国伦理思想[M].北京:中国人民大学出版社,2000.

[56] 苏东.论管理理性的困境与启示[M].北京:经济管理出版社,2000.

[57] 唐代兴.公正伦理与制度道德[M].北京:人民出版社,2003.

[58] 唐代兴.利益伦理[M].北京:北京大学出版社,2002.

[59] 唐凯麟.伦理学[M].北京:高等教育出版社,2001.

[60] 唐天伟.政府效率测度[M].北京:经济管理出版社,2009.

[61] 唐兴霖.公共行政学:历史与思想[M].广州:中山大学出版社,2000.

[62] 汪晖,陈燕谷.文化与公共性[M].北京:生活·读书·新知三联书店,1998.

[63] 汪玉凯,等.中国行政体制改革30年回顾与展望[M].北京:人民出版社,2008.

[64] 汪玉凯.公共管理[M].北京:中共中央党校出版社,2003.

[65] 王成栋.政府责任论[M].北京:中国政法大学出版社,1999.

[66] 王海明.新伦理学[M].北京:商务印书馆,2001.

[67] 王沪宁.比较政治分析[M].上海:上海人民出版社,1987.

[68] 王浦劬.政治学基础[M].北京:北京大学出版社,1995.

[69] 王伟.行政伦理概述[M].北京:人民出版社,2001.

[70] 王希.原则与妥协:美国宪法的精神与实践[M].北京:北京大学出版社,2000.

[71] 王旭.美国城市史[M].北京:中国社会科学出版社,2000.

[72] 魏娜,吴爱明.当代中国政府与行政[M].北京:中国人民大学出版社,2002.

[73] 吴爱明,刘文杰.政府改革:中国行政改革模式与经验[M].北京:新华出版社,2010.

[74] 吴春华.当代西方自由主义[M].北京:中国社会科学出版社,2004.

[75] 吴金平.自由之路:弗·道格拉斯与美国黑人解放运动[M].北京:中国社会科学出版社,2000.

[76] 吴琼恩,等.公共管理[M].台北:智胜文化事业有限公司,2001.

[77] 吴琼恩.行政学的范围与方法[M].台北:五南图书出版公司,1995.

[78] 吴志华.美国公务员制度的改革与转型[M].上海:上海交通大学出版社,2006.

[79] 谢洪恩,周敏,陈学明.公私论[M].北京:中国青年出版社,2001.

[80] 谢晖.法律信仰的理念与基础[M].济南:山东人民出版社,1997.

[81] 谢晖.价值重建与规范选择:中国法制现代化沉思[M].济南:山东人民出版社,1998.

[82] 谢庆奎.当代中国政府[M].沈阳:辽宁人民出版社,1991.

[83] 谢庆奎,等.中国地方政府体制概论[M].北京:中国广播电视出版社,1998.

[84] 徐大同.西方政治思想史[M].4版.天津:天津教育出版社,2005.

[85] 许国贤.伦理政治论:一个民主时代的反思[M].台北:扬智文化事业股份有限公司,1997.

[86] 许连纯.新时期干部权力监督概论:按照"三个代表"的要求加强干部权力监督[M].北京:中共中央党校出版社,2001.

[87] 颜昌武,马骏.公共行政学百年争论[M].北京:中国人民大学出版社,2010.

[88] 姚大志.何谓正义:当代西方政治哲学研究[M].北京:人民出版社,2007.

[89] 俞可平.权利政治与公益政治:当代西方政治哲学评析[M].北京:社会科学文献出版社,2000.

[90] 俞可平.治理与善治[M].北京:社会科学文献出版社,2000.

[91] 袁祖社.权力与自由:市民社会的人学考察[M].北京:中国社会科学出版

社,2003.

[92] 岳庆平.中国的家与国[M].长春:吉林文史出版社,1990.

[93] 詹中原.新公共管理[M].台北:五南图书出版公司,1999.

[94] 张成福,党秀云.公共管理学:修订版[M].北京:中国人民大学出版社,2007.

[95] 张分田.亦主亦奴:中国古代官僚的社会人格[M].杭州:浙江人民出版社,2000.

[96] 张国庆.行政管理学概论[M].2版.北京:北京大学出版社,2000.

[97] 张静.法团主义:及其多元主义的主要分歧[M].北京:中国社会科学出版社,1998.

[98] 张康之.公共管理伦理学[M].北京:中国人民大学出版社,2003.

[99] 张康之.寻找公共行政的伦理视角[M].北京:中国人民大学出版社,2002.

[100] 张良.公共管理学[M].上海:华东理工大学出版社,2001.

[101] 张松业,杨桂安,龙兴海,等.国家公务员道德概论[M].北京:国家行政学院出版社,2002.

[102] 张友伦,陆镜生,李青,等.美国通史:第2卷 美国的独立和初步繁荣1775—1860[M].北京:人民出版社,2002.

[103] 中国国家行政学院,国际行政院校联合会.中国行政改革:政府的责任性、回应性和效率[M].北京:国家行政学院出版社,2004.

[104] 竺乾威.公共行政学[M].上海:复旦大学出版社,2000.

[105] 卓越.国外政府改革与发展前沿[M].福州:福建人民出版社,2007.

(三)期刊报纸类

[1] 陈娟娟,祝建兵.中国公共行政的多元化特质探析[J].云南行政学院学报,2007,9(1):100-102.

[2] 陈振明.评西方的"新公共管理"范式[J].中国社会科学,2000(6):73-82.

[3] 党秀云.公民精神与公共行政[J].中国行政管理,2005(8):105-108.

[4] 丁煌.当代西方公共行政理论的新发展:从新公共管理到新公共服务[J].广东行政学院学报,2005,17(6):5-10.

[5] 丁煌.寻求公平与效率的协调与统一:评现代西方新公共行政学的价值追求[J].中国行政管理,1998(12):83-86.

[6] 杜钢建.新世纪政府管理改革的新课题[J].北京行政学院学报,2000(1):19-23.

[7] 弗雷德里克森,宋敏.明诺布鲁克:反思与观察[J].行政论坛,2010,17(1):89-91.

[8] 顾栋.关于加强行政道德建设的思考[J].中央社会主义学院学报,2002(1):55-57.

[9] 江作军.试析行政选择中的伦理妥协及其思想渊源[J].道德与文明,2002(4):

35-39.

[10] 金太军.公共行政规范理论的勃兴及其启示:当代西方新公共行政学评析[J].江苏社会科学,1998(1):87-91.

[11] 金太军.新公共管理:当代西方公共行政的新趋势[J].国外社会科学,1997(5):21-25.

[12] 鞠连和.论新公共管理理论的价值与局限[J].社会科学战线,2009(10):196-200.

[13] 决胜全面建成小康社会 夺取新时代中国特色社会主义伟大胜利:习近平同志代表第十八届中央委员会向大会作的报告摘登[N].人民日报,2017-10-19(2).

[14] 黎军.行政分权与行政主体多元化[J].深圳大学学报(人文社会科学版),2002,19(4):11-16.

[15] 李春成.行政伦理学研究的旨趣[J].南京社会科学,2002(4):31-35.

[16] 李醒民.论技治主义[J].哈尔滨工业大学学报(社会科学版),2005,7(6):1-5.

[17] 林民望.新公共管理运动影响中国行政改革?:一个海外中国研究视角[J].国外社会科学,2017(6):73-82.

[18] 刘力,张源."新公共管理"运动及其对中国行政改革的启示[J].天府新论,2003(4):67-70.

[19] 刘亚平.公共行政学的合法性危机与方法论径路[J].武汉大学学报(哲学社会科学版),2006,59(1):102-106.

[20] 卢超.行政审批局改革的组织创新及其公法启示[J].浙江学刊,2021(6):30-38.

[21] 罗中华.新公共管理对我国建设服务型政府的启示[J].天府新论,2005(S1):37-39.

[22] 宁骚.行政改革与行政范式[J].新视野,1998(3):12-15.

[23] 覃漩.协商民主与政治发展[J].复旦学报(社会科学版),2022,64(1):148-155.

[24] 桑玉成.拓展全过程民主的发展空间[J].探索与争鸣,2020(12):9-12.

[25] 沈广明.论中央与地方立法权限的划分标准:基于公共服务理论的研究[J].河北法学,2020,38(4):88-102.

[26] 王佃利,展振华.范式之争:新公共管理理论再思考[J].行政论坛,2016,34(5):38-42.

[27] 王乐夫,陈干全.公共性:公共管理研究的基础与核心[J].社会科学,2003(4):67-74.

[28] 王丽莉."新公共服务"评析:一种对新公共管理的替代[J].理论与改革,2004(3):33-36.

[29] 王太高.我国整体政府思想的形成及其展开:以《法治政府建设实施纲要

(2021—2025 年)》切入[J].探索与争鸣,2022(1):83-91.

[30] 魏礼群.建立和完善中国特色社会主义行政管理体制:行政管理体制改革 30 年回顾与前瞻[J].国家行政学院学报,2009(1):11-14.

[31] 颜昌武.作为行政科学的公共行政学:西蒙行政思想述评[J].公共管理研究,2009(0):135-162.

[32] 颜昌武,刘云东.西蒙-瓦尔多之争:回顾与评论[J].公共行政评论,2008,1(2):144-170.

[33] 颜佳华.行政哲学:一个亟待进一步开拓的领域[J].湘潭大学学报(社会科学版),2000,24(5):49-51.

[34] 颜佳华,王敬宇.行政哲学:公共行政学的知识基础[J].中国行政管理,2011(10):63-66.

[35] 颜佳华,王升平.论科学主义与人文主义思潮对行政学研究的影响[J].湘潭大学学报(哲学社会科学版),2007,31(1):21-27.

[36] 岳成浩.公共行政范式研究综述及批判[J].上海行政学院学报,2005,6(5):105-111.

[37] 张成福.公共行政的管理主义:反思与批判[J].中国人民大学学报,2001,15(1):15-21.

[38] 张成福.重建公共行政的公共理论[J].中国人民大学学报,2007,21(4):1-7.

[39] 张富.西方公共行政价值研究述评:基于美国公共行政学经典文献的解读[J].华中科技大学学报(社会科学版),2006,20(5):41-46.

[40] 张国庆.公共行政的典范革命及其启示[J].北京大学学报(哲学社会科学版),2000,37(5):81-89.

[41] 张康之.公共行政道德化的双重向度[J].北京行政学院学报,2001(2):1-5.

[42] 张康之.论政府的非管理化:关于"新公共管理"的趋势预测[J].教学与研究,2000(7):31-37.

[43] 张楠迪扬."互联网+政务服务"视阈下网上行政审批便捷度:概念构建与分析维度[J].中国行政管理,2022(1):55-63.

[44] 中共中央关于全面深化改革若干重大问题的决定[N].人民日报,2013-11-16(1).

[45] 中共中央关于全面推进依法治国若干重大问题的决定[N].人民日报,2014-10-29(1).

[46] 中共中央关于坚持和完善中国特色社会主义制度 推进国家治理体系和治理能力现代化若干重大问题的决定[N].人民日报,2019-11-06(1).

[47] 周晓丽.新公共管理:反思、批判与超越:兼评新公共服务理论[J].公共管理学报,2005,2(1):43-48.

[48] 周义程.新公共服务理论的贫困[J].中国行政管理,2006(12):79-82.

[49] 周志忍.公共部门质量管理:新世纪的新趋势[J].国家行政学院学报,2000(2):40-44.

[50] 朱满良,高轩.从新公共管理到新公共服务:缘起、争辩及启示[J].中共中央党校学报,2010,14(4):64-67.

二、英文文献

(一)著作类

[1] Allison G T. Public and private management: are they fundamentally alike in all unimportant respects? [M]//Lane F S. Current issues in public administration. New York: St. Martin's Press, 1982.

[2] Appleby P H. Morality and administration in democratic government[M]. Baton Rouge: Louisiana State University Press, 1952.

[3] Barnard C I. The functions of the executive[M]. Cambridge, Mass.: Harvard University Press, 1938.

[4] Bohman J. Public deliberation: pluralism, complexity, and democracy[M]. Cambridge: MIT Press, 1996.

[5] Bowen C D. Miracle at Philadelphia[M]. Boston: Little, Brown and Company, 1966.

[6] Bozeman B, Straussman J D. Public management strategies: guidelines for managerial effectiveness[M]. San Francisco: Jossey-Bass, 1990.

[7] Buchanan J M, Tollison R D. The theory of public choice[M]. Ann Arbor: University of Michigan Press, 1972.

[8] Burke J P. Bureaucratic responsibility[M]. Baltimore: The Johns Hopkins University Press, 1986.

[9] Chernow R. Alexander Hamilton[M]. New York: Penguin Press, 2004.

[10] Cooper T L. An ethic of citizenship for public administration[M]. Englewood Cliffs, NJ: Prentice-Hall, 1991.

[11] Denhardt K G. The ethics of public service: resolving moral dilemmas in public organization[M]. New York: Greenwood Press, 1988.

[12] Denhardt R B. In the shadow of organization[M]. Lawrence: Regents Press of Kansas, 1981.

[13] Denhardt R B. Public administration theory: the state of the discipline[M]//Lynn B, Wildavsky A. Public administration: the state of the discipline. Chatham, NJ: Chatham House Publishers, 1990.

[14] Denhardt R B. Theories of public organization[M]. Monterey, CA: Brooks/Cole Pub, 1984.

[15] Dewey J. The public and its problems[M]. Chicago: Swallow Press, 1954.

[16] Donahue J D. The privatisation decision: public ends, private means[M]. New York: Basic Books, 1989.

[17] Dryzek J S. Discursive democracy: politics, policy, and political science[M]. Cambridge, England: Cambridge University Press, 1990.

[18] Farmer D J. The language of public administration: bureaucracy, modernity, and postmodernity[M]. Tuscaloosa: University of Alabama Press, 1995.

[19] Fesler J W, Kettl D F. The politics of administrative process[M]. Chatham, NJ. : Chatham House Publishers, Inc, 1996.

[20] Flynn N. Public sector management[M]. 4th ed. London: Prentice Hall, 2002.

[21] Foucault M. Two lectures, in power/knowledge: selected interviews and other writings, 1972—1977[M]. New York: Pantheon Books, 1980.

[22] Frederickson H G. New public administration[M]. Tuscaloosa: University of Alabama Press, 1980.

[23] Frederickson H G. Toward a new public administration[M]//Shafritz J M, Hyde A C. Classics of public administration. Oak Park, Illinois: Moore Publishing Company, 1978:393.

[24] Garson G D, Overman E S. Public management research in the United States [M]. New York: Praeger Publishers, 1983.

[25] Glaab C N, Brown A T. A history of urban America[M]. New York: MacMillan, 1967.

[26] Gulick L, Urwick L. Papers on the science of administration[M]. New York: Institute of Public Administration, 1937.

[27] Goodnow F J. Politics and administration[M]//Shafritz J M, Hyde A C. Classics of public administration. 2nd ed. Homewood, Ill. : The Dorsey Press, 1987:28.

[28] Gulick L. Notes on the theory of organization[M]//Gulick L, Urwick L. Papers on the science of administration. New York: Institute of Public Administration, 1937.

[29] Gulick L. Science, values, and public administration[M]//Gulick L, Urwick L. Papers on the science of administration. New York: Institute of Public Administration, 1937.

[30] Hacker L M. Alexander Hamilton in the American tradition[M]. Westport, Conn: Greenwood Press, 1975.

[31] Harbermas J. Knowledge and human interests[M]. London: Heinemann Educational Books, Ltd, 1972.

[32] Harmon M M. Action theory for public administration[M]. New York: Longman, 1981.

[33] Held D, McGew A G, Goldblatt D, et al. Global transformation: politics, economics and culture[M]. Cambridge: Polity Press, 2000.

[34] Hickey D R. The war of 1812: the forgotten conflict[M]. Urbana: University of Illinois Press, 1989.

[35] Hill M, Hupe P. Implementing public policy: governance in theory and in pratice[M]. London: Sage Publication, 2002.

[36] Hughes O E. Public Management and Administration: an introduction [M] 2nd ed. London: Red Globe Press, 1998.

[37] Jackson P M, Price C. Privatisation and regulation: a review of the issues[M]. London: Longman, 1994.

[38] Kirkhart L. Toward a theory of public administration[M]//Marini F. Toward a new public administration: the minnowbrook perspective. New York: Chandler Publishing Company, 1971.

[39] Lane J E. New public management[M]. London: Routledge, 2003.

[40] Laporte T. The recovery of relevance in the study of public organization[M]//Marini F. Toward a new public administration: the minnowbrook perspective. San Francisco: Chandler, 1971.

[41] Lawton A. Ethical management for the public services[M]. Buckingham: Open University Press, 1998.

[42] LoSardo M M, Fossi N M. At the service quality frontier: a handbook for managers, consultants and other pioneers [M]. Miwaukee, Wisconsin: ASQC Quality Press, 1993.

[43] Lyotard J F. Just Gaming [M]. Minneapolis: University of Minnesota Press, 1985.

[44] Lyotard J F. The postmodern condition: a report on knowledge[M]. Minneapolis: University of Minnesota Press, 1984.

[45] Macintyre A. After virtue[M]. 2nd ed. Notre Dame, Indiana: University of Notre Dame Press, 1984.

[46] Macintyre A. Whose justice? Which rationality? [M]. Notre Dame, Indiana: University of Notre Dame Press, 1988.

[47] Mayer R R. Policy and program planning: a developmental perspective[M]. Englewood Cliffs, NJ: Prentice-Hall, 1985.

[48] Merton R K. Social theory and social structure[M]. 3rd ed. New York: Free Press, 1968.

[49] Mill J S. On liberty and other essays[M]. Oxford: Oxford University Press, 1991.

[50] Mosher F C. Democracy and the public service[M]. 2nd ed. New York: Oxford University Press, 1981.

[51] Msrx F M. Public management in the new democracy[M]. New York: Harper Brothers, 1940.

[52] Nozick R. Anarchy, state and Utopia[M]. New York: Basic Books, Inc, 1974.

[53] Ostrom V. The intellectual crisis in American public administration[M]. Tuscaloosa: University of Alabama Press, 1974.

[54] Pollitt C. Managerialism and the public services: cuts or cultural change in the 1990s? [M]. Oxford: Blackwell Business, 1993.

[55] Pollitt C. Manangerialism and the public services: the Anglo-American experience[M]. Oxford: Basil Blackwell, 1990.

[56] Rawls J. A theory of justice[M]. Cambridge, Massachusetts: The Belknap Press of Harvard University Press, 1999.

[57] Rawls J. Political liberalism[M]. New York: Columbia University Press, 1996.

[58] Rohr J A. Ethics for bureaucrats: an essay on law and values[M]. 2nd ed. New York: Marcel Dekker, Inc, 1989.

[59] Rourke F E. Bureaucracy, politics, and public policy[M]. Boston: Little, Brown, 1969.

[60] Sandel M J. Liberalism and the limits of justice[M]. Cambridge, England: Cambridge University Press, 1982.

[61] Sayre W. Premises of public administration: past and emerging[M]//Shafritz J M, Hyde A C. Classics of Public Administration. Oak Park, Illinois: Moore Publishing, 1978: 201.

[62] Schachter H L. Frederik Taylor and the public administration community: a reevaluation[M]. Albany: State University of New York Press, 1989.

[63] Simon H A. Administrative behavior: a study of decision-making processes in administration organization[M]. 2nd ed. New York: Free Press, 1957.

[64] Simon H A, Smithburg D W, Thompson V A. Public administration[M]. New York: Alfred A. Knopf, 1950.

[65] Simon H A. Models of man[M]. New York: Wiley, 1957.

[66] Stillman R J. Preface to public administration: a search for themes and direction[M]. New York: St. Martin's Press, 1991.

[67] Syrett H C, Cooke J E. The papers of Alexander Hamilton 1961—1987, Vol. I. [M]. New York: Columbia University Press, 1967.

[68] Taylor F. Scientific management[M]. New York: Harper &Row, 1923.

[69] Thompson J. Organizations in action[M]. New York: McGraw-Hill, 1967.

[70] Waldo D. The administrative state[M]. New York: Ronald Press, 1948.

[71] Waldo D. The enterprise of public administration: a summary view[M]. New York: Chandler and Sharp Publishers, Inc, 1984.

[72] Waldo D. The study of public administration [M]. New York: Doubleday, 1955.

[73] Walzer M. Spheres of justice[M]. New York: Basic Books, Inc, 1983.

[74] Wamsley G L, Wolf J F. Refounding democratic public administration: modern paradoxes, postmodern challenges[M]. Thousand Oaks, CA: Sage Publication, 1996.

[75] Heisenberg W. Physics and Philosophy[M]. London: Allen and Unwin, 1963.

[76] White L D. Introduction to the study of public administration[M]. New York: MacMillan, 1948.

[77] White L D. The federalist: A study in administrative history[M]. New York: MacMillan, 1948.

[78] Willoughby W F. Principles of public administration[M]. Baltimore: The Johns Hopkins University Press, 1927.

(二) 期刊类

[1] Ackerman B. Why dialogue? [J]. The Journal of Philosophy, 1989, 86(1): 5-22.

[2] Bang H P. Culture governance: governing self-reflexive modernity[J]. Public Administration, 2004, 82(1): 157-190.

[3] Bellone C J, Goerl G F. Reconciling public entrepreneurship and democracy[J]. Public Administration Review, 1992, 52(2): 130-134.

[4] Box R C, Marshall G S, Reed B J, et al. New public management and substantive democracy[J]. Public Administration Review, 2001, 61(5): 608-619.

[5] Canon H J, Cooper T L. The responsible administrator: an approach to ethics for

the administrative role[J]. The Journal of Higher Education, 2000,71(6):749-750.

[6] Chapin L W, Denhardt R B. Putting "citizens first!" in orange country florida[J]. National Civic Review, 1995,84(3):210-217.

[7] Dahl R A. The science of public administration: three problems[J]. Public Administration Review, 1947,7(1):1-11.

[8] De Leon L, Denhardt R B. The political theory of reinvention[J]. Public Administration Review, 2000,60(2):89-97.

[9] De Leon P. The democratization of the policy sciences[J]. Public Administration Review, 1992,52(2):125-129.

[10] Denhardt R B, Denhardt J V. The new public service: serving rather than steering[J]. Public Administration Review, 2000,60(6):549-559.

[11] Dimock M. The restorative qualities of citizenship[J]. Public Admini-stration Review, 1990,50(1):21.

[12] Dobel J P. Integrity in the public service[J]. Public Administration Review, 1990,50(3):354-366.

[13] Dougherty J P. The democratic secular faith[J]. The World & I, 2000,15(4):268.

[14] Follet M P. A prophet gaining honor[J]. Business Strategy Review, 2003,14(1):75-76.

[15] Frederickson H G. Ethics and the new managerialism[J]. Public Administration and Management, 1999,4(2):299-324.

[16] Frederickson H G. Social equity and public administration: a symposium[J]. Public Administration Review, 1974,34(1):1-2.

[17] Frederickson H G. Toward a theory of the public for public administration[J]. Administration and Society, 1991,22(4):395-417.

[18] Hart D K. Social equity, justice, and the equitable administrator[J]. Public Administration Review, 1974,34(1):3-11.

[19] Hart D K. The virtuous citizen, the honorable bureaucrat, and "Public" administration[J]. Public Administration Review, 1984,44:111-120.

[20] Holmes M, Shand D. Management reform: some practitioner perspectives on the past ten years[J]. Governance, 1995,8(4):551-578.

[21] Hood C. A public management for all seasons? [J]. Public Administration, 1991,69(1):3-19.

[22] Hood C. Contemporary public management: a new global paradigm? [J]. Public

Policy and Administration, 1995,10(2):104-177.

[23] Hood C. Paradoxes of public-sector managerialism, old public ma-nagement and public service bargains[J]. International Public Management Journal, 2000,3(1):1-22.

[24] Kaboolian L. The new public management: challenging the boundaries of the management vs. administration debate[J]. Public Administration Review, 1998, 58(3):189.

[25] Kemensky J M. Role of the "reinventing government" movement in federal management reform[J]. Public Administration Review, 1996,56(3):247-255.

[26] Levitan D M. Political ends and administrative means[J]. Public Administration,1943,3(4):353-359.

[27] Lowi T J. Four systems of policy, politics, and choice[J]. Public Administration Review, 1972,32(4):298-310.

[28] Lynn L E,Jr. The new public management: how to transform a theme into a legacy[J]. Public Administration Review, 1998,58(3):231-237.

[29] Manning N. The legacy of the new public management in developing countries[J]. International Review of Administrative Sciences. 2001,67(2):297-312.

[30] Maor M. The Paradox of Managerialism[J]. Public Administration Revi-ew, 1999,59(1):5-18.

[31] Miller T C. The operation of democratic institutions[J]. Public Administration Review, 1989,49(6):511.

[32] Mintzberg H. Managing government, governing management[J]. Harvard Business Review, 1996,7(3):75-83.

[33] Ostrom V, Ostrom E. Public choice: a different approach to the study of public administration[J]. Public Administration Review, 1971,31(2):203-216.

[34] Pugh D L. ASPA's history: prologue! [J]. Public Administration Review, 1985,45(4):475.

[35] Putnam R D. Bowling alone: America's declining social capital[J]. Journal of Democracy, 1995,6(1):65-78.

[36] Rawls J. Justice as fairness[J]. The Journal of Philosophy, 1957,54(22):653.

[37] Rawls J. Justice as fairness: political not metaphysical[J]. Philosophy and Public Affairs, 1985,14(3):223-251.

[38] Rawls J. Kantian constructivism in moral theory[J]. The Journal of Philosophy, 1980,77(9):515-572.

[39] Raz J. Liberalism, automomy and the politics of neutral concern[J]. Midwest

Studies in Philosophy, 1982,7:89-120.

[40] Riccucci N M. The "old" public management versus the "new" public management: where does public administration fit in? [J]. Public Administration Review, 2001, 61(2):172-175.

[41] Rommel J, Christiaens J. Beyond the paradigm clashes in public administration [J]. Administrative Theory&. Praxis, 2006,28(4):610-617.

[42] Scioli F P, Jr. Problems and prospects for policy evaluation[J]. Public Administration Review, 1979,39(1):41.

[43] Wilson V S. Public administration reform and the "new managerialism": a comparative assessment of a fundamental challenge confronting Canadian public administration [J]. International Journal of Public Administration, 1996,19(9):1509-1553.

[44] Simon H A. Guest editorial: why public administration? [J]. Public Administration Review, 1998,58(1): ii.

[45] Simon H A. The proverbs of administration[J]. Public Administration Review, 1946,6(1):53-67.

[46] Stoker G. Public value management: a new narrative for networked governance? [J]. American Review of PublicAdministration, 2006,36(1):41-57.

[47] Terry L D. Administrative leadership, neo-management and the public management movement[J]. Public Administration Review, 1998,58(3):194-200.

[48] van Riper P P. The American administrative state: Wilson and the founders: an unorthodox view[J]. Public Administration Review, 1983,43(6):477-490.

[49] von Maravic P, Reichard C. New public management and corruption: IPMN dialogue and analysis[J]. International Public Management Review, 2003,4(1):84-130.

[50] Waldo D. The Development of a theory of democratic administration[J]. American Political Science Review, 1952,46(1):81-103.

[51] Wamsley G L. On the problems of discovering what's really new in public administration[J]. Administration and Society, 1976,8(3):385-400.

[52] White O F. Jr, The dialectical organization: an alternative to bureaucracy[J]. Administration Review, 1969,29(1):32-42.

[53] Wilenski P. Efficiency or equity: competing values in administrative reform[J]. Policy Studies Journal, 2005,9(8):1239-1249.

[54] Wilson W. The study of administration[J]. Political Science Quarterly, 1887,2(2):197-220.

三、主要工具书

[1] 普拉诺,等.政治学分析辞典[M].胡杰,译.北京：中国社会科学出版社,1986.

[2] 米勒,波格丹诺.布莱克维尔政治学百科全书[M].邓正来,译.北京：中国政法大学出版社,1992.

[3] 中国大百科全书总编辑委员会《政治学》编辑委员会,中国大百科全书出版社编辑部.中国大百科全书：政治学[M].北京：中国大百科全书出版社,1992.

[4] 潘小娟,张辰龙.当代西方政治学新词典[M].长春：吉林人民出版社,2001.

[5] 钱江.高绩效的政府管理实务全书[M].北京：新华出版社,2003.